船舶智能航行制导与控制

张国庆　张显库　著

科学出版社

北京

内 容 简 介

本书突出船舶控制工程技术特点，既力求掌握控制理论的相关理论知识，又立足于实践与应用。结合笔者多年来夯实的前期研究工作积累，系统地总结了船舶智能航行制导与控制的基本理论和方法。本书共 8 章，主要内容为：绪论、基本概念与基础理论、最小参数化条件下的船舶智能制导与鲁棒控制、考虑执行器配置约束的船舶智能制导与鲁棒控制、海洋工程环境下动力定位船舶优化制导与鲁棒控制、具有碰撞风险预测机制的船舶智能制导与鲁棒控制、多静止目标环境下船舶智能制导与鲁棒控制、混合障碍目标环境下船舶智能制导与鲁棒控制。本书内容融入了笔者对船舶运动控制科学的一系列思考所得和研究设计范例，力求使本书内容在全面性和实用性方面具有较高的参考价值。

本书内容精炼，系统性和实用性强，可供航海科学与技术、交通运输工程、交通信息工程及控制、控制理论与控制工程等专业高年级本科生和研究生参考使用，也可供船舶控制工程及相关领域的广大工程技术人员和科研工作者自学和参考。

图书在版编目（CIP）数据

船舶智能航行制导与控制 / 张国庆，张显库著. —北京：科学出版社，2022.6

ISBN 978-7-03-072309-3

Ⅰ. ①船… Ⅱ. ①张… ②张… Ⅲ. ①船舶航行－智能控制－控制系统 Ⅳ. ①U675.7

中国版本图书馆 CIP 数据核字 (2022) 第 085921 号

责任编辑：闫　悦 / 责任校对：胡小洁
责任印制：吴兆东 / 封面设计：迷底书装

科学出版社 出版
北京东黄城根北街 16 号
邮政编码：100717
http://www.sciencep.com
北京中石油彩色印刷有限责任公司 印刷
科学出版社发行　各地新华书店经销
*
2022 年 6 月第　一　版　开本：720×1 000　B5
2022 年 6 月第一次印刷　印张：9 3/4
字数：220 000

定价：98.00 元

（如有印装质量问题，我社负责调换）

前　　言

船舶制导与控制是当前智能船舶研究领域中一个重要的研究课题，内容涵盖范围广泛，包括船舶路径跟踪、动力定位、智能避障、自主航行与姿态控制等众多主题，最终目标在于提高船舶自动化、智能化水平，保证船舶海上航行的安全性、经济性、舒适性。

近年来，笔者一直从事船舶运动控制、鲁棒控制等研究工作，结合国家海洋强国战略和船舶智能化装备建设需求，注重解决航海过程装备领域信息不对称问题，取得了一系列围绕“智能航行制导与控制”主题的研究成果。本书是笔者对相关研究成果的精炼和再创造的结果。笔者在本书撰写过程中引入了国际上最新研究成果和经典设计范例，以满足众多船舶运动控制、智能船舶等领域研究者快速获取学科前沿热点研究的需要。

本书从相关理论发展角度出发，共分 8 章进行阐述，主要内容如下。

第 1 章为全书的绪论，回顾了船舶运动控制理论的发展历史，围绕动力定位和路径跟踪任务，考察了船舶智能航行制导与控制理论发展概况，为读者阅读本书提供了一个整体性、概略性的了解。

第 2 章介绍了 Lyapunov 稳定性理论、自适应 Backstepping 控制、非线性船舶运动数学模型推导过程及简化方法，并讨论了执行器伺服系统、海洋环境干扰等建模理论，为后续章节中开展制导与控制系统设计提供基础。

第 3 章，利用 DSC 和 MLP 技术，提出了一种最小参数化条件下的船舶智能航行制导与鲁棒控制方法。

第 4 章，面向船舶控制工程实际需求，提出了一种考虑执行器配置约束的船舶智能航行制导与鲁棒控制方法。

第 5 章，考虑了海洋工程实际中“动力定位船舶辅助推进系统不适于恶劣海况下长期任务值守”，提出一种具有能量优化机制的动力定位船舶 DVS 优化制导与鲁棒控制方法。

第 6 章，针对船舶会遇避障问题，提出了一种具有碰撞风险预测机制的船舶 DVS 避障制导与鲁棒控制方法。

第 7 章，针对多静止障碍目标航行环境特征，提出一种考虑控制工程计算负载需求的船舶 DVS 避障制导与鲁棒控制方法。

第 8 章，针对混合障碍目标航行环境特征，提出一种考虑执行器配置约束的船舶 DVS 避障制导与鲁棒控制方法。

本书第 1 章、第 5～8 章由张国庆撰写，第 2 章由张显库撰写，第 3、4 章由张国庆和张显库共同撰写，研究生李纪强、刘上、李博、韩军、董相君对书稿进行了校对及整理工作。在本书的撰写过程中，贾欣乐教授给予了悉心的指导。感谢大连海事大学刘正江校长、章文俊教授、尹勇教授、谢洪彬教授对本书的悉心指导及宝贵意见。本书反映了笔者的最新研究成果，对从事船舶运动控制研究的学者具有一定的借鉴意义。

本书获得国家自然科学基金(52171291，51909018)、辽宁省自然科学基金(20180520039)、大连市科技创新基金(2019J12GX026)和辽宁省“百千万人才工程”项目(2021BQWQ64)的资助，在此表示深切的谢意。

由于作者水平有限，书中难免存在不足之处，恳请广大专家读者批评、指正。

作　者

2022 年 4 月于大连

目　　录

第 1 章　绪　　论

当前，蓝色正逐渐渗入中国经济的底色，我国经济形态和开放格局呈现出前所未有的“依海”特征，大力发展海洋经济、加快建设海洋强国成为我国现代化经济体系建设中的一项重要任务[1]。据统计，2020 年全国港口货物吞吐量完成 145.5 亿吨，港口集装箱吞吐量完成 2.6 亿标箱，港口货物吞吐量和集装箱吞吐量均位居世界第一位；全国内河货运量完成 38.15 亿吨，全国内河航道通航里程超过 12 万公里，居世界第一[2]。随着海洋区域经济的快速发展，提升船舶智能航行技术装备水平已成为世界各国和地区的重要发展战略。为此，《国家中长期科学和技术发展规划纲要(2006—2020 年)》提出，要大力发展船舶领域信息化和智能化技术，解决我国高技术船载装备配套能力弱的问题。党的十八大报告提出要建设海洋强国，将“提高海洋资源开发能力，发展海洋经济，保护海洋生态环境，坚决维护国家海洋权益”纳入我国建设海洋强国的战略目标中，进一步强调了加强海上交通运输装备技术水平在国家战略中的重要地位[3]。

伴随着人工智能和自动驾驶技术的迅猛发展，2016 年初，罗尔斯-罗伊斯(Rolls-Royce，RR)公司在芬兰所建立的合作项目“高级无人驾驶船舶应用开发计划(advanced autonomous waterborne applications，AAWA)”引起航运界乃至全球的关注[4, 5]。2017 年 1 月，挪威海事局和挪威海岸管理局将特隆赫姆海峡作为世界上第一片允许进行无人船相关测试的海域。芬兰国家海洋产业局、交通通信局等机构也与劳斯莱斯进行了智能船舶项目合作谈判，探索如何在波罗的海部署无人驾驶船舶。2017 年 6 月，中国船级社联合美国船级社、中国舰船研究设计院、沪东造船厂、中国船舶及海洋工程设计院、海航科技集团等成立了我国首个无人货船开发联盟[6]。以上事实表明，智能船舶作为海上交通运输的重要载体，其相关研究已在全球范围内开展。

船舶运动控制是当前智能船舶研究领域的一个重要研究课题，其最终目的是提高船舶自动化、智能化水平，保证船舶海上航行的安全性、经济性、舒适性，开展对其的研究也显得尤为重要[7]。在船舶实际航行作业中，基本的运动控制任务可概括为 5 类问题[8]：①大洋航行自动导航问题，包括航向保持、转向控制、航迹保持、航速控制(到港时间控制)、动力定位控制等；②港区航行及自动靠离泊问题，涉及船舶在浅水中的低速运动，风、浪、流干扰相对增大，系统信息量增多，操纵和控制更趋困难；③拥挤水道航行或大洋航行的自动避碰问题，主要涉及多船会遇、碰撞危险度评估、多目标决策、碰撞最佳时机及最佳转向幅度预报等；④船舶减摇控制，主要包括鳍减摇控制、舵减摇控制和舵鳍联合减摇控制等；⑤无人航海载运工具的控制，主要包括无人水下机器人(unmanned underwater vehicle，UUV)的控制、遥控机器人(remotely operated vehicle，ROV)的控制、自主水下机器人(autonomous underwater vehicle，AUV)的控制、无人水面船舶(unmanned surface vehicle，USV)的控制、无人半潜船舶(unmanned semi-submersible carrier，USSC)的控制等。围绕以上5类问题，以智能航行制导与控制相结合为切入点开展船舶自动化系统设计是实现高技术海洋资源开发平台建设或复杂智能航行任务的关键。

事实上，海上大型船舶通常只装备主推进螺旋桨(固定螺距螺旋桨或可调螺距螺旋桨)和舵设备分别驱动船舶前进和艏摇运动(没有专门用于镇定横漂运动的驱动设备)。尽管部分船舶装有艏侧推设备用于横漂运动的镇定控制，但这类设备常因船舶纵向高速水动力影响而不能有效控制船舶运动[7]。因此，大型船舶通常是一类典型的欠驱动机械系统，具有二阶不可积分非完整约束且不能有效转换为无漂链式系统。这对开展大型船舶智能航行制导和控制研究工作提出了新的挑战[9, 10]。根据大型船舶运动控制系统组成逻辑功能，动态避障/路径跟踪任务可分为以下3类子系统设计实现，即制导、控制、导航，如图1.1所示。制导系统主要根据操控人员设定的航路点信息、航行水域障碍物分布情况实时规划出光滑的参考路径，为船舶控制策略提供参考姿态(位置)、速度、加速度信号，引导船舶实现自主航行；控制系统能够根据船舶运动姿态、速度变量以及制导系统给出的参考变量确定执行航行任务所需的控制命令；导航系统用于测量船舶运动姿态，主要由船载导航仪器完成，部分情况下需要设计观测器实现对速度变量的估计。

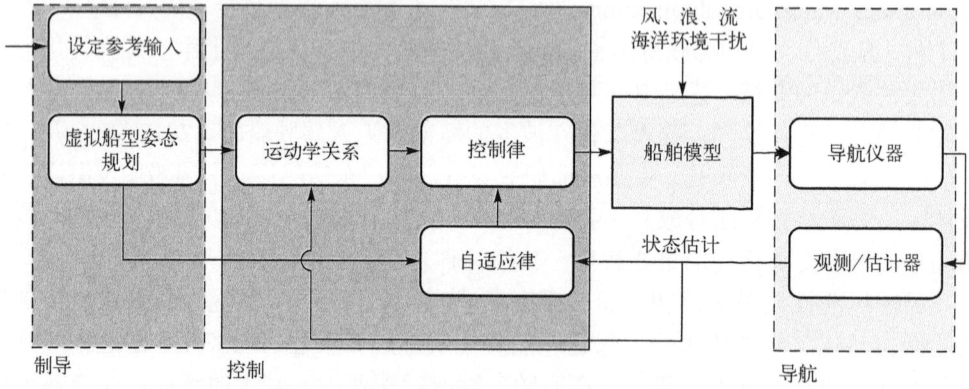

图1.1 船舶运动控制功能逻辑结构框图

1.1 船舶运动控制发展概述

数学是一切科学的基础[11]，控制是解决许多科学问题的核心任务。自动化和信息产品对海上交通运输，乃至整个海洋经济发展带来了巨大变革。控制理论与信息技术对交通运输工程系统的发展起到了重要推动作用。

船舶运动控制历史渊源悠久，近 30 年来吸引了不少国内外学者从事这方面研究工作并取得了不少开创性成果[12-15]。早在 1908 年，Anschutz 首次发明具有寻北功能的磁罗盘，3 年后 Elmer Sperry 获得发明专利“阻尼陀螺罗经”。罗经测量方位的功能为构建船舶闭环控制系统提供反馈信息，这使得将控制理论应用于船舶自动操纵成为可能。20 世纪 70 年代前后，美国第一代卫星全球定位系统(global positioning system，GPS)的出现进一步为船舶运动控制研究带来了巨大变化，相关研究学者从解决航向保持控制、减摇控制任务逐渐开始尝试解决动力定位、航路点/航迹控制任务，取得较为典型的研究成果的学者有 Fossen[16]，Pettersen[17, 18]，贾欣乐[19]和张显库[20, 21]。

21 世纪以来，随着非完整系统理论的逐步完善，欠驱动船舶的控制在船舶运动控制领域掀起又一股新的研究热潮[22, 23]。欠驱动机械系统是指系统控制输入向量张成空间的维数小于系统位形空间维数的机械系统，其典型特点是由较少的控制输入维数控制较大位形空间的运动，控制难度较大，受到国内外研究人员的广泛关注。普通商用海船主要具有主机推进器和舵装置两大操纵设备，分别控制船舶前进/后退运动和转首运动，横漂运动没有专门的驱动装置，是一种典型的欠驱动机械系统。即使部分船舶为了改善低速情况下操纵性能而装备了首/尾侧推装置，但在海上正常营运航速下不能有效提供驱动作用，仍然为欠驱动机械系统[24-26]。欠驱动船舶的控制问题具有挑战性主要在于其不满足 Brockett 定理必要条件，即不存在连续时不变反馈控制律能够有效地镇定/控制上述欠驱动系统；另外，存在加速度不可积分的二阶非完整约束，且系统不能转化为标准的无漂非完整系统，导致多数针对非完整系统的控制策略设计不能直接应用于欠驱动船舶运动控制任务[27, 28]。当前欠驱动船舶运动控制研究工作主要解决以下 3 类基本任务[22]：点到点运动控制(point-to-point motion)，即姿态镇定控制，包括动力定位和自动靠离泊控制；路径跟踪控制(path-following control)；轨迹追踪控制(trajectory-tracking control)。2009 年，西澳大利亚大学学者 Do 系统地总结了其 10 余年来在欠驱动船舶运动控制方面的理论研究成果，并形成著作[22]，对相关理论研究者具有重要参考价值。

如果说 Do 的著作[22]对近 10 年来欠驱动船舶(包括水下机器人)运动控制研究成果的系统总结是船舶运动控制学科发展的一项重要阶段性成果；那么文献[29]则在总结现有研究的基础上为欠驱动船舶运动控制研究工作进一步发展指明了方向，并提出了一些开放问题(open problems)供广大科研人员共同钻研，对欠驱动船舶运动控制的发展具有重要意义。当前欠驱动船舶运动控制研究主要存在以下 2 点问题：①欠驱动船舶运动控制研究课题始于“利用非完整系统理论分析船舶运动特性”，导致目前部分已有研究成果局限于理论分析，重心关注在求解数学问题上，而忽略了理论研究的最终目的是解决海洋工程环境下的船舶运动实际问题，如忽略了船舶模型中过多非线性项、未考虑船舶运动系统中执行器和运动状态不可测量等问题；②对于一般非线性系统而言，镇定控制是跟踪控制的一种特殊情况(即参考信号为零)，不需要单独考虑进行控制器设计[30]。而上述观点不适合欠驱动船舶，镇定控制和跟踪控制任务需要分别进行控制器设计以满足持续激励条件。基于上述问题的考虑，文献[29]指出欠驱动船舶运动控制进一步研究工作的重点在于解决：同时镇定/跟踪控制策略研究、考虑执行装置约束条件的控制器设计和自适应输出反馈控制研究。

上述关于船舶的控制发展概述，其依据主要为笔者个人进行文献研读、理解以及对船舶运动控制发展历史的认识。图 1.2 根据上述分析给出了船舶运动控制发展概览图，包括了不同发展阶段各种控制算法的使用情况。

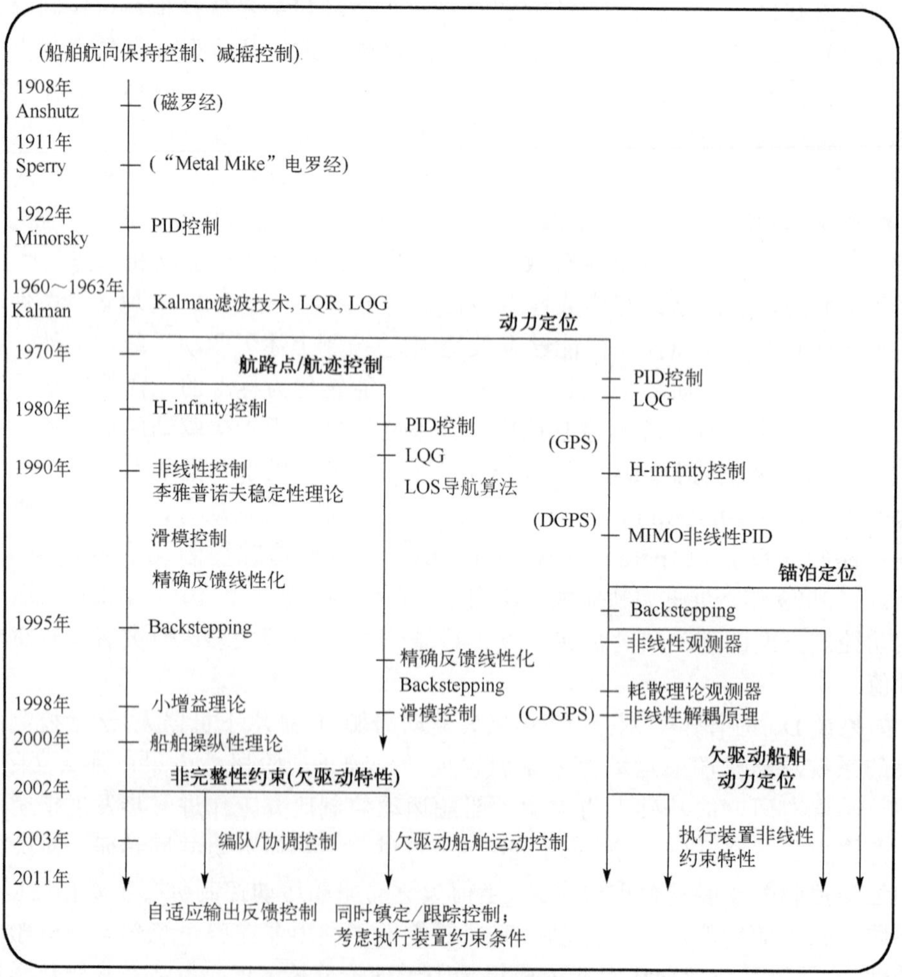

图 1.2 船舶运动控制发展概述

1.2 船舶智能航行制导与控制

本书选题正是在以上综述的基础上确定为“船舶智能航行制导与控制”，其控制任务主要选取动力定位和路径跟踪任务，所考虑的海洋工程环境主要包括执行伺服系统约束、现实海洋环境干扰与船舶运动相互作用机理、现实航行水域环境特征等，研究内容属于文献[29]中开放问题“考虑执行装置约束条件的控制器设计”的范畴。因此，在接下来的章节中，笔者将从船舶动力定位控制和船舶路径跟踪控制两方面对当前文献中制导与控制主流研究思想进行梳理、分析。

1.2.1 船舶动力定位控制

根据国际海事组织(International Maritime Organization，IMO)和世界主要船级社(英国劳氏船级社(Lloyd’s Register，LR)，美国船级社(American Bureau of Shipping，ABS)，挪威船级社(Det Norske Veritas，DNV))的定义，船舶动力定位是指船舶在不借助锚泊，利用其自身安装的推进装置抵御风、浪、流等外界干扰的影响，以一定姿态实现其在海面固定位置的保持以完成各种作业功能。动力定位船舶定位精度高，定位成本不会随着水深的增加而增加，具有广泛的工程应用背景，如应用于远海油气开发、近海工程供给、捕鱼作业等[31, 32]。

船舶动力定位技术最初产生于20世纪60年代，第一代动力定位技术是以经典的比例-积分-微分(proportional-integral-derivative，PID)控制为基础，采用融合前馈技术和PID算法的控制系统同时对船舶的纵荡、横荡和艏摇3个自由度进行控制[33]。根据实际船舶的位置和期望值进行比较以计算推力的大小，通过确定的推力分配策略由各执行伺服系统产生推力，实现船舶动力定位[34, 35]。该方法虽然在早期的船舶动力定位作业中效果显著，但却不可避免地存在一些缺点：①控制策略不以模型为基础，属于事后控制，模型不确定和外界环境干扰对闭环系统精度和响应速度影响较大；②为了提高系统定位性能，若采用低通滤波器对船舶运动中的高频分量进行滤波处理将不可避免地造成相位滞后，对控制器的相角裕量造成较大的限制；③当船舶闭环控制系统受到恶劣海洋环境干扰影响时，PID参数需要重新整定以提高系统鲁棒性能。

随着海洋工程作业任务实际需求的提升，近20年来，船舶动力定位控制吸引了不少国内外学者从事相关方面研究工作并取得了不少开创性成果[36, 37]。文献[38]首次将基于状态观测器的反步递推(Backstepping)方法应用于动力定位船舶，所设计的控制律在存在实际海洋环境干扰和模型不确定的前提下能够保证整个闭环系统达到全局一致渐近稳定性能。为了进一步提高理论算法在船舶动力定位工程实际中的实用性，文献[39]通过引入矢量逆推的概念，在控制器设计过程中忽略了时变环境干扰的影响，提出了一种基于矢量简化的船舶动力定位鲁棒自适应控制算法。在进一步的研究工作中，文献[40]针对全驱动动力定位船舶，提出一种考虑漂移积分补偿和伺服系统推力优化分配的非线性自适应控制算法，其中，推力分配方案设计中引入多变量故障诊断优化算法实现无约束实时分配优化，能够在执行伺服系统故障情况下保证闭环控制系统整体控制性能。在输出反馈方面，Do 利用 Lyapunov 直接法提出了一种构造性鲁棒自适应控制策略，并从理论和实验示例验证了研究结果的有效性[41]。该算法中，非线性观测器利用运动学坐标转换和经典参数投影技术进行设计。该思路考虑了理论算法在工程实际中的实用性，在本书相关研究中加以借鉴。文献[42]将高增益观测器和径向基神经网络(radial basis function neural network，RBF NN)相结合，提出一种基于 Backstepping 方法的鲁棒自适应控制算法。系统模型结构未知和参数不确定由神经网络在线逼近重构，并利用在线估计干扰上界设计鲁棒阻尼项以镇定外界环境干扰对系统的影响。此外，Fang 等[15]针对船舶动力定位控制任务提出了一种基于 NN 优化的自调节 PID 控制律，相关验证试验在模拟段峰波海况下开展，试验结果验证了该算法在算法计算负载、控制性能、收敛快速性等方面达到了预期效果。

1.2.2　船舶路径跟踪控制

船舶在海上航行的环境复杂多变，不仅存在岸线、岛屿、暗礁、沉船、导航物标等静止障碍物，也存在移动的不明障碍物和其他船舶[43, 44]。当前海上船舶的数量与日俱增，导致航行水道日益拥挤，这显然进一步增加了船舶碰撞的风险。船舶的碰撞事故不仅会带来巨大的经济损失，更会给环境造成不可逆的破坏。因此，保障大型船舶海上智能自主航行，迫切需要解决实际航行环境下的智能避障制导问题。

视觉引导(line-of-sight，LOS)算法是当前较为成熟的制导算法，借鉴了导弹制导原理，主要用于直线航线的船舶航迹保持制导[8, 45]。文献[46]详细介绍了 LOS 算法的动态制导机理，并结合 Lyapunov 稳定性理论分析了整个级联闭环系统达到的一致渐近稳定。文献[47]基于运动学关系变量转换提出一种改进的三维 LOS 算法，并将其应用于欠驱动水下机器人的三维路径跟踪控制任务中，取得了良好的制导效果。在上述 LOS 算法相关的研究中，转向边界环(circle of acceptance)概念的引入旨在确定当前算法监控的直线航段。当船舶进入转向边界环时，设定船舶执行某一恒定舵角进行自动转向，直至船舶航向与下一段航线夹角达到一定范围时继续执行下一航线段的直线航迹保持。因此，船舶在航路点附近自动转向过程中，基于 LOS 制导算法的控制策略并没有实施有效的控制。此外，计划航线附近障碍物情况也是制导系统实时规划参考路径的重要信息，目的在于实现船舶有效避障。早期研究中，Wilson 等[48]首先将船舶避障操纵引入到制导算法设计中，提出了一种旨在躲避目标而不是捕获目标的 LOS 算法。该方法设计中没有充分考虑船舶操纵规则和海员习惯做法等因素，但不失在提高船舶智能化水平的道路上迈出了新的一步。

目前，关于水面船舶自动避障研究主要集中在避障辅助决策[49, 50]，而考虑实时计算需求的避障制导研究仍然缺乏。文献[51]通过引入安全领域理论提出一种具有避障机制的 LOS 路径跟踪制导算法，根据人工避障操纵经验动态切换系统避障和路径跟踪模式，仿真试验验证了该算法在 3 种典型会遇情况下的有效性。进一步，文献[52]针对编队约束下非完整运载器特定操纵性能提出一种基于手动偏置调节的非线性 LOS 制导策略以解决编队控制中目标避障和队形恢复问题。上述研究中多数结果针对单一障碍目标情况开展，更符合实际的需求可借助于机器人领域的已有成果进行解决，如人工势场方法[53, 54]、行为避障法[55]等。Petres 等[54]提出在时变风影响下能够规避静止障碍物的实时反应式路径规划方法，该方法通过将限航水域转换为虚拟障碍，然后利用人工势场法构建虚拟斥力规避静止障碍物，其缺点在于需要合理设置力场参数，存在局部极小值的不足[56]。文献[53, 57]基于具有全局最小值的快速步进法进行了无人船的避障研究，通过在快速步进算法中引入船艏引导区，提出了一种考虑船舶操纵运动特性的避碰导航方法，并成功完成了湖试测试。文献[58]通过拓展快速步进法中的船艏静态引导区为动态域模型，提出了一种可同时改变航向和航速的自动避碰导航方法，并以港口局部水域为仿真航行区域进行了 3 种会遇情形下的避碰测试，仿真结果验证了该方法具有良好的避障能力[59]。上述避障方法存在的一个明显的不足是没有考虑国际海上避碰规则(Convention on the International Regulations for Preventing Collisions at Sea，COLREGS)。据统计，56%的海上船舶碰撞事故都是由于违反 COLREGS 操纵要求造成的[49]，因此，在船舶智能避障算法研究中考虑 COLREGS 的要求对算法的工程实用性至关重要。

文献[60]基于 COLREGS 提出了一种基于启发式改进 A*算法的实时路径规划方法。该算法采用栅格地图进行搜索路径有效解决存在静止/移动障碍物时多船避障决策问题。尽管如此，若栅格设置过小会大大增加系统计算负载，若栅格过大则无法体现小型障碍目标的形状特征。为此，Szlapczynski 进一步在其研究中采用光栅海图进行避障路径优化搜索提出了一类适用于受限水域的多船避障方法，一定程度上减小了算法计算负载[61, 62]。然而，该算法实现仍然基于进化优化算法，对于含复杂岸线和岛屿的航行环境，或船舶数量过多时，算法实时性仍难以保证。文献[63, 64]分别针对两船相遇和多船相遇情况研究了一种针对避让操纵的局部协调路径规划算法。该研究在船舶制导与控制框架下进行避障算法设计，其设计思路在进一步避障制导研究中值得借鉴。此外，船舶避障制导算法还受到船舶航行实际中诸多因素的影响，如船舶大惯性、响应时滞特性[65, 66]、航海实践中由航路点确定计划航线[67]。为此，笔者前期研究工作[68, 69]提出一种基于“动态虚拟船型(dynamic virtual ship，DVS)”思想的制导算法，解决了船舶运动控制理论研究中跟踪目标和航海实践中航路点设计之间的动态路径规划问题，保证转向点附近对船舶的有效引导。针对海洋工程环境下多目标避障制导进行了尝试研究[70]，初步实现了考虑 COLREGS 要求的实时避障制导机制。

关于控制部分，现有研究结果显示欠驱动船舶动态性能不满足 Brockett 定理必要条件[71]，其控制任务(包括路径跟踪控制、轨迹追踪控制和镇定控制)必须通过设计连续时变或不连续定常反馈控制律完成[72, 73]。近年来，船舶运动路径跟踪控制问题吸引了不少航海领域和控制领域研究者从事相关课题研究，并取得了不少突出成果[74-76]。文献[77]首次将自适应 Backstepping 方法应用于欠驱动船舶并设计出一种连续时不变的路径跟踪控制律。在该研究中，尽管闭环系统最终达到了全局指数渐近稳定，但船舶转首运动因未考虑持续激励条件而不能得到有效的镇定控制，船舶在完成控制任务的同时会出现在设定航线上迂回打转的现象。文献[78]进一步对上述算法进行了改进，得到一种高增益、半全局指数稳定结果，并通过船模(Cybership I)试验验证了该算法的可靠性。Jiang 在文献[79]中解决了欠驱动船舶的全局渐近跟踪控制问题，在假设持续激励条件满足的前提下，利用 Lyapunov 直接法设计了 2 种连续时变跟踪控制律，是早期研究中设计思想较为成熟的结果之一。为了有效处理上述文献中持续激励条件(即船舶转首速率 $r \neq 0$)假设，Do 基于计算转矩方法将船舶运动系统转换为 2 个级联系统的形式，利用 Lyapunov 直接法和 Backstepping 方法实现对上述标准级联系统设计全局 K-指数路径跟踪控制器[80]。

上述文献中研究工作主要基于简化的拉格朗日型数学模型开展[8]，且要求模型参数已知。为此，Do 在传统 Backstepping 设计框架下引入参数投影算法，发展了一种非线性参数自适应控制策略[27]，该算法能够有效地驱动具有不确定性的船舶，以期望航速沿着预设路径自动航行。文献[81]进一步将该研究结果拓展到更一般的情况。与文献[28]相比，所研究数学模型中包含了线性和非线性非对角阻尼项，并且所有船舶模型参数视为未知。与 Do 的研究工作并行，Ghommam 主要从事欠驱动船舶不连续定常反馈控制策略研究[82-84]。这类研究的主要思想是先将船舶运动数学模型转换为具有级联形式的一般非线性系统，然后对 $\psi \neq 0$ 和 $\psi = 0$ 情况分别进行控制器设计，保证闭环系统满足全局一致渐近稳定要求。2008 年，韩国学者 Li 针对欠驱动船舶提出了一种新的控制任务“点到点自动航行(point-to-point navigation)”，其本质就是路径跟踪控制[85]，其中，定理 2“常规水面船舶横漂运动通常满足耗散有界条件”在多种情况下得到了证明，且对于开展船舶路径跟踪控制研究具有重要意义。文献[86]给出了 Do 的最新研究成果“实用控制(practical control)”，其设计目标是实现对任意参考路径全局有效控制，即同时镇定/跟踪控制。为了处理海洋工程环境中存在执行伺服系统约束、要求算法实时性强等问题，笔者在前期研究工作中针对具有高度不确定性的严格反馈非线性系统提出一种适用于控制工程需求的鲁棒神经网络控制算法[87-89]。该算法从根源上解决系统模型结构未知和参数不确定问题，具有形式简捷、在线更新参数少、实时性强的优点。文献[66, 90]进一步将其拓展到船舶运动路径跟踪控制系统中，通过横向压缩神经网络权重，构造低频学习的增益关联系数以镇定外界干扰和模型摄动，最终通过在线调节逼近器边界参数达到对系统不可积分约束的有效补偿。

关于全驱动船舶路径跟踪控制的研究较为独立，如文献[91-94]。现有文献中已有研究利用非线性函数逼近器[95]和 Backstepping 方法处理船舶模型中结构不确定和参数不确定，在全状态反馈和输出反馈情况下得到半全局一致最终有界的结果。

1.3 船舶智能航行关键问题分析

基于上述文献综述，笔者经梳理、分析、凝练，以船舶动力定位控制、路径跟踪控制任务为对象，总结出船舶智能航行制导与控制拟解决的 4 类关键问题如下。

(1)海洋工程环境下动力定位船舶优化制导策略。

作为以海洋资源开发与采集为目的的海上运载平台，动力定位船舶通常会装配主推进系统和多个辅助推进系统，如隧道式侧推器和全回转侧推器。由于船舶形体设计的非对称性,动力定位船舶运动姿态会随现实海洋环境干扰来向的变化而变化。这将导致辅助推进系统能量输出以干扰来向为对称轴呈驼峰分布。为此，利用极值搜索优化算法和非线性控制理论，研究具有辅助推进系统能量优化机制的智能制导策略更符合工程实际的需求。

(2)面向动态避障/路径跟踪任务的船舶智能制导策略。

船舶路径跟踪控制是一种从船舶运动系统整体考虑实现航迹保持控制任务的设计方案。该方案控制精度更高、实现任务更灵活。而目前已有研究结果基于假设“任意的参考路径都能够由虚拟船型产生”,且如何关联虚拟船型和航海实践中计划航线在已有研究中并没有得到切实落实。此外，大型船舶在拥挤水道航行或大洋航行不可避免会存在船船、船礁会遇问题，实现动态避障和路径跟踪控制任务是提升船舶智能化水平的根本。因此，基于现实航行水域环境特征，研究面向动态避障/路径跟踪任务的动态优化制导机制对实现船舶智能航行具有重要意义。

(3)考虑工程实际易用性的控制理论算法设计。

现有研究结果通常基于“模型不确定具有参数化形式的非线性形式”这一假设，即假设船舶运动数学模型中非线性项结构已知，而其参数认为未知。这与船舶工程实际情况严重不符。在进行控制器设计时，传统 Backstepping 方法的本质决定了最终控制器的演绎基于对虚拟控制律的反复求导，这在工程实践中是无法实现的(海洋环境中高频干扰导致对状态变量求导误差较大或者不能求导)，且随着系统阶数提高，算法计算负载增大，产生复杂度爆炸和维数灾难问题。从工程实现考虑进行控制器设计，从根源上解决这些问题对于理论创新应用于工程实际至关重要。

(4)超恶劣海况的船舶运动控制算法。

船舶运动控制研究的最终目的是提高船舶自动化、智能化水平，保证船舶航行的安全性、舒适性和经济性。提高船舶自动控制系统对更恶劣海洋环境条件的抵抗能力是其中重要的内容之一。对于商业盈利为目的的海上船舶或运载体，超恶劣海洋环境在其营运过程中不可避免。目前，已有研究中相关路径跟踪控制算法仅在 5～7 级海况下有效，超过 8 级海况，控制结果发散。因此，理论探讨有必要进一步深入开展超恶劣海况下的控制问题研究。

1.4　全书结构内容安排

笔者长期从事船舶运动控制、鲁棒控制研究[96-99]，注重解决船舶运动控制领域的信息不对称问题[100]。本书以简捷控制思想为指导(即控制工程环境要求控制律形式简捷)，选取动力定位、路径跟踪任务为研究对象，以船舶智能航行制导与鲁棒控制策略相结合作为切入点介绍相关研究工作[65, 87]，最终形成一类考虑船舶控制工程需求(执行器配置约束、算法实时性)和现实海洋环境条件的、较为完备的船舶自动化系统设计方法。

本书共分 8 章进行讲解。

第 1 章简要介绍了船舶运动控制发展概述，围绕动力定位和路径跟踪控制任务回顾了实现船舶智能航行的主要控制策略及方法的发展历史。在此基础上分析了当前船舶智能航行系统实现存在的关键技术难题，为读者阅读本书提供了一个整体性、概略性的了解。

第 2 章简要介绍了 Lyapunov 稳定性理论、自适应 Backstepping 控制。在此基础上，论述了非线性船舶运动数学模型、海洋环境干扰模型的相关理论，为后续章节的被控对象描述提供了理论铺垫。此外，本章还详细讨论了不同类型船舶的执行伺服系统动态特性，为读者更好地了解船舶运动系统机理提供基础。

第 3 章阐述了航海工程实际对船舶路径跟踪控制任务的需求，即基于航路点的计划航线与虚拟小船产生参考路径之间的动态规划问题。基于此，笔者提出了一种最小参数化条件下的船舶智能航行制导与鲁棒控制策略，解决了当前理论研究中存在的模型不确定、“复杂度爆炸”、“维数灾难” 等问题。

第 4 章针对工程实际中存在执行机构配置约束、控制工程要求算法实时性强以及恶劣海洋环境干扰等因素，在制导模块提出了一种基于 DVS 思想的制导算法，为大型船舶自动航行提供更为合理的导航机制；在控制方面，通过引入低频增益滤波技术，提出了一种适用于控制工程需求的简捷鲁棒神经网络控制策略。本章研究成果具有计算负载小、易于工程应用的优点。

第 5 章阐述了大型船舶动力定位任务中能量优化需求，并利用改进极值搜索算法设计了一种具有能量优化机制的动力定位船舶 DVS 优化制导算法;控制器设计方面，选取实际可控变量为控制输入，提出一种考虑推力分配机制的动力定位鲁棒自适应控制策略。本章所提出的控制系统设计方法具有绿色、节能、易于工程应用等优点，仿真实例验证了研究成果的有效性。

第 6 章针对船船会遇问题,提出了一种具有碰撞风险预测机制的船舶 DVS 避障制导与鲁棒控制方法。该研究引入碰撞风险影响因子，通过同时调整航向和航速命令有效提高了船舶实施避障操纵的安全裕量，保障了船船会遇场景下船舶实施自动避障操纵的安全性，具有高效、节省航程的优点。

第 7 章针对多静止目标航行环境特征，提出一种考虑控制工程计算负载需求的船舶 DVS 避障制导与鲁棒控制方法，以提高大型船舶智能航行自治性。该研究在一定程度上提高了船舶海上航行智能化水平，对拥挤水道或大洋航行中存在的船礁会遇问题具有重要的工程应用价值。

第 8 章阐述了混合障碍目标与船舶航行任务交互影响特征，并给出基于 DVS 制导框架的多任务避障方案。以典型的大型船舶为被控对象，提出了一种考虑执行器增益不确定的路径跟踪鲁棒有限时间控制算法，最终实现船舶对制导系统中 DVS 的有效跟踪。不同于已存在的结果，该设计方案实现大型水面船舶在高速高动态过程中的智能自主航行，对提高船舶海上安全保障、推进船舶国产化装备研制具有重要意义。

第 2 章　基本概念与基础理论

本章择要介绍开展“船舶智能航行制导与控制”研究涉及的一些基本工具与方法。主要包括 Lyapunov 稳定性理论、非线性船舶运动数学模型、海洋环境干扰模型，分别为控制系统设计和算法测试平台构建提供基础支撑。

从 1788 年反馈控制首次应用于瓦特蒸汽机中涡轮机的调速控制至今，控制理论的发展经历了 3 个阶段：经典控制、现代控制、后现代控制(也有学者称为鲁棒控制)[101]。非线性控制是当前控制理论研究中的一个主流发展趋势，并取得了一些重要研究成果[95, 102, 103]。非线性控制的根本在于揭示或处理现实世界中的对象具有的本质非线性特征，典型的设计方法包括：Backstepping 方法、非线性 H_∞ 控制、滑模控制等。

俄国数学家 Lyapunov 在其博士论文《运动稳定性的一般性问题》中开创性地提出求解非线性常微分方程 Lyapunov 函数法，后经发展成为 Lyapunov 稳定性理论，为众多国际学者所接受，对非线性控制的发展起到重要推进和奠基作用。Backstepping 方法是非线性控制发展的重大突破之一，并因其独特的构造性设计过程和对非匹配不确定性的处理能力，在船舶、飞机、导弹、机器人等控制系统设计中得到了成功应用[101, 104]。作为后起之秀，自适应神经网络控制[105-107]将 Backstepping 与神经网络逼近理论结合，成为当前自适应控制的一个重要分支，也是当前众多研究者在尝试解决控制工程问题时常用的设计方法。

对于开展船舶智能制导与控制研究而言，控制器设计固然重要，仿真测试也是理论研究结果应用于工程实践过程中的必备环节。通过仿真测试能够降低构建闭环系统运行故障风险，避免或减少不必要的经济损失。本书开展仿真试验所采用的船舶运动数学模型、海洋环境干扰模型主要源自文献[8, 37, 108-112]的结果，按照风、浪产生机理进行构建演绎。笔者在此基础上参照相关研究结果[113, 114]修正现有机理模型中的谱系参数，使其能够胜任描述海洋环境干扰。

2.1　Lyapunov 稳定性理论

2.1.1　稳定的概念

考虑非线性动态系统式(2.1)：

$$\dot{x} = f(x), \quad x(t_0) = x_0 \tag{2.1}$$

其中，$x \in \mathbb{R}^n$ 为系统的状态，$f:\mathbb{R}^n \to \mathbb{R}^n$ 足够光滑。

定义 2.1　如果 $x(t)$ 一旦达到 x^*，将保持一直等于 x^*，则我们称 x^* 为系统式(2.1)的平衡状态(或**平衡点**)，即满足：

$$f(x^*) = 0 \tag{2.2}$$

定义 2.2　如果对于任意的 $\epsilon > 0$，都存在一个 $\delta > 0$ 使式(2.3)成立：

$$\|x(0)\| < \delta \to \|x(t)\| < \epsilon, \quad \forall t \geqslant 0 \tag{2.3}$$

那么，我们称系统式(2.1)在平衡点 $x = x^*$ 处是**稳定**的；否则，系统在该平衡点处是**不稳定**的。

定义 2.3　如果对于任意紧集 $\Omega \subset \mathbb{R}^n$，并且所有 $x(t_0) = x_0 \in \Omega$，存在 $\mu > 0$ 和时间参数 $T(\mu, x_0)$ 使式(2.4)成立：

$$\|x(t)\| < \mu, \quad \forall t > t_0 + T \tag{2.4}$$

那么，我们称系统式(2.1)**半全局一致最终有界**[115]。

2.1.2　Lyapunov 稳定性定理

考虑非自治非线性动态系统式(2.5)：

$$\dot{x} = f(x), \quad x(t_0) = x_0 \tag{2.5}$$

其中，$x \in \mathbb{R}^n$，$f:\mathbb{R}^n \times \mathbb{R}_+ \to \mathbb{R}^n$ 为足够光滑的非线性函数。$x(t;x_0,t_0)$ 表示系统式(2.5)在初始值 $x_0(t;x_0,t_0)$ 条件下 $t > 0$ 时刻的解。Lyapunov 稳定性概念正是用于描述 $x(t;x_0,t_0)$ 相对于系统初始状态 x_0 的动态性能。如果系统初始状态 x_0 摄动为状态 x_{p0}，考虑系统稳定起见，系统式(2.5)的解 $x(t;x_{p0},t_0)$ 应收敛到 $x(t;x_0,t_0)$ 的一个邻域内；考虑系统渐近稳定起见，误差变量 $\lim\limits_{x\to\infty}[x(t;x_{p0},t_0) - x(t;x_0,t_0)] = 0$。因此，我们可以称系统式(2.5)的解是：

①有界的：如果存在常量 $B(x_0,t_0) > 0$，使式(2.6)成立：

$$|x(t;x_0,t_0)| < B(x_0,t_0), \quad \forall t \geqslant t_0 \tag{2.6}$$

②稳定的：如果对于任意的 $\epsilon > 0$ 存在 $\delta(\epsilon,t_0) > 0$，使式(2.7)成立：

$$|x_{p0} - x_0| < \delta \to |x(t;x_{p0},t_0) - x(t;x_0,t_0)| < \epsilon, \quad \forall t \geqslant t_0 \tag{2.7}$$

③具有吸引性：如果存在 $r(t_0) > 0$，并且对任意的 $\epsilon > 0$ 存在 $T(\epsilon,t_0) > 0$，使式(2.8)成立：

$$|x_{p0} - x_0| < r \to |x(t;x_{p0},t_0) - x(t;x_0,t_0)| < \epsilon, \quad \forall t \geqslant t_0 + T \tag{2.8}$$

④渐近稳定的：如果系统是稳定的，并且具有吸引性；

⑤不稳定的：如果系统不满足上述任何一条。

至此，下面给出本书进行稳定性分析的主要工具，包括定理 2.1、定理 2.2 和定理 2.3。

定理 2.1[115]　对于非线性动态系统式(2.5)，原点是其平衡点，$\mathbb{N}$ 是原点附近的一个邻域集合，即 $\mathbb{N}=\{x:\|x\|\leqslant\varepsilon$, 其中，$\varepsilon>0\}$，则系统在原点是：

①稳定：如果对任意的 $x\in\mathbb{N}$，存在一个标量函数 $V(x,t)$，满足 $V(x,t)>0$ 且 $\dot{V}(x,t)\leqslant 0$；

②一致稳定：如果对任意的 $x\in\mathbb{N}$，存在一个标量函数 $V(x,t)$，满足 $V(x,t)>0$ 且是递减的(含义指式(2.7)和式(2.8)中的 $\delta(\epsilon,t_0)$，$r(t_0)$，$T(\epsilon,t_0)$ 是不依赖于 t_0 的)，$\dot{V}(x,t)\leqslant 0$；

③渐近稳定：如果对任意的 $x\in\mathbb{N}$，存在一个标量函数 $V(x,t)$，满足 $V(x,t)>0$ 且 $\dot{V}(x,t)\leqslant 0$；

④全局渐近稳定：如果对任意的 $x\in\mathbb{R}^n$ (即 $\mathbb{N}=\mathbb{R}^n$)，存在一个标量函数 $V(x,t)$，满足 $V(x,t)>0$ 且 $\dot{V}(x,t)\leqslant 0$；

⑤一致渐近稳定：如果对于任意的 $x\in\mathbb{R}^n$ (即 $\mathbb{N}=\mathbb{R}^n$)，存在一个标量函数 $V(x,t)$，满足 $V(x,t)>0$ 且是递减的，$\dot{V}(x,t)<0$；

⑥全局一致渐近稳定：如果对于任意的 $x\in\mathbb{R}^n$ (即 $\mathbb{N}=\mathbb{R}^n$)，存在一个标量函数 $V(x,t)$，满足 $V(x,t)>0$，并且是递减的和径向无界的(即当 $\|x\|\to\infty$，$V(x,t)\to\infty$)，$\dot{V}(x,t)<0$；

⑦指数稳定：如果对于任意的 $x\in\mathbb{N}$，存在正常量 α,β,γ，满足 $\alpha\|x\|^2\leqslant V(x,t)\leqslant\beta\|x\|^2$ 且 $\dot{V}(x,t)<-\gamma\|x\|^2$；

⑧全局指数稳定：如果对于任意的 $x\in\mathbb{R}^n$ (即 $\mathbb{N}=\mathbb{R}^n$)，存在正常量 α,β,γ，满足 $\alpha\|x\|^2\leqslant V(x,t)\leqslant\beta\|x\|^2$ 且 $\dot{V}(x,t)<-\gamma\|x\|^2$。

上述定理 2.1 中，$V(x,t)>0$ 即为 Lyapunov 函数。该定理为系统在原点稳定提供了充分条件，是通常控制器设计稳定性分析的主要工具。

定理 2.2　定义 Ω 为系统式(2.5)的一个正不变集合。设 $V:\Omega\to\mathbb{R}_+$ 是系统式(2.5)的一个连续可微分的 Lyapunov 函数，且满足 $\dot{V}(x,t)\leqslant 0,\ \forall x\in\mathbb{R}^n$。$E=\{x\in\Omega\,|\,\dot{V}(x,t)=0\}$，$M$ 是包含在集合 E 中的最大不变集，则当 $t\to\infty$ 时，从 Ω 出发的(即系统初始状态位于集合 Ω 中)每一个有界解 $x(t)$ 均收敛于不变集 M。

定理 2.3　设 $x=0$ 是系统式(2.5)的一个平衡点，并且函数 $f(\cdot)$ 对状态变量 x 和时间 t 是局部 Lipschitz 连续的。如果能够寻找到一个连续可微、正定且径向无界的函数 $V:\mathbb{R}^n\to\mathbb{R}_+$，使式(2.9)成立，$W$ 为一连续函数：

$$\dot{V}=\frac{\partial V}{\partial x}f(x,t)+\frac{\partial V}{\partial t}\leqslant -W(x)\leqslant 0,\quad \forall t\geqslant 0, x\in\mathbb{R}^n \tag{2.9}$$

则系统式(2.5)所有解全局一致最终有界，且 $\lim_{t\to\infty} W(x(t)) = 0$。

进一步，如果 $W(x)$ 是正定的，则系统在平衡点 $x = 0$ 处全局一致渐近稳定。

定理2.2和定理2.3在当前非线性自适应控制相关研究中对系统稳定性分析具有重要意义[95, 103, 104]，也是本书开展稳定性分析的理论基础。通常情况下，自适应控制中在线调节参数的真实值不能够精确获得，初始值通常由Rand(·)随机产生或设置为(0,1]之间的小数。基于对自适应参数初始误差的考虑，对 Lyapunov 函数 $V(x,t)$ 求导能够得到式(2.10)，其中，a 与控制器参数设置相关；σ 为自适应参数初始误差，与有界干扰上界有关。

$$\dot{V} \leqslant -2aV + \sigma \tag{2.10}$$

对式(2.10)两端进行积分，我们能够得到式(2.11)：

$$0 \leqslant V(x,t) \leqslant \frac{\sigma}{2a} + \left(V\left(x_0, 0\right) - \frac{\sigma}{2a} \right) \exp(-2at) \tag{2.11}$$

设 $\dot{v} = -2av + \sigma, v_0 = V(x_0, 0)$，则 $V(x,t)$ 的收敛速度一定大于或等于 v，且是有界的 $\lim_{t\to\infty} V(\cdot) = \frac{\sigma}{2a}$。根据 Lyapunov 函数的定义，整个闭环控制系统中所有状态变量满足一致渐近最终有界。

2.1.3　自适应 Backstepping 控制

传统自适应 Backstepping 算法要求在线调节参数(或参数向量)个数与系统阶数相同，导致过参数化现象，是自适应控制器设计所不希望的结果。本节详细介绍一种避免过参数化的自适应 Backstepping 算法[104]，展现 Backstepping 算法精妙设计的独特之处，同时以此为例将上述 Lyapunov 稳定性理论的使用呈现给读者。

考虑式(2.12)所示的严格反馈非线性动态系统：

$$\begin{cases} \dot{x}_1 = x_2 + \vartheta\phi(x_1) \\ \dot{x}_2 = u \\ y = x_1 \end{cases} \tag{2.12}$$

其中，$x_1, x_2 \in \mathbb{R}$ 和 u 分别为系统的状态变量和输入变量，$\phi(x_1)$ 为连续的非线性函数，ϑ 为系统中未知参数。

控制系统设计的目的在于能够消除参数不确定对系统的影响，镇定系统输出 $y \to y_r$。下面给出主要设计步骤。

步骤 1　定义 $z_1 = x_1 - y_r, z_2 = x_2 - \alpha_1 - \dot{y}_r$，$x_2$ 作为 $\dot{z}_1$ 子系统的虚拟控制量。因此，可以构建步骤 1 的虚拟控制律 α_1，见式(2.13)。

$$\alpha_1 = -c_1 z_1 - \hat{\vartheta}\phi \tag{2.13}$$

其中，$\hat{\vartheta}$ 为未知参数 ϑ 的估计，且估计误差 $\tilde{\vartheta}=\vartheta-\hat{\vartheta}$。选取 Lyapunov 函数 $V_1(\cdot)$，$\gamma>0$ 为自适应增益系数。

$$V_1(z_1,\tilde{\vartheta})=\frac{1}{2}{z_1}^2+\frac{1}{2\gamma}\tilde{\vartheta}^2 \tag{2.14}$$

对式(2.14)求导，可得到

$$\dot{V}_1=z_1z_2-c_1{z_1}^2+\tilde{\vartheta}\left(\phi z_1-\frac{1}{\gamma}\dot{\hat{\vartheta}}\right) \tag{2.15}$$

在这类控制中，笔者将未知参数 ϑ 的自适应律推迟到最后一步进行设计，避免过参数化现象产生。误差 $\dot{z}_1$ 子系统可重新整理为式(2.16)：

$$\dot{z}_1=-c_1z_1+z_2+\tilde{\vartheta}\phi \tag{2.16}$$

步骤 2 对 $z_2=x_2-\alpha_1-\dot{y}_r$ 求导，得到 z_2 误差子系统。

$$\begin{aligned}\dot{z}_2&=u-\frac{\partial\alpha_1}{\partial x_1}(x_2+\vartheta\phi)-\frac{\partial\alpha_1}{\partial\hat{\vartheta}}\dot{\hat{\vartheta}}-\frac{\partial\alpha_1}{\partial y_r}\dot{y}_r-\ddot{y}_r\\&=u-\frac{\partial\alpha_1}{\partial x_1}x_2-\hat{\vartheta}\frac{\partial\alpha_1}{\partial x_1}\phi-\tilde{\vartheta}\frac{\partial\alpha_1}{\partial x_1}\phi-\frac{\partial\alpha_1}{\partial\hat{\vartheta}}\dot{\hat{\vartheta}}-\frac{\partial\alpha_1}{\partial y_r}\dot{y}_r-\ddot{y}_r\end{aligned} \tag{2.17}$$

为了进行最终控制律的设计，选取 Lyapunov 函数 $V_2(\cdot)$ 如式(2.18)所示：

$$V_2(z_1,z_2,\tilde{\vartheta})=V_1+\frac{1}{2}z_2^2=\frac{1}{2}z_1^2+\frac{1}{2}z_2^2+\frac{1}{2\gamma}\tilde{\vartheta}^2 \tag{2.18}$$

对其进行求导，并进行整理可得式(2.19)：

$$\begin{aligned}\dot{V}_2&=z_1z_2-c_1z_1^2+\tilde{\vartheta}\left(\phi z_1-\frac{1}{\gamma}\dot{\hat{\vartheta}}\right)\\&\quad+z_2\left[u-\frac{\partial\alpha_1}{\partial x_1}x_2-\hat{\vartheta}\frac{\partial\alpha_1}{\partial x_1}\phi-\tilde{\vartheta}\frac{\partial\alpha_1}{\partial x_1}\phi-\frac{\partial\alpha_1}{\partial\hat{\vartheta}}\dot{\hat{\vartheta}}-\frac{\partial\alpha_1}{\partial y_r}\dot{y}_r-\ddot{y}_r\right]\\&=-c_1z_1^2+\tilde{\vartheta}\left(\phi z_1-z_2\frac{\partial\alpha_1}{\partial x_1}\phi-\frac{1}{\gamma}\dot{\hat{\vartheta}}\right)\\&\quad+z_2\left[z_1+u-\frac{\partial\alpha_1}{\partial x_1}x_2-\hat{\vartheta}\frac{\partial\alpha_1}{\partial x_1}\phi-\frac{\partial\alpha_1}{\partial\hat{\vartheta}}\dot{\hat{\vartheta}}-\frac{\partial\alpha_1}{\partial y_r}\dot{y}_r-\ddot{y}_r\right]\end{aligned} \tag{2.19}$$

根据式(2.19)，设计最终的控制律 u 和 $\hat{\vartheta}$ 的自适应律如式(2.20)和式(2.21)所示：

$$u=-z_1-c_2z_2+\frac{\partial\alpha_1}{\partial x_1}x_2+\hat{\vartheta}\frac{\partial\alpha_1}{\partial x_1}\phi+\frac{\partial\alpha_1}{\partial\hat{\vartheta}}\dot{\hat{\vartheta}}+\frac{\partial\alpha_1}{\partial y_r}\dot{y}_r+\ddot{y}_r \tag{2.20}$$

$$\dot{\hat{\vartheta}} = \gamma\left[\left(\phi z_1 - \frac{\partial \alpha_1}{\partial x_1}\phi z_2\right) - \sigma_{\vartheta}(\hat{\vartheta} - \hat{\vartheta}_0)\right] \tag{2.21}$$

式(2.20)和式(2.21)中，$c_2 > 0$为控制器参数，$\sigma_{\vartheta} > o$，$\hat{\vartheta}_0$表示参数$\hat{\vartheta}$的初始值，需要人为设置。注意，利用上述控制律u能够有效补偿式(2.19)方括号中的非线性部分，产生衰减项$-c_2 z_2^2$；自适应律式(2.21)中，$-\sigma_{\vartheta}(\hat{\vartheta} - \hat{\vartheta}_0)$为参数调节动量项，主要作用在于减少参数调节过程中的震荡、改善收敛性。将u和$\dot{\hat{\vartheta}}$代入(2.19)，整理可得式(2.22)。

$$\begin{aligned} \dot{V}_2 &= -c_1 z_1^2 - c_2 z_2^2 + \sigma_{\vartheta}\tilde{\vartheta}(\hat{\vartheta} - \hat{\vartheta}_0) \\ &\leqslant -c_1 z_1^2 - c_2 z_2^2 - \frac{\sigma_{\vartheta}}{2}\tilde{\vartheta}^2 + \frac{\sigma_{\vartheta}}{2}(\vartheta - \hat{\vartheta}_0)^2 \end{aligned} \tag{2.22}$$

适当选取上述设计参数$a = \min\{c_1, c_2, \gamma\sigma_{\vartheta}/2\}$，$\sigma = (\sigma_{\vartheta}/2)(\vartheta - \hat{\vartheta}_0)^2$，则容易得到式(2.23)：

$$\dot{V}_2 \leqslant -2aV_2 + \sigma \tag{2.23}$$

图 2.1 给出了上述设计构建的闭环控制系统结果框图。结合定理 2.2、定理 2.3 的分析(见式(2.11))，可以得出结论：本节所提出控制律式(2.20)、自适应律式(2.21)和系统模型式(2.12)形成的闭环控制系统稳定性满足全局一致渐近最终有界。通过适当设置参数$\hat{\vartheta}_0$和σ_{ϑ}能够使σ/a足够小，因此，闭环系统输出误差$y - y_r$收敛于 0 的某一邻域内，且其界足够小。

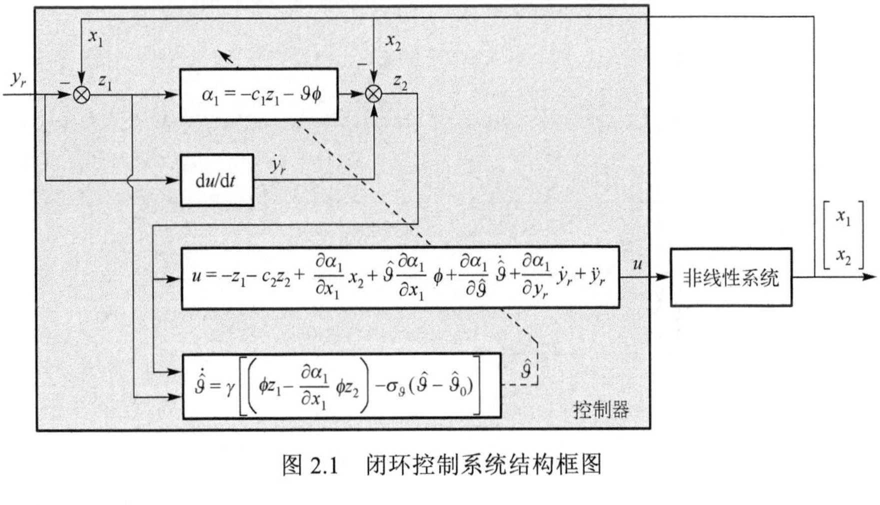

图 2.1　闭环控制系统结构框图

为了更直观地展现自适应 Backstepping 算法的有效性，下面将以一个简单的数值示例进行介绍。

例 2.1　系统数学模型如式(2.12)所示，$\vartheta=2$，$\phi(x_1)=x_1\cos(x_1^2)$。注意，对于控制器设计而言，ϑ为不可获得的未知参数。利用上述控制器设计方法，选取控制器参数设置为$c_1=0.3$，$c_2=0.2$，$\gamma=1.2$，$\sigma_\vartheta=2$，$\hat{\vartheta}_0=0.2$，即控制律和自适应律如式(2.24)和式(2.25)所示。该示例为数值算例，在仿真结果(图 2.2～图 2.5)中纵坐标均无单位。

$$\begin{cases} z_1=x_1 \\ \alpha_1=-c_1z_1-\hat{\vartheta}x_1\cos(x_1^2) \\ z_2=x_2-\alpha_1 \\ u=-z_1-c_2z_2+[-c_1-\hat{\vartheta}(\cos(x_1^2)-2x_1^2\sin(x_1^2))] \\ \quad (x_2+\hat{\vartheta}x_1\cos(x_1^2))+\dot{\hat{\vartheta}}(-x_1\cos(x_1^2)) \end{cases} \tag{2.24}$$

$$\dot{\hat{\vartheta}}=\gamma\{x_1\cos(x_1^2)z_1-x_1\cos(x_1^2)[-c_1-\hat{\vartheta}(\cos(x_1^2)-2x_1^2\sin(x_1^2))]z_2-\sigma_\vartheta(\hat{\vartheta}-\hat{\vartheta}_0)\} \tag{2.25}$$

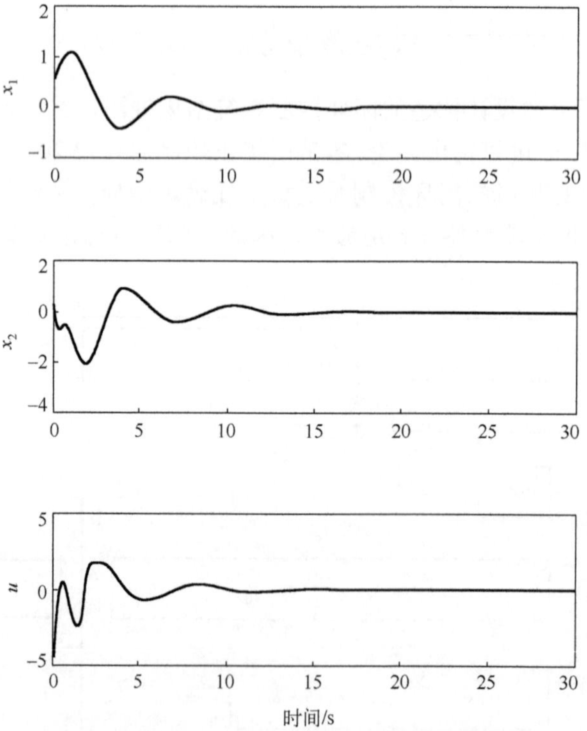

图 2.2　例 2.1 中自适应 Backstepping 控制结果

图 2.2 给出了使用上述自适应 Backstepping 控制算法的仿真结果，系统式(2.12)的状态得到了有效镇定；图 2.3 为自适应参数$\hat{\vartheta}$的时间变化曲线，从图中能够看出，

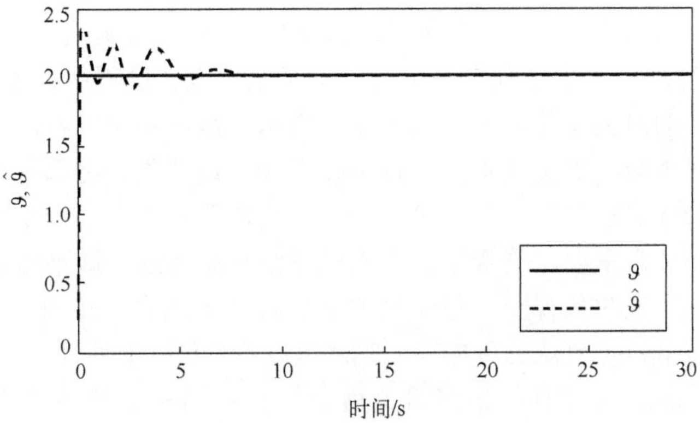

图 2.3　自适应参数 $\hat{\vartheta}$ 时间变化曲线

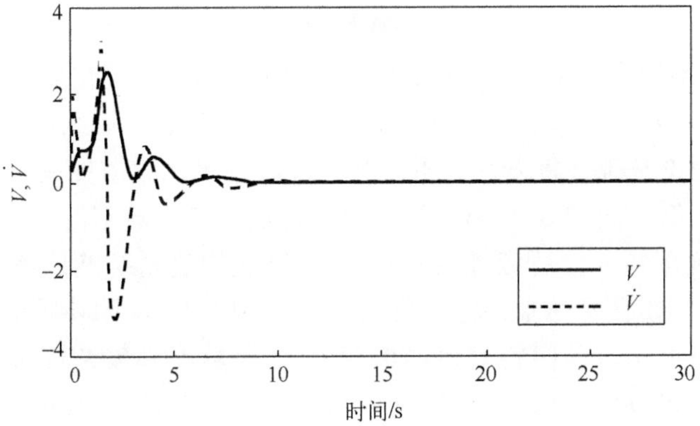

图 2.4　Lyapunov 函数 V 及其导数 $\dot{V}$ 时间变化曲线

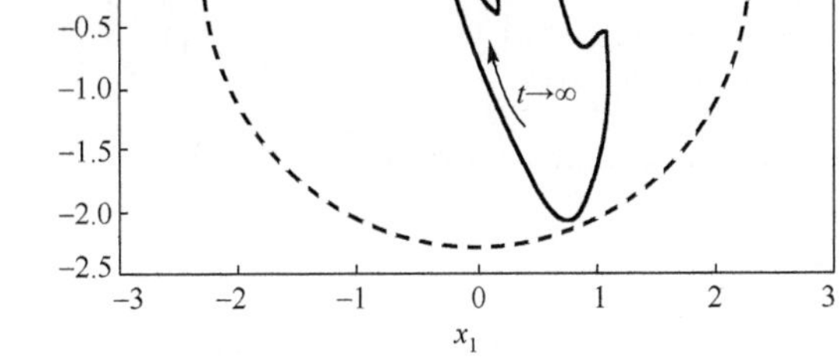

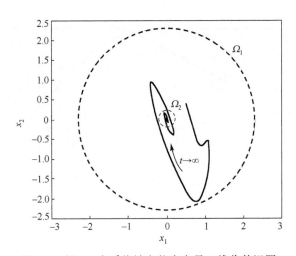

图 2.5　例 2.1 中系统镇定状态变量二维收敛视图

自适应律式(2.25)能够有效调节 $\hat{\vartheta}$ 逼近未知参数 ϑ 的真实值。为了更清晰地将 Lyapunov 稳定性理论展现给读者，笔者给出了系统设计过程中构建的 Lyapunov 函数 V 及其导数 $\dot{V}$ 的时间变化曲线，如图 2.4 所示。从图中可以看出，系统能量在镇定初始阶段出现小幅度震荡并不是一直衰减至 0，该现象是由系统内部存在非线性项 $\phi(x_1)=x_1\cos(x_1^2)$ 引起的。因此，对于一般非线性系统而言，控制器参数及自适应参数初始值选择非常重要，选择不当会造成系统状态逃逸，即不稳定。图 2.5 给出了系统镇定状态二维收敛视图，最终收敛于平衡点 (0,0) 的一个邻域 Ω_2 内。

关于 Backstepping 算法的鲁棒性，笔者做以下分析。非线性自适应控制(或者说自适应 Backstepping 控制)的最终目标就是设计反馈控制律使整个闭环控制系统 Lyapunov 函数(即能量函数)满足 $\dot{V}\leqslant -2aV+\sigma$，$\sigma$ 为很小的正数或 $\sigma=0$。因此，对系统式(2.12)而言($x\in\Omega$)，必定存在 $a^*>0,\ \sigma^*\geqslant 0$ 且 $|\sigma^*|\to\inf\{\mathbb{R}_+\}$ 满足式(2.26)：

$$\dot{V}=-2a^*V+\sigma^* \tag{2.26}$$

文献[67]利用 H_∞ 控制的混合灵敏度控制算法的结果，提出并发展了一种从工程意义上简化的 H_∞ 鲁棒控制算法，即闭环增益成型算法。该著作系统总结了闭环增益成型算法的理论基础、鲁棒性分析及其在离散系统、大惯性系统、多种船舶工程系统中的应用实例。图 2.6 给出了简捷鲁棒控制理论中典型的频域 $S\&T$ 奇异值曲线。从频域角度可知，自适应 Backstepping 算法构建系统能量函数所满足的关系式(2.26)正符合 1 阶闭环增益成形算法的频谱特例[116]。其闭环频谱正如图 2.6 中补灵敏度函数 $T(s)$ 所示，关门斜率为 -20dB/dec，灵敏度函数 $S(s)$ 与 $T(s)$ 具有相关性 $T(s)+S(s)=I$，可以间接构造出来。控制器参数 c_1,c_2 的选择决定了系统带宽频率，

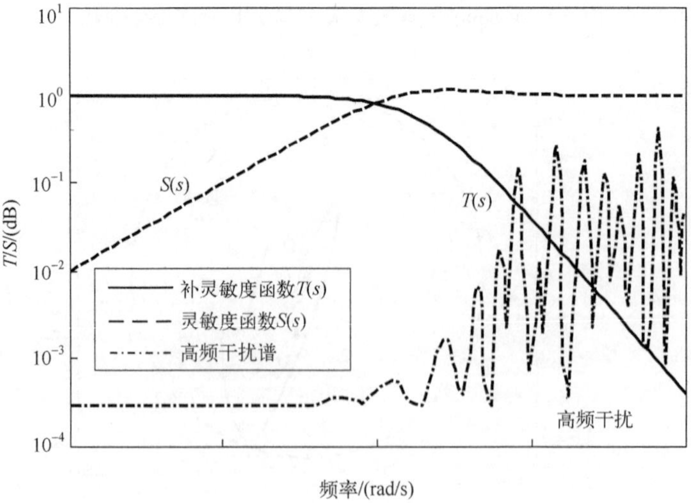

图 2.6　典型的频域 $S\&T$ 奇异值曲线

适当选择能够有针对性地抑制高频干扰频谱(包括测量干扰和外界环境干扰)对闭环系统的影响。因此，自适应 Backstepping 控制本身具有鲁棒性。

对于 Backstepping 算法，除了其本身具有鲁棒性外，我们通常针对系统中某些非线性特性有针对性地构建鲁棒阻尼项(如非光滑非线性、非线性系统中变时滞问题、未建模动态项的处理等)，以提高系统对具体问题的鲁棒性能。为了保证行文简洁及逻辑性考虑，在此不做详细论述，将在后续章节的具体研究中有所体现。

2.2　非线性船舶运动数学模型

船舶运动数学模型在船舶运动控制、船舶建造与设计、船舶操纵性预报等领域是非常重要的研究课题之一。IMO 也针对不同类型船舶操纵性标准做出了具体要求[117]。为了获得船舶操纵性主要参数，如进距、横距、旋回初径、反移量等，目前常用的方法包括 4 种：经验公式法、系统仿真法、实船试验法、流体力学计算法。系统仿真法基于船舶运动数学模型进行实施，是船舶设计阶段进行操纵性预报最为有效、实用的方法，也是目前大型船舶操纵模拟器中体现虚拟现实行为真实感的关键手段[118]。为了提高船舶操纵性仿真或预报精度，提高数学模型中水动力系数的准确性成为关键。

为了有效开展船舶运动控制算法研究，本章主要介绍两类船舶运动数学模型用于构建控制算法测试平台，即海洋工程环境下的船舶运动控制系统仿真试验平台，用于后续章节中制导、控制策略测试，保证本书研究成果的可靠性。

本节首先给出用于描述船舶运动数学模型的参考坐标系，如图 2.7 所示，分别为惯性坐标系和附体坐标系。图 2.7 中，$O-X_0Y_0Z_0$ 为惯性坐标系，O 通常选定为船舶重心 $t=0$ 时所在的位置，OX_0 在静水平面指向正北，OY_0 在静水平面指向正东，OZ_0 垂直于静水平面指向地心；$o-xyz$ 为附体坐标系，o 通常选为船舶重心位置，ox 沿船舶中线指向船首，oy 指向右舷，oz 指向船底龙骨。船舶六自由度运动即是随着附体坐标系中 3 个坐标轴移动和转动运动，移动运动包括纵荡、横荡和垂荡，以前进速度 u、横荡速度 v 和垂荡速度 w 进行描述；转动运动包括艏摇、横摇和纵摇，以艏摇角速度 r、横摇角速度 p 和纵摇角速度 q 进行描述。在惯性坐标系中，船舶运动可以通过空间位置 $[x,y,z]$ 和姿态角 $[\varphi,\theta,\psi]$ 进行描述。φ 为横摇角，θ 为纵摇角，ψ 为艏摇角，且满足运动学关系 $\dot{\varphi}=p+q\sin\varphi\tan\theta+r\cos\varphi\tan\theta$, $\dot{\theta}=q\cos\varphi-r\sin\varphi$, $\dot{\psi}=q\sin\varphi\sec\theta+r\cos\varphi\sec\theta$。

定义上述坐标系是为了研究问题的方便。通常情况下，分析船舶运动、船舶耐波性和控制器设计中动力学部分主要在附体坐标系中完成；讨论船舶运动轨迹，如航迹控制、动力定位问题的运动学部分，需要在惯性坐标系中完成。船舶在现实海洋环境中运动异常复杂，船舶运动数学模型通常要根据具体问题有针对性地建立，并不完全包括 6 个运动自由度。接下来的章节中将直接介绍笔者在图 2.7 所示坐标系下开展的船舶建模研究工作，关于船舶运动建模基础理论不做详细论述，感兴趣读者可以参考文献[8, 35, 37, 67, 119]。

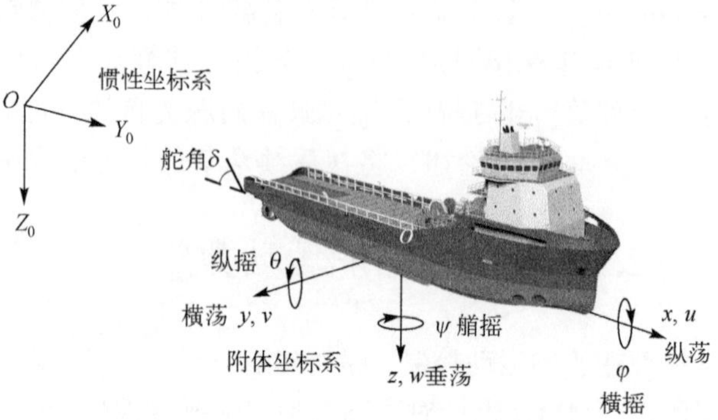

图 2.7　惯性坐标系和附体坐标系中船舶运动变量描述

2.2.1　船舶平面运动的运动学关系

现实海洋环境下船舶的任意运动可视为移动运动和转动运动的叠加。船舶六自由度运动既可以在附体坐标系内利用移动速度变量 $[u,v,w]$ 和转动角速度变量 $[p,q,r]$ 描述，也可以在惯性坐标系内利用位置坐标变量的导数 $[\dot{x},\dot{y},\dot{z}]$ 和姿态角度变量的导数 $[\dot{\varphi},\dot{\theta},\dot{\psi}]$ 来表达。为了便于描述，引入式(2.27)所示的船舶姿态向量 $\boldsymbol{\eta}$ 和速度向量 $\boldsymbol{v}$，则两者之间存在式(2.28)给出的变换关系。

$$\begin{aligned}\boldsymbol{\eta} &\triangleq [x \quad y \quad z \quad \varphi \quad \theta \quad \psi]^{\mathrm{T}} \\ \boldsymbol{v} &\triangleq [u \quad v \quad w \quad p \quad q \quad r]^{\mathrm{T}}\end{aligned} \tag{2.27}$$

$$\dot{\boldsymbol{\eta}} = \boldsymbol{J}(\boldsymbol{\eta})\boldsymbol{v} \tag{2.28}$$

其中，$\boldsymbol{J}(\boldsymbol{\eta})$ 为变换矩阵，详细可表达为式(2.29)和式(2.30)：

$$\boldsymbol{J}(\boldsymbol{\eta}) = \begin{bmatrix} \boldsymbol{J}_1(\varphi,\theta,\psi) & 0_{3\times3} \\ 0_{3\times3} & \boldsymbol{J}_2(\varphi,\theta,\psi) \end{bmatrix} \tag{2.29}$$

$$\begin{aligned}\boldsymbol{J}_1(\cdot) &= \begin{bmatrix} \cos\psi\cos\theta & -\sin\psi\cos\varphi+\cos\psi\sin\theta\sin\varphi & \sin\psi\sin\varphi+\cos\psi\cos\varphi\sin\theta \\ \sin\psi\cos\theta & \sin\psi\cos\varphi+\sin\psi\sin\theta\sin\varphi & -\cos\psi\sin\varphi+\sin\psi\cos\varphi\sin\theta \\ -\sin\theta & \cos\theta\sin\varphi & \cos\theta\cos\varphi \end{bmatrix} \\ \boldsymbol{J}_2(\cdot) &= \begin{bmatrix} 1 & \sin\varphi\tan\theta & \cos\varphi\tan\theta \\ 0 & \cos\varphi & -\sin\varphi \\ 0 & \sin\varphi\sec\theta & \cos\varphi\sec\theta \end{bmatrix}\end{aligned} \tag{2.30}$$

本书研究内容涉及船舶动力定位与路径跟踪控制任务，控制器设计主要关心艏

摇角 ψ 及航行轨迹 x, y 的变化，即船舶在水平面内的运动。对于多数大型船舶而言，垂荡、纵摇和横摇运动对船舶平面运动的影响甚小。因此，可忽略其影响，令 $w=0$，$p=0$，$q=0$，可由式(2.28)进一步转换得到船舶平面运动学关系式(2.31)：

$$\dot{\boldsymbol{\eta}} = \boldsymbol{R}(\psi)\boldsymbol{v} \tag{2.31}$$

其中，

$$\boldsymbol{R}(\psi) = \begin{bmatrix} \cos\psi & -\sin\psi & 0 \\ \sin\psi & \cos\psi & 0 \\ 0 & 0 & 1 \end{bmatrix}$$

且满足 $\boldsymbol{R}^{-1}(\psi)\boldsymbol{R}(\psi) = \boldsymbol{I}_{3\times3}$，$\boldsymbol{\eta} = [x, y, \psi]^{\mathrm{T}} \in \mathbb{R}^3$ 和 $\boldsymbol{v} = [u, v, r]^{\mathrm{T}} \in \mathbb{R}^3$ 分别表示船舶平面运动中的姿态向量和速度向量。

2.2.2　船舶动力学模型

在进行船舶动力学建模时，做以下假设：①船舶可视为一个刚体；②大地坐标系是典型的惯性坐标系。根据牛顿刚体力学的动量定理和动量矩定理，对船体进行受力分析，可得到式(2.32)所示的船舶平面运动动力学方程：

$$\boldsymbol{M}\dot{\boldsymbol{v}} + \boldsymbol{N}(\boldsymbol{v})\boldsymbol{v} = \boldsymbol{\tau} + \boldsymbol{\tau}_w \tag{2.32}$$

式(2.32)中，$\boldsymbol{M}\dot{\boldsymbol{v}}$ 用于描述船舶运动惯性力，$\boldsymbol{M}$ 为系统惯性矩阵，包含了附加质量的影响，具体表达见式(2.33)。通常情况下，系统惯性矩阵 $\boldsymbol{M}$ 具有对称且正定的特性，即 $\boldsymbol{M} = \boldsymbol{M}^{\mathrm{T}} > 0$，$\dot{\boldsymbol{M}} = 0$。

$$\boldsymbol{M} = \begin{bmatrix} m - X_{\dot{u}} & 0 & 0 \\ 0 & m - Y_{\dot{v}} & mx_g - Y_{\dot{r}} \\ 0 & mx_g - N_{\dot{v}} & I_z - N_{\dot{r}} \end{bmatrix} \tag{2.33}$$

其中，m 为船舶质量，x_g 表示船舶重心在附体坐标系中的纵向坐标；I_z 为船舶关于 oz 轴的转动惯量，$X_{\dot{u}}, Y_{\dot{v}}, Y_{\dot{\gamma}}, N_{\dot{v}}, N_{\dot{r}}$ 表示附加质量系数，用于描述船舶偏离等速直航状态而造成的流体惯性力和流体惯性力矩。

式(2.32)中，$\boldsymbol{N}(\boldsymbol{v})\boldsymbol{v}$ 用于描述船舶受到的水动力及静水力，$\boldsymbol{N}(\boldsymbol{v})\boldsymbol{v} = \boldsymbol{C}(\boldsymbol{v})\boldsymbol{v} + \boldsymbol{D}(\boldsymbol{v})$，考虑了科里奥利向心力和流体阻尼力的影响。式(2.34)给出了对应的科里奥利向心力矩阵。

$$\boldsymbol{C}(\boldsymbol{v}) = \begin{bmatrix} 0 & 0 & Y_{\dot{v}}v + Y_{\dot{r}}r \\ 0 & 0 & -X_{\dot{u}}u \\ -Y_{\dot{v}}v - Y_{\dot{r}}r & X_{\dot{u}}u & 0 \end{bmatrix} \tag{2.34}$$

根据文献[37]给出的流体动力分类，阻尼力包括线性阻尼和非线性阻尼两部分，见式(2.35)，$X_u, Y_v, Y_r, \cdots, N_{vvr}, N_{rrr}$ 为水动力系数。随着船舶航行速度的提高，船体两侧及船底出现湍流现象。因此，线性阻尼力的影响随着船速的提高逐渐衰减，式(2.36)给出了具体的线性阻尼力系数矩阵，$\kappa \in \mathbb{R}^+$ 取决于船舶的操纵性能；对于不同类型船舶，非线性阻尼力的选取也不尽相同，具体可根据实船操纵性试验数据通过辨识获取[120]。本节仅给出一类非线性阻尼力形式(见式(2.37))，以保证船舶运动数学模型的完整性。

$$\boldsymbol{D}(\boldsymbol{v}) = \boldsymbol{D}_L(\boldsymbol{v})\boldsymbol{v} + \boldsymbol{D}_{NL}(\boldsymbol{v}) \tag{2.35}$$

$$\boldsymbol{D}_L(\boldsymbol{v}) = \begin{bmatrix} -X_u \mathrm{e}^{-\kappa|u|} & 0 & 0 \\ 0 & -Y_v \mathrm{e}^{-\kappa|v|} & -Y_r \mathrm{e}^{-\kappa|v|} \\ 0 & -N_v \mathrm{e}^{-\kappa|r|} & -N_r \mathrm{e}^{-\kappa|r|} \end{bmatrix} \tag{2.36}$$

$$\boldsymbol{D}_L(\boldsymbol{v}) = \begin{bmatrix} -X_{|u|u}|u|u - X_{uvv}uv^2 - X_{uvr}uvr - X_{urr}ur^2 \\ -Y_{|v|v}|v|v - Y_{|v|r}|v|r - Y_{vrr}vr^2 - Y_{vvr}v^2r - Y_{vvv}v^3 \\ -N_{|v|v}|v|v - N_{|v|r}|v|r - N_{vrr}vr^2 - N_{vvr}v^2r - N_{rrr}r^3 \end{bmatrix} \tag{2.37}$$

式(2.32)中，$\boldsymbol{\tau} = [\tau_u \quad \tau_v \quad \tau_r]^{\mathrm{T}} \in \mathbb{R}^3$ 表示执行伺服系统提供的控制力或力矩。对于欠驱动水面船舶，$\tau_v = 0$；$\boldsymbol{\tau}_w = \boldsymbol{\tau}_{\text{wind}} + \boldsymbol{\tau}_{\text{wave}} + \boldsymbol{\tau}_{\text{current}} \in \mathbb{R}^3$ 表示现实海洋干扰力或力矩，包括风、海浪、海流的影响，将在后续章节进行展开介绍。

2.2.3 执行伺服系统模型

现有理论研究中，多数结果将船舶推进力/力矩视为可控输入，直接进行控制律设计。然而，船舶控制工程中并非如此，船舶推进力/力矩需由专门的执行伺服系统提供(如主机推进系统、辅助推进系统、舵机伺服系统等)，其动态响应过程必将影响船舶闭环控制系统性能。文献[7, 121]指出，幅值饱和及速率饱和约束是船舶控制工程中常见的执行器配置约束问题。以电力传动推进系统为例，图 2.8 给出了本书所采用的执行伺服系统模型框图，设置 $n_{\max} = 170\text{r/min}$, $\dot{n}_{\max} = 0.5\text{r/min}^2$，图 2.9 为对应的速率限制条件下 $n_c \to n$ (即图 2.8 中虚框部分)的阶跃响应过程，不产生饱和限制的前提下，执行伺服系统响应过程等效为时间常数 $\tau_n = \dot{n}_{\max} / n_{pb}$ 的一阶惯性系统[122]。很明显，考虑执行器配置约束问题会增加船舶闭环系统的响应延时、非光滑非线性等问题，会进一步增加相关控制理论研究的难度。

本书研究内容涉及全驱动船舶的动力定位控制和欠驱动船舶的路径跟踪控制问题，二者力学传动系统模型有所区别，详细介绍如下。

(1)全驱动船舶力学传动系统模型。

动力定位船舶旨在低速航行状态下，利用自身安装的推进装置抵御风、浪、流等外界环境干扰的影响，以一定姿态实现其在海面固定位置的保持。因此，动力定位船舶通常是配备有多种推进装置的全驱动系统，包括可调转速推进器(variable-speed fixed pitch thruster，VFPT)和可调螺距推进器(fixed-speed controllable pitch thruster，FCPT)。

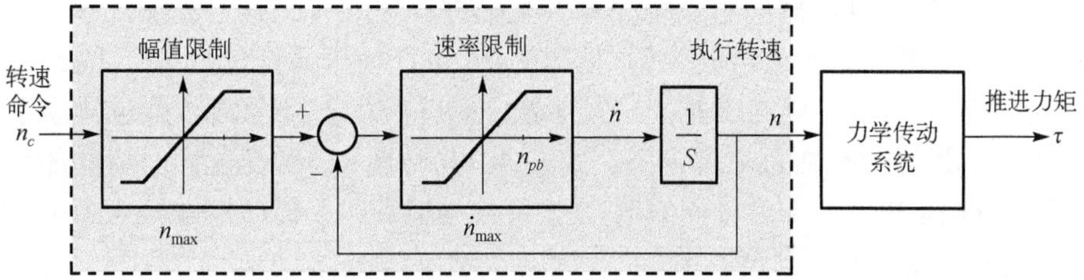

图 2.8　执行伺服系统模型框图

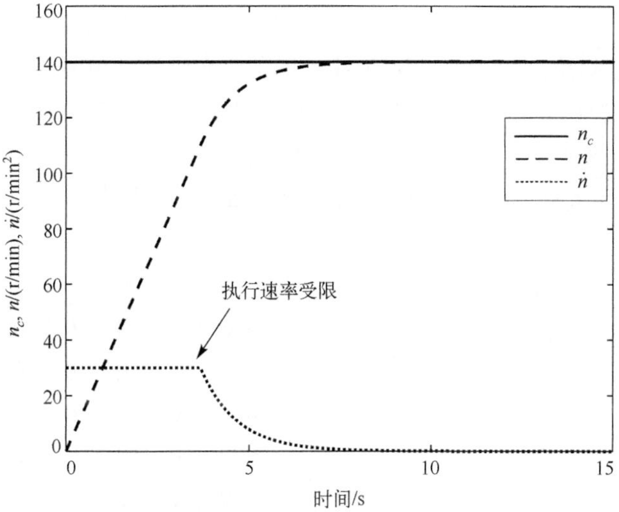

图 2.9　执行伺服系统速率约束阶跃响应曲线($\dot{n}_{max}=0.5r/min^2$)

对于 VFPT，其力学传动系统模型见式(2.38)，τ 为推进器产生推力，通常与推进器转速 n(r/min) 呈二次方函数关系，推力系数 κ 为某个常值，其大小取决于螺旋桨螺距。

$$\tau(n)=\kappa|n|n \tag{2.38}$$

对于 FCPT，其力学传动系统模型见式(2.39)，τ 为推进器产生推力，与螺旋桨螺距比 $p=P/D$ 呈二次方函数关系，P 为推进器螺距，D 表示螺旋桨直径；$\kappa(n)$ 为推力系数，由推进器转速确定。

$$\tau(p)=\kappa(n)|p|p \tag{2.39}$$

在船舶控制工程实践中，FCPT 通常作为辅助推进系统，适用于低航速、一般海况下的船舶操纵；VFPT 通常作为主推进系统，适用于船舶在营运航速下航行，可有效抵御恶劣海洋环境干扰影响。全驱动船舶除配备主推进系统外，还配备有其他推进器作为辅助推进系统。为了使多个推进设备协调运作有效抵御来自不同方向的海洋环境干扰，执行器伺服系统应对多个推进器进行有效推力分配。

接下来，笔者以一艘供给船为例(见图 2.10，执行伺服系统包括 2 个主推进装置、2 个隧道式推进器用于尾部侧推、1 个隧道式推进器和 1 个全回转推进器用于首部侧推)介绍全驱动船舶推力分配模型。式(2.40)为与图 2.10 配置图对应的船舶推力分配模型，$\boldsymbol{T}(\cdot)\in\mathbb{R}^{3\times 6}$ 为推力分配矩阵，2 个主推进器和 4 个辅助推进器均采用 FCPT，$\boldsymbol{u}=[u_1,u_2,u_3,\cdots,u_6]$ 为控制输入向量，具体表达为 $u_i=|p_i|p_i,\ i=1,2,3,\cdots,6$。选取主推进器转速 $n_1=160\text{r/min}$，$n_2=122\text{r/min}$，辅助推进器转速 $n_i=236\text{r/min}, i=3,4,5,6$ 的工况，图 2.11 给出了对应的力学传动系统响应特征曲线。

事实上，对于全回转推进器，实际控制输入包括推进器螺距比 p_6 和方位角 β_6。β_6 存在于推力分配矩阵 $\boldsymbol{T}(\cdot)$ 中，导致利用非线性优化算法解决执行伺服系统推力分配问题存在一定的困难。为此，可将全回转推进器推力分配到船舶纵向和横向上作为两个控制输入处理，式(2.41)给出了具体的增广推力分配矩阵的形式，$u_{6x}:=u_6\cos(\beta_6)$，$u_{6y}:=u_6\sin(\beta_6)$。实际控制命令可通过坐标转换式(2.42)计算获取。

$$
\boldsymbol{\tau}=\boldsymbol{T}(\beta)\boldsymbol{K}\boldsymbol{u}
$$

$$
\Downarrow
$$

$$
\begin{bmatrix}\tau_u\\ \tau_v\\ \tau_r\end{bmatrix}=\begin{bmatrix}1 & 1 & 0 & 0 & 0 & \cos(\beta_6)\\ 0 & 0 & 1 & 1 & 1 & \sin(\beta_6)\\ l_{y1} & -l_{y2} & -l_{x3} & -l_{x4} & l_{x5} & l_{x6}\sin(\beta_6)\end{bmatrix}\begin{bmatrix}\kappa_1 & 0 & 0 & 0 & 0 & 0\\ 0 & \kappa_2 & 0 & 0 & 0 & 0\\ 0 & 0 & \kappa_3 & 0 & 0 & 0\\ 0 & 0 & 0 & \kappa_4 & 0 & 0\\ 0 & 0 & 0 & 0 & \kappa_5 & 0\\ 0 & 0 & 0 & 0 & 0 & \kappa_6\end{bmatrix}\begin{bmatrix}u_1\\ u_2\\ u_3\\ u_4\\ u_5\\ u_6\end{bmatrix}
\tag{2.40}
$$

$$
\begin{bmatrix}\tau_u\\ \tau_v\\ \tau_r\end{bmatrix}=\underbrace{\begin{bmatrix}1 & 1 & 0 & 0 & 0 & 1 & 0\\ 0 & 0 & 1 & 1 & 1 & 0 & 1\\ l_{y1} & -l_{y2} & -l_{x3} & -l_{x4} & l_{x5} & 0 & l_{x6}\end{bmatrix}}_{\text{增广推力分配矩阵}}\begin{bmatrix}\kappa_1 & 0 & 0 & 0 & 0 & 0 & 0\\ 0 & \kappa_2 & 0 & 0 & 0 & 0 & 0\\ 0 & 0 & \kappa_3 & 0 & 0 & 0 & 0\\ 0 & 0 & 0 & \kappa_4 & 0 & 0 & 0\\ 0 & 0 & 0 & 0 & \kappa_5 & 0 & 0\\ 0 & 0 & 0 & 0 & 0 & \kappa_6 & 0\\ 0 & 0 & 0 & 0 & 0 & 0 & \kappa_6\end{bmatrix}\begin{bmatrix}u_1\\ u_2\\ u_3\\ u_4\\ u_5\\ u_{6x}\\ u_{6y}\end{bmatrix}
\tag{2.41}
$$

$$u_6 = |p_6| p_6 = \sqrt{u_{6x}^2 + u_{6y}^2},\ \beta_6 = \arctan\left(\frac{u_{6x}}{u_{6y}}\right) \tag{2.42}$$

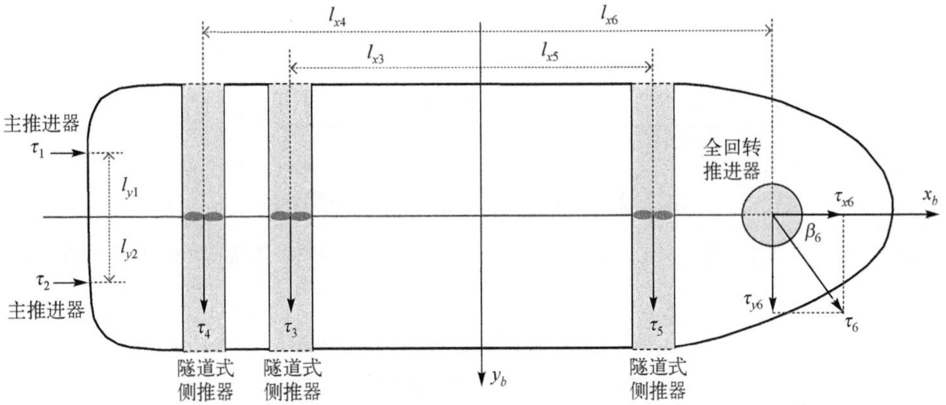

图 2.10　全驱动船舶执行伺服系统配置图

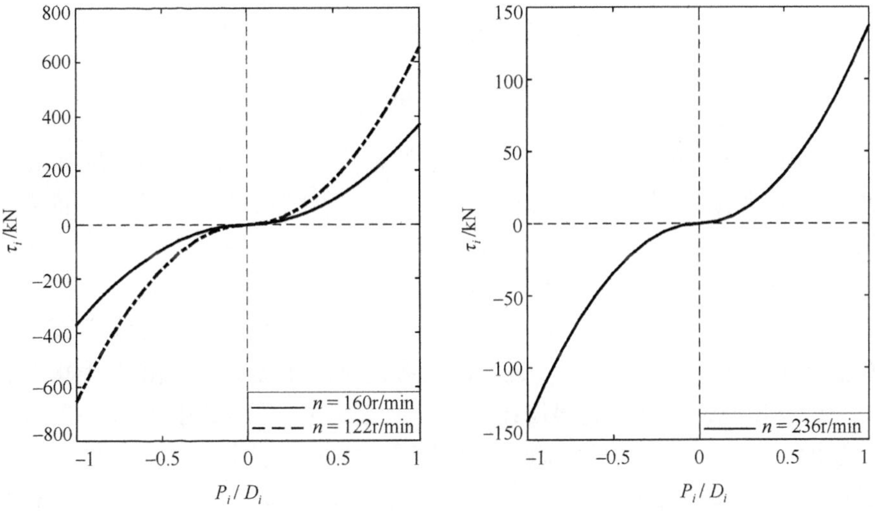

(a) 主推进器　(b) 辅助侧推器

图 2.11　推进器力学传动系统响应特征曲线

(2) 欠驱动船舶力学传动系统模型。

以远洋运输为目的的海上船舶通常只装备 VFPT 型主推进器和舵设备分别驱动船舶前进和艏摇 2 个运动自由度，没有专门用于调节横漂运动的驱动装备。尽管部分船舶应操纵能力受限装有首尾侧推设备用于横漂运动的调节，但这类设备常因船舶纵向高速水动力影响而失效。本部分在全驱动船舶力学传动系统模型的基础上介绍一种适用于欠驱动船舶的力学传动系统模型，图 2.12 给出了执行伺服系统配置情况。

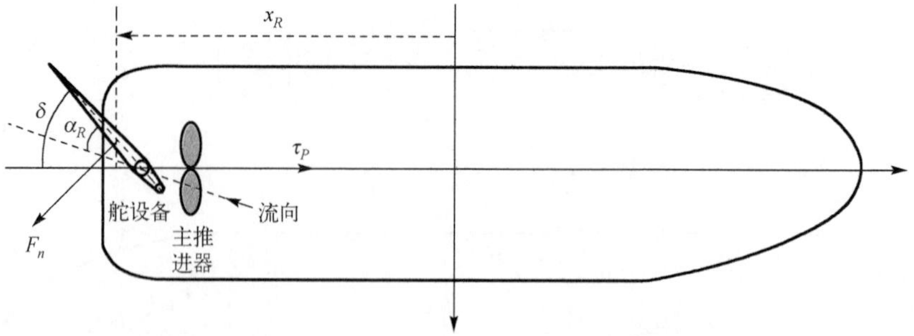

图 2.12　欠驱动船舶执行伺服系统配置图

根据文献[119]中的机理建模方法，由主推进器和舵设备提供的推进力和转船力矩可由式(2.43)进行计算。

$$\begin{bmatrix}\tau_u\\ \tau_v\\ \tau_r\end{bmatrix}=\begin{bmatrix}(1-t_P)\cdot\tau_P(J_P)+(1-t_R)F_N\sin\delta\\ (1+\alpha_H)F_N\cos\delta\\ (x_R+\alpha_H x_H)F_N\cos\delta\end{bmatrix}\tag{2.43}$$

其中，

$$\tau_P(J_P)=\rho_w|n|nD_P^4K_T(J_P),\quad K_T(J_P)=J_0+J_1J_P+J_2J_P^2$$

$$F_N=-\frac{6.13\varLambda}{\varLambda+2.25}\cdot\frac{A_R}{L^2}(u_R^2+v_R^2)\sin\alpha_R$$

τ_P,F_N 表示螺旋桨和舵设备在敞水中产生的推力和转船力矩；ρ_w 为海水密度；t_P,n,D_P,K_T,J_P 分别为螺旋桨推力减额系数、螺旋桨转速、螺旋桨直径、推力系数、进速系数；$\delta,\varLambda,A_R,\alpha_R,x_R$ 表示舵角、舵叶展弦比、舵叶面积、舵叶有效攻角、舵力作用点的 x 坐标；参数 t_R,α_H,x_H 用于描述船体与舵叶相互干涉的影响。在船舶设计与建造工程中，$(1-t_P),(1-t_R),(1+\alpha_H),(x_R+\alpha_H x_H),F_N,\tau_P(J_P)$ 可利用物理测试、试验辨识或经验公式计算获得，具体计算过程，感兴趣读者可以参考文献[37, 119, 120]。

为了进一步便于开展控制器设计工作，笔者针对式(2.43)中各部分推力/力矩分量进行分析。对于一般大型船舶而言，主推进设备对船舶前进、转向(即纵荡和艏摇 2 个自由度)起主要作用的分别为 $(1-t_P)\tau_P(J_P)$ 和 $(x_R+\alpha_H x_H)F_N\cos\delta$；对其他自由度运动的作用力(如 $(1-t_R)F_N\sin\delta$ 和 $(1+\alpha_H)F_N\cos\delta$)影响较小，在船舶运动中将视为干扰力。此外，式(2.43)中舵叶有效攻角 $\alpha_R\in[-0.5236\text{rad},\ 0.5236\text{rad}]$，在其范围内可利用 $\sin\alpha_R\approx\alpha_R\approx\delta$ 近似。基于该分析，笔者可忽略掉干扰项 $(1-t_R)F_N\sin\delta$ 和 $(1+\alpha_H)F_N\cos\delta$，考虑执行器配置约束的设计模型可采用 $\tau_u=T_u(\cdot)|n|n$，$\tau_v=0$，$\tau_r=F_r(\cdot)\delta$，式(2.44)给出了 $T_u(\cdot)$ 和 $F_r(\cdot)$ 的详细表达式。

$$\begin{aligned}&T_u(\cdot)=(1-t_P)\rho_w D_p^4K_T(J_P)\\&F_r(\cdot)=(x_R+\alpha_H x_H)\left[-\frac{6.13\varLambda}{\varLambda+2.25}\cdot\frac{A_R}{L^2}(u_R^2+v_R^2)\cos\delta\right]\end{aligned}\tag{2.44}$$

2.3　海洋环境干扰模型

现实海洋环境干扰主要包括风、海浪、海流，是影响海上行船运动性能的主要外界因素。在船舶运动控制领域，通常采用 Isherwood 方法描述风力干扰，用 ITTC/ISSC(International Towing Tank Conference/International Ship Structure Conference)谱、JONSWAP(Joint North Sea Wave Atmosphere Program)谱等单峰波谱描述非规则波浪[35, 119]。构建准确的海洋环境干扰模型是船舶运动控制系统仿真测试的必备工作，本节将详细介绍该研究中所采用的环境干扰模型。

2.3.1　风干扰模型

为了准确地描述实际海况下的海风情况，笔者将风环境干扰分为平均风和扰动风两部分考虑。平均风部分风速在垂向上会随着与地面或水平面距离的接近而减小；而扰动风分量通常在某一海况下为定常的，随测量点距地面或水平面距离变化微小。考虑到本书研究的对象为水面船舶，本节对风干扰模型进行描述时，只关注二维水平面上风力特性，即风速 U_{wind} 和风向 ψ_{wind}。

(1) 平均风分量。

假设船舶受风力作用点距离海平面垂直高度为 z_{cw}，则高度 z_{cw} 的平均风速 $\bar{U}(z_{\text{cw}})$ 可以由式(2.45)计算：

$$\frac{\bar{U}(z_{\text{cw}})}{\bar{U}_{10}}=\frac{5}{2}\sqrt{\kappa}\ln\frac{z_{\text{cw}}}{z_0},\quad z_0=10\exp\left(-\frac{2}{5\sqrt{\kappa}}\right) \tag{2.45}$$

其中，κ 为海面曳引系数，$\bar{U}_{10}$ 为高度10m 连续测量 1 小时的统计平均风速。在模型构建过程中，$\bar{U}_{10}$ 可根据海况级别设置对应给出平均风速，详细可参考文献[8, 119]。

平均风干扰的慢时变特性可由式(2.46)和式(2.47)所示的 1 阶高斯-马尔可夫过程进行描述[37]。

$$\dot{\bar{U}}+\mu_{\text{w1}}\bar{U}=w_{\text{w1}},\quad 0\leqslant\bar{U}_{\min}\leqslant\bar{U}\leqslant\bar{U}_{\max} \tag{2.46}$$

$$\dot{\psi}_{\text{wind}}+\mu_{\text{w2}}\psi_{\text{wind}}=w_{\text{w2}},\quad 0\leqslant\psi_{\min}\leqslant\psi_{\text{wind}}\leqslant\psi_{\max} \tag{2.47}$$

式(2.46)和式(2.47)中，$w_{\text{w1}},w_{\text{w2}}$ 为高斯白噪声，$\mu_{\text{w1}}\geqslant 0,\mu_{\text{w2}}\geqslant 0$ 为常量。

(2) 扰动风分量。

一般情况下，扰动风分量使用频率密度谱的方法进行描述(关于频率密度谱的使用，将在海浪模型中详细描述)。本研究采用由挪威海上工业标准(Norsok Standard)推荐使用的风模型频率谱[123]，也称为 NORSOK 谱，如式(2.48)所示。图 2.13 给出了不同平均风速下的 NORSOK 频率密度谱曲线，$\bar{U}_{10}=15.7\text{m/s}$，$\bar{U}_{10}=19.0\text{m/s}$，$\bar{U}_{10}=22.9\text{m/s}$，$\bar{U}_{10}=27.0\text{m/s}$ 分别对应 6, 7, 8, 9 级海况下的风干扰情况。从图中容易看出，扰动风具有更多低频能量，且随着平均风速的增长而增大。

$$S_{\text{wind}}(\omega)=320\cdot\frac{(\bar{U}_{10}/10)^2(z_{\text{cw}}/10)^{0.45}}{(1+x^n)^{\frac{5}{3n}}},\quad n=0.468$$
$$x=172\cdot\omega(z_{\text{cw}}/10)^{2/3}(\bar{U}_{10}/10)^{-3/4} \tag{2.48}$$

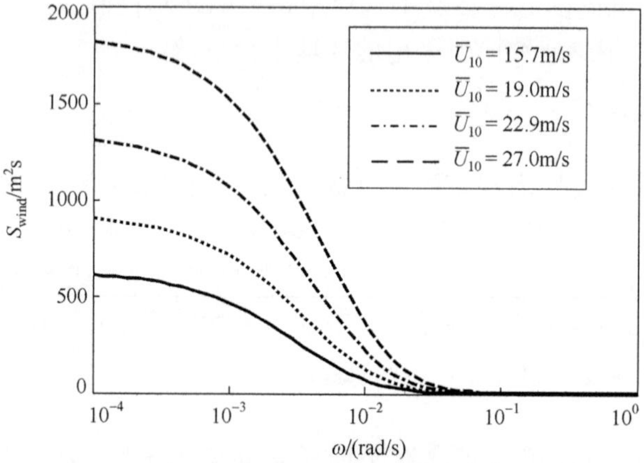

图 2.13　不同平均风速下的 NORSOK 频率密度谱

风速 U_{wind} 是通过叠加平均风分量和扰动风分量计算的。利用频率密度谱计算扰动风分量时，将扰动风视为是 N 个简谐波叠加的结果，每个简谐波分量(如第 i 个)可由式(2.49)计算获得，ω_i 为简谐波分量频率，$\Delta\omega_i$ 为简谐波分量频率宽度，ϕ_i 表示随机相角。因此，风速 U_{wind} 的表达形式可写为式(2.50)。

$$U_{gi}(t)=\sqrt{2S_{\text{wind}}(\omega_i)\Delta\omega_i}\cos(2\pi\omega_i t+\phi_i) \tag{2.49}$$

$$U_{\text{wind}}(z_{\text{cw}},t)=\bar{U}(z_{\text{cw}})+\sum_{i=1}^{N}U_{gi}(t) \tag{2.50}$$

例 2.2　为了更直观地展现上述风干扰模型的构建，笔者以 7 级海况为例对平均风向 40° 条件下的风干扰进行仿真模拟。仿真示例中，高斯白噪声功率 $P(W_{\text{w1}})=1.0\text{dBw}$，$P(W_{\text{w2}})=0.26\text{dBw}$，$\mu_{\text{w1}}=0.8$，$\mu_{\text{w2}}=0.1$，扰动风分量通过上述 NORSOK 频率谱进行构建，频率范围分成 50 等份。图 2.14 给出了该示例中风干扰模拟的风速 U_{wind} 和风向 ψ_{wind} 的时间变化曲线。图 2.15 是对应的二维风场情况，其中，矢量线代表模拟点风速的大小和方向。

进一步就船舶运动控制问题而言，风干扰最终要落实到风作用于航行中的船舶产生的流体动力和力矩。关于这部分内容，传统风力干扰模型中已经进行详细阐述[8, 37, 98, 109-119]，主要通过式(2.51)进行转换，在此不做赘述。式(2.51)中，力和力矩的单位分别为 N 和 N·m；ρ_a 为空气密度，γ_R 和 V_R 为对应的相对风向和风速，A_T, A_L 分别表示船舶水线面以上的正投影面积和侧投影面积，L 为船舶总长；C_X, C_Y, C_N 分别为不同自由度的风力(矩)转换系数。

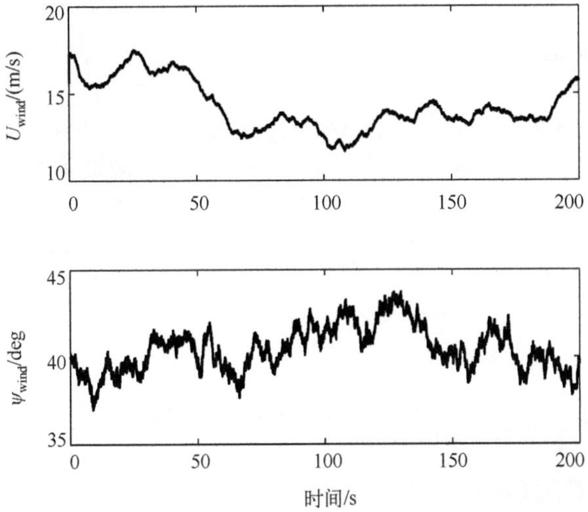

图 2.14　7 级海况下，风向 40° 风干扰时间变化曲线

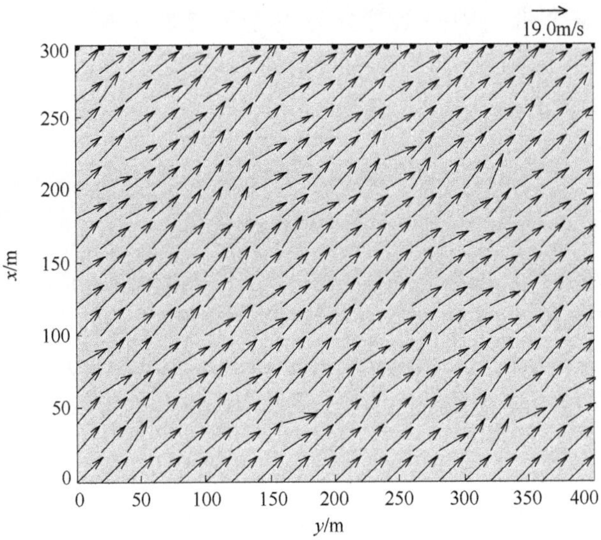

图 2.15　7 级海况下，风向 40° 风干扰二维风场

$$\boldsymbol{\tau}_{\text{wind}}=\begin{bmatrix}\tau_{u\text{wind}}\\ \tau_{v\text{wind}}\\ \tau_{r\text{wind}}\end{bmatrix}=\begin{bmatrix}\dfrac{1}{2}C_X(\gamma_R)\rho_a V_R^2 A_T\\ \dfrac{1}{2}C_Y(\gamma_R)\rho_a V_R^2 A_L\\ \dfrac{1}{2}C_N(\gamma_R)\rho_a V_R^2 A_L\cdot L\end{bmatrix} \tag{2.51}$$

2.3.2 海浪干扰模型

不规则海浪干扰通常由波谱 $S_{\text{wave}}(\omega,\psi_{\text{wave}})$ 进行描述、构建，$S_{\text{wave}}(\omega,\psi_{\text{wave}})$ 是波浪频率 ω、波浪方向 ψ_{wave}（波浪通常为风生浪，波浪方向通常与平均风向一致）的函数，如式(2.52)所示。$S_{\text{w}}(\omega)$ 为频率密度谱，$D(\omega,\psi_{\text{wave}})$ 为方向分布函数。需要注意，对上述波谱 $S_{\text{wave}}(\omega,\psi_{\text{wave}})$ 在整个带宽频率和方向上进行积分能够反映波浪过程的总体能量，即式(2.53)。

$$S_{\text{wave}}(\omega,\psi_{\text{wave}})=S_{\text{w}}(\omega)D(\omega,\psi_{\text{wave}}) \tag{2.52}$$

$$E_{\text{tot}}=\int_0^{\infty}\int_{\psi_0-\pi/2}^{\psi_0+\pi/2}S_{\text{wave}}(\omega,\psi_{\text{wave}})\mathrm{d}\psi\mathrm{d}\omega \tag{2.53}$$

(1) 频率密度谱 $S_{\text{w}}(\omega)$。

频率密度谱 $S_{\text{w}}(\omega)$ 用于描述不同频率上模拟波的能量分布情况。对 $S_{\text{w}}(\omega)$ 在整个带宽频率上进行积分可以得到整个模拟波的能量。为了实施波浪的计算机模拟，通常将 $S_{\text{w}}(\omega)$ 在整个带宽频率上等分为 N 个简谐波分量，每一简谐波分量可由式(2.54)计算其模拟波幅值，对应的简谐波如式(2.55)所示，ω_p 为简谐波频率，$\phi_p\in[0,2\pi)$ 为随机相角变量。

$$\zeta_{ap}=\sqrt{2S_{\text{w}}(\omega_p)\Delta\omega_p} \tag{2.54}$$

$$\zeta_p(t)=\zeta_{ap}\cos(\omega_p t+\phi_p) \tag{2.55}$$

目前，使用较为广泛的波浪频率密度谱包括 Pierson-Moskowitz(PM) 谱，ITTC/ISSC 谱和 JONSWAP 谱。PM 谱用于描述无限广阔深水条件下经局部风场充分发展生成的波浪；后两者是在 PM 谱基础上根据具体地理环境特点进行修正的结果[124]。式(2.56)给出了传统 PM 谱的描述方程，图 2.16 给出了式(2.56)在不同风速条件下描述的 PM 谱值曲线。

$$S_{\text{w}}(\omega)=\frac{A}{\omega^5}\exp\left(-\frac{B}{\omega^4}\right),\ A=0.0081g^2,\ B=0.74\left(\frac{g}{\bar{U}_{19.5}}\right)^4 \tag{2.56}$$

其中，g 为重力加速度，$\bar{U}_{19.5}$ 表示海平面 19.5m 高度处的平均风速。

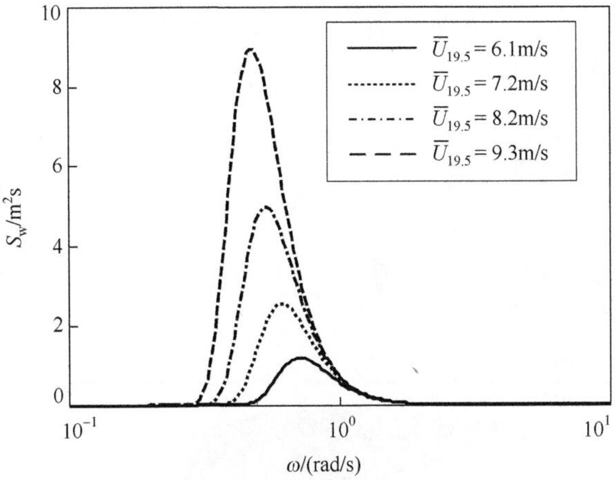

图 2.16　不同风速下的 PM 谱值曲线

(2) 方向分布函数 $D(\omega,\psi_{\text{wave}})$。

为了描述更一般的具有衍射波干扰的海浪，笔者引入方向分布函数的概念，即 $D(\omega,\psi_{\text{wave}})$ 用于描述波浪能量围绕平均波浪方向 ψ_{w0} 的分布情况。通常情况下，$\psi_{\text{wave}}\in[\psi_{\text{w0}}-\pi/2,\ \psi_{\text{w0}}+\pi/2]$，且分布函数对方向 ψ_{wave} 的积分为 1。式(2.57)给出了一种常用的分布函数描述，ITTC 建议选取参数 $c=1$。图 2.17 给出了不同参数 c 条件下方向分布曲线。本书下面章节选取参数 $c=1$ 以构建现实海况海浪干扰。

$$D(\psi_{\text{wave}}-\psi_{\text{w0}})=\frac{2^{2c-1}c!(c-1)!}{\pi(2c-1)!}\cos^{2c}(\psi_{\text{wave}}-\psi_{\text{w0}}) \tag{2.57}$$

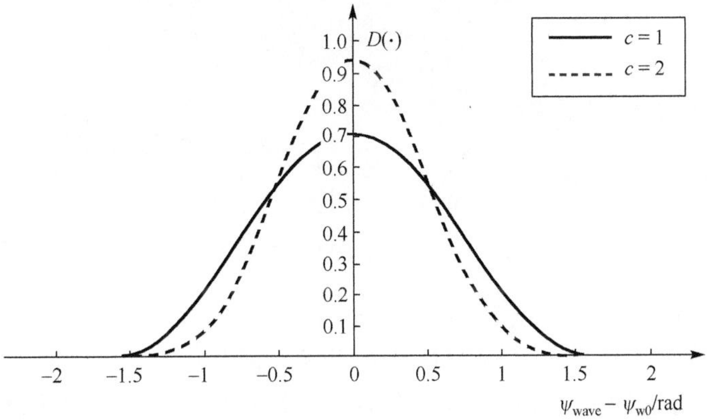

图 2.17　不同参数 c 条件下方向分布曲线

例 2.3　关于上述海浪模型，笔者以 7 级海况、平均浪向 40°条件进行模拟。对于 7 级海况，$\bar{U}_{19.5}=19.5\text{m/s}$；图 2.18 给出了上述条件下 PM 波浪谱的三维视图，

图 2.19 为对应的 PM 谱产生的波面视图。从仿真结果可以看出，本书所采用的波浪模型能够有效描述海浪干扰，以及衍射波的高频能量影响。

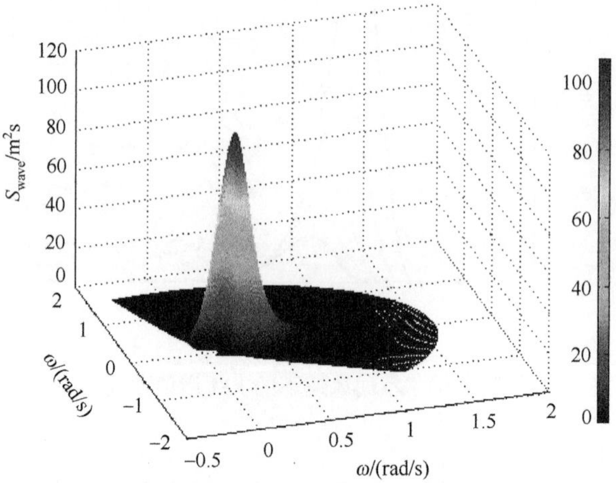

图 2.18　7 级海况下(平均浪向 40°)PM 谱三维视图

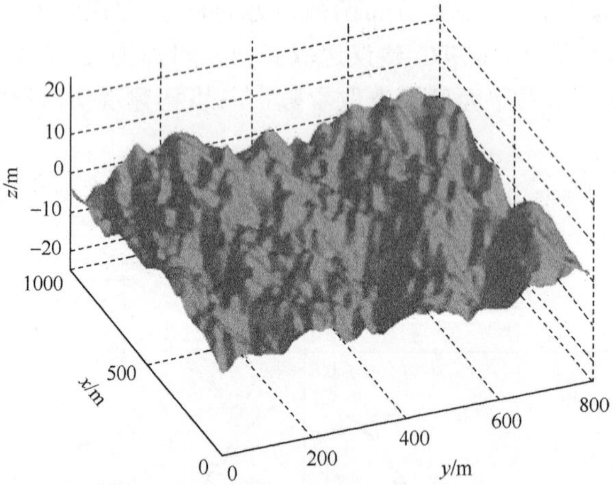

图 2.19　7 级海况下 PM 谱模拟波面视图

(3)船舶在波浪中受到的浪力(力矩)干扰。

考虑船舶在波浪中受到的浪力(力矩)干扰，需要将上述波浪模型中的自然频率和浪向角转换为遭遇频率 ω_e 和遭遇角 ψ_{we} 进行计算。干扰力(力矩)由波面斜率式(2.58)进行计算，具体模型如式(2.59)所示(力和力矩单位分别为 N 和 N·m)，B,L,T 分别为船型尺度：船宽、船长、吃水，ρ_w 表示海水密度。

$$s_i(x,t)=\frac{\mathrm{d}\zeta_i(x,t)}{\mathrm{d}x},\quad i=1,2,\cdots,M\times N \tag{2.58}$$

$$\boldsymbol{\tau}_{\text{wave}}=\begin{bmatrix}\tau_{u\text{wave}}\\ \tau_{v\text{wave}}\\ \tau_{r\text{wave}}\end{bmatrix}=\begin{bmatrix}\sum_{i=1}^{M\cdot N}\rho_w gBLT\cos\psi_{\text{we}}s_i(t)\\ \sum_{i=1}^{M\cdot N}-\rho_w gBLT\sin\psi_{\text{we}}s_i(t)\\ \sum_{i=1}^{M\cdot N}\frac{1}{24}\rho_w gBL(L^2-B^2)\cos 2\psi_{\text{we}}s_i^2(t)\end{bmatrix}\tag{2.59}$$

2.3.3　海流干扰模型

本研究中将海流认定为定常流或具有慢时变特性，既满足 $\dot{v}_c=0$，海流参数包括流速 V_c 和流向 ψ_c。此外，海流干扰模型需要结合具体船舶运动数学模型进行描述，在后续章节中将详细展开。

2.4　海洋环境干扰下的船舶运动数学模型

关于海洋环境条件下的船舶运动数学模型，目前主流构建思路是基于力/力矩叠加原理，即将海洋环境干扰力(力矩)叠加于船舶运动方程的右边，描述模型本身的模型参数可从静水船模/实船试验数据辨识获取[8, 119]。此外，已有研究中存在另外一种建模思路：从对应海况下船舶运动姿态数据中在线辨识，建立系统预测模型，主要用于船舶运行过程中姿态在线预测[125-127]。考虑到本章建立船舶运动数学模型以搭建闭环系统测试平台为主要任务，本节建立海洋环境条件下的数学模型主要基于第一种思路开展。

本研究中所采用的海流干扰为定常流或具有慢时变特性，只影响船舶的平面位置和速度，不影响船舶姿态角。图 2.20 给出了海流干扰在参考坐标系下的变量描述。式(2.60)为具体的变量转换过程，其中，$[u_c^{\text{E}},v_c^{\text{E}}]$ 表示惯性坐标系下的海流速度分量，$[u_c,v_c]$ 表示附体坐标系下的海流速度分量，则船舶航行过程中，对水速度 $u_r=u-u_c$，$v_r=v-v_c$。参照文献[8, 35]关于海流干扰的影响，可将船舶动力学方程(2.32)中的速度变量 u,v 由 u_r,v_r 替换，即为式(2.61)，$\boldsymbol{N}(\boldsymbol{v}_r)\boldsymbol{v}_r$，$\boldsymbol{\tau}(\boldsymbol{v}_r)$ 表示将 u,v 替换为 u_r,v_r 的水动力项和控制输入；船舶运动学方程(2.31)不变。式(2.31)和式(2.61)构成考虑海流干扰影响的船舶运动数学模型。

$$\begin{aligned}&u_c^{\text{E}}=V_c\cos\psi_c,\quad v_c^{\text{E}}=V_c\sin\psi_c\\ &\begin{bmatrix}u_c\\ v_c\end{bmatrix}=\begin{bmatrix}\cos\psi & -\sin\psi\\ \sin\psi & \cos\psi\end{bmatrix}\begin{bmatrix}u_c^{\text{E}}\\ v_c^{\text{E}}\end{bmatrix}\end{aligned}\tag{2.60}$$

$$\boldsymbol{M}\dot{\boldsymbol{v}}+\boldsymbol{N}(\boldsymbol{v}_r)\boldsymbol{v}_r=\boldsymbol{\tau}(\boldsymbol{v}_r)\tag{2.61}$$

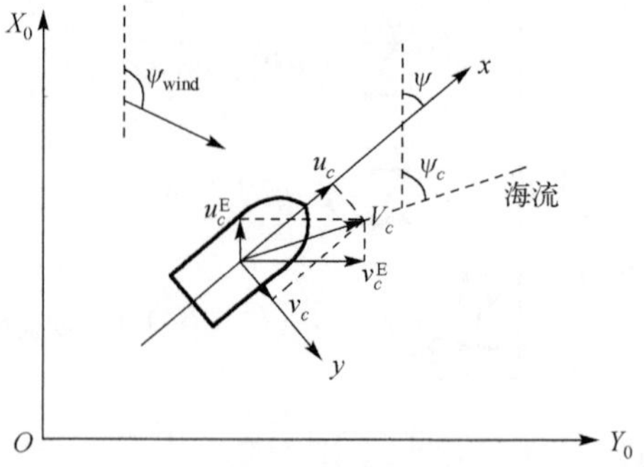

图 2.20　参考坐标系下的海流干扰

进一步，图 2.21 给出了海洋环境条件下的船舶运动数学模型构建机制示意图，与其对应的船舶动力学方程修正为式(2.62)，$\boldsymbol{\tau}_w(\boldsymbol{v}_r)=\boldsymbol{\tau}_{\rm wind}(\boldsymbol{v}_r)+\boldsymbol{\tau}_{\rm wave}(\boldsymbol{v}_r)$表示对水速度$u_r,v_r$下的风、海浪干扰力(力矩)。最终式(2.31)和式(2.62)构成海洋环境条件下的船舶运动数学模型。作为本书开展船舶运动控制系统测试的实验平台，以下两点突出特点提高了本书开展验证试验的可信度：①该模型中具有风、浪、流干扰机理模型，能够描述较为真实的海洋环境干扰；②该模型具有推进系统、舵机伺服系统、力学传统系统模型，且考虑了船舶工程实际中的执行幅值和执行速率限制。

$$\boldsymbol{M}\dot{\boldsymbol{v}}+\boldsymbol{N}(\boldsymbol{v}_r)\boldsymbol{v}_r=\boldsymbol{\tau}(\boldsymbol{v}_r)+\boldsymbol{\tau}_w(\boldsymbol{v}_r) \tag{2.62}$$

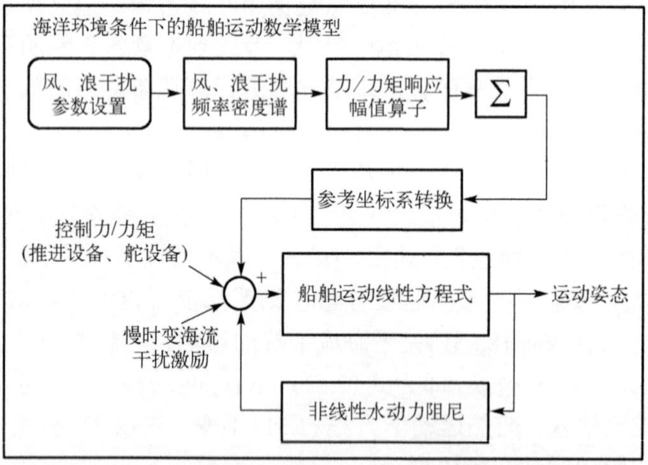

图 2.21　海洋环境条件下船舶运动数学模型实现示意图

2.5　本 章 小 结

本章系统阐述了 Lyapunov 稳定性理论、自适应 Backstepping 控制、船舶运动数学模型等相关基础概念及基础理论。在船舶运动参考坐标系和相关运动参数定义的基础上，通过流体动力分析和运动学理论，建立了一种具有执行伺服系统描述的矢量型非线性船舶运动数学模型。结合相关领域最近研究成果，系统介绍了风、浪、海流海洋环境干扰机理建模过程，并基于力(力矩)叠加原理构建了海洋环境条件下的船舶运动数学模型。本章的主要目的在于仿真模型的构建，为后续章节中船舶运动控制系统研究提供仿真测试平台。该平台描述的船舶动态性能符合海洋工程实际，利用其进行理论算法验证具有易执行、可信度高、节省成本等特点。

第3章 最小参数化条件下的船舶智能制导与鲁棒控制

水面船舶的路径跟踪控制是一种典型的欠驱动机械系统控制任务，初始源于对具有不可积分非完整约束的非完整系统的研究，其典型特点是利用当前模型解析策略不能有效将其转换为无漂链式系统开展控制策略设计工作[29, 128]。

近年来，国内外学者对欠驱动水面船舶的路径跟踪控制研究主题的关注日趋加强。研究表明，该类控制问题(包括路径跟踪、轨迹追踪及动力定位任务)不满足Brockett反馈镇定必要条件，这更增加了其控制器设计任务的难度。文献[77]中，作者忽略了对船舶欠驱动特性的考虑(不能有效控制船舶艏向角，产生船舶在计划航线上打转的情况)，将自适应Backstepping方法用于路径跟踪控制器设计。文献[79]解决了上述问题，利用Lyapunov直接法演绎出两类时变连续反馈控制律。以上为较早的研究结果，基于船舶转首角速度非零的假设，即参考路径只能为曲线，进一步，利用Backstepping方法和参数投影技术，文献[28]发展了一种参数自适应策略控制船舶以设定航速在计划航线上自动航行。文献[81]将上述结果拓展为更为一般的情况：研究对象数学模型考虑了线性/非线性非对角水动力阻尼项的影响。典型的研究结果还有文献[87, 129-131]，在此不进行一一论述。

本章进入本书的研究主题“路径跟踪控制”，旨在开展考虑控制工程需求的路径跟踪控制策略研究，提出一种最小参数化条件下的简捷鲁棒自适应控制算法，从而解决绪论中论述的三类问题：“自适应控制”、“复杂度爆炸”和“维数灾难”。

3.1 问 题 描 述

为了开展路径跟踪控制器设计工作，笔者将式(2.31)和式(2.32)所示的矢量型船舶运动数学模型[132, 133]进行展开，得到本章研究对象，即设计模型式(3.1)，模型不确定包括参数不确定和结构不确定(非线性函数未知)。

$$
\begin{cases}
\dot{x} = u\cos\psi - v\sin\psi \\
\dot{y} = u\sin\psi + v\cos\psi \\
\dot{\psi} = r \\
\dot{u} = \dfrac{m_v}{m_u}vr - f_u(u) + \dfrac{1}{m_u}\tau_u + d_{wu} \\
\dot{v} = -\dfrac{m_u}{m_v}ur - f_v(v) + d_{wv} \\
\dot{r} = \dfrac{m_u - m_v}{m_r}uv - f_r(r) + \dfrac{1}{m_r}\tau_r + d_{wr}
\end{cases}
\tag{3.1}
$$

其中，非线性函数 $f_u(u), f_v(v), f_r(r)$ 用于描述高阶流体动力影响，表达为

$$\begin{cases} f_u(u) = \dfrac{d_u}{m_u}u + \dfrac{d_{u2}}{m_u}|u|u + \dfrac{d_{u3}}{m_u}u^3 \\ f_v(v) = \dfrac{d_v}{m_v}v + \dfrac{d_{v2}}{m_v}|v|v + \dfrac{d_{v3}}{m_v}v^3 \\ f_r(r) = \dfrac{d_r}{m_r}r + \dfrac{d_{r2}}{m_r}|r|r + \dfrac{d_{r3}}{m_r}r^3 \end{cases} \tag{3.2}$$

式(3.1)中，$[x, y, \psi]$ 为惯性坐标系下船舶位置坐标和艏摇角，$[u, v, r]$ 分别表示船舶前进速度、横荡速度、艏摇角速度；$[\tau_u, \tau_r]$ 为可控输入，即推进力和转船力矩；$[d_{wu}, d_{wv}, d_{wr}]$ 不可测量，用于表示外界海洋环境干扰作用于船舶的干扰力和力矩(包括风、海浪、海流)。$m_u, m_v, m_r, d_u, d_v, d_r, d_{u2}, d_{v2}, d_{r2}, d_{u3}, d_{v3}, d_{r3}$ 为未知模型参数，用于描述作用于船体上惯性类、黏性类流体动力/力矩变量。对比式(2.32)给出的仿真模型，$m_u = m - X_{\dot{u}}$，$m_v = m - Y_{\dot{v}}$，$m_r = I_z - N_{\dot{r}}$。

为了完成控制系统设计，需引入以下假设和定义。

假设 3.1　任意的参考路径都能够由式(3.3)所示的虚拟小船产生。式(3.3)中的相关变量含义与式(3.1)相同，并且变量 $x_d, \dot{x}_d, \ddot{x}_d, y_d, \dot{y}_d, \ddot{y}_d$ 和 $\dot{\psi}_d, \ddot{\psi}_d$ 存在且有界。

$$\begin{cases} \dot{x}_d = u_d \cos\psi_d \\ \dot{y}_d = u_d \sin\psi_d \\ \dot{\psi}_d = r_d, \quad v_d = 0 \end{cases} \tag{3.3}$$

航海实践中，船舶参考路径的选取通常与当前船位相关，或者驾驶员将船舶操纵至参考路径附近位置再进行船舶自动航行操作。因此，假设 3.1 是合理的。

假设 3.2　对于外界海洋环境作用于船体的干扰力/力矩 d_{wu}, d_{wv}, d_{wr}，一定存在未知常量 $d_{u\max} > 0, d_{v\max} > 0, d_{r\max} > 0$，满足 $|d_{wu}| \leqslant d_{u\max}$，$|d_{wv}| \leqslant d_{v\max}$，$|d_{wr}| \leqslant d_{r\max}$。

定义 3.1　考虑系统 $\dot{x}_i = f(\vec{x}) + d$，其中，$\vec{x} = [x_1, \cdots, x_i, \cdots, x_n]^{\mathrm{T}}$，$f: \mathbb{R}^n \to \mathbb{R}$ 为非线性函数，d 为干扰项。对于有界状态变量 $x_j (j \neq i)$，如果存在标量函数 $V(x_i) \in C^1$ 满足：

①$V(x_i)$ 是全局正定的，且满足径向无界；

②对于任意的 $|x_i| > b$，$\dot{V}(x_i) < 0$，b 为某一正的常数，其大小与变量 $x_j (j \neq i)$ 和 d 的界有关，则可以称状态变量 x_i 耗散有界。

如图 3.1 所示，本章的任务在于提出一种简捷鲁棒自适应路径跟踪控制器设计策略(推进力 τ_u 和转船力矩 τ_r)，实现：①自动航行的水面船舶所有状态变量满足半全局一致最终有界；②在航海实践环境中，实际船舶式(3.1)能够以一定航速 u_d 对虚拟小船式(3.3)进行有效跟踪，从而实现对计划航线 AB 的有效跟踪。

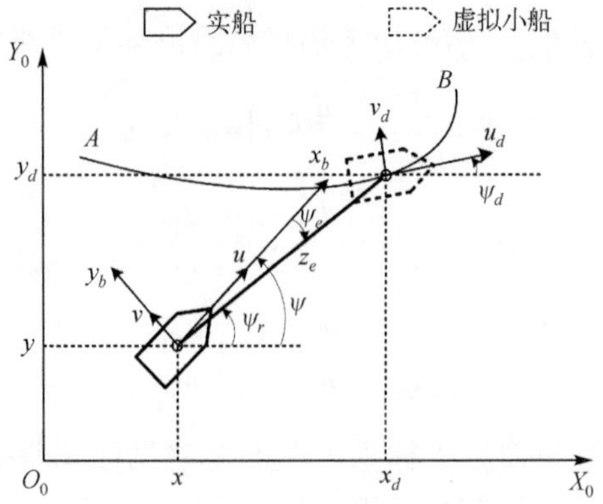

图 3.1　船舶运动路径跟踪基本原理图

3.2　虚拟小船逻辑制导算法

在航海实践中，参考路径是由驾驶员通过设置航路点 $W_1, W_2, \cdots, W_n \quad (W_i = (x_1, y_i))$ 进行设定的，以引导船舶在公海上按照预设计划航线自动航行。参考路径不仅包括直线段，还包括转向部分的曲线段。现有技术 LOS 制导算法的主要思想是通过航迹偏差计算出参考航向，通过航向保持控制引导船舶沿着计算出的参考航向自动航行，间接引导船舶沿着计划参考路径航行，实现航迹保持控制。

如前所述，近年来国内外学者在欠驱动船舶路径跟踪控制方面做了大量研究工作。这些成果多数基于一个前提假设，即假设 3.1，所解决的问题集中于水面船舶能够有效跟踪虚拟小船产生的运动轨迹，从而实现路径跟踪控制。然而，关于如何解决虚拟小船和航路点之间的路径规划问题在当前研究成果中少有提及(如何在船舶控制工程实践中落实假设 3.1)。考虑以上描述航海实践的实际需求可知，LOS 制导算法主要存在以下两点问题有待解决。

①LOS 算法只解决了直线段的航迹保持控制问题，航路点位置附近常用自动转向并没有进行有效的航迹保持控制。

②LOS 算法不能直接应用于已有的路径跟踪控制理论成果，解决航海实践中的船舶航迹保持控制问题(包括直线和光滑曲线)，尽管船舶路径跟踪控制研究在一定假设基础上解决了实际船舶对虚拟小船运动轨迹的跟踪，但虚拟小船与参考路径之间的路径规划问题没有得到有效解决。

为此，本节给出一种虚拟小船逻辑制导算法，落实路径跟踪控制中虚拟小船和航路点之间的路径规划问题。

图 3.2 给出了虚拟小船逻辑制导参考路径规划示意图，计划航线为 $W_{i-1} \to W_i \to W_{i+1}$，由虚拟小船产生的期望参考路径为 $W_{i-1} \to P_{\text{in}W_i} \to \text{arc}_{W_i} \to P_{\text{out}W_i} \to W_{i+1}$。通过规

划，需要得到的虚拟小船命令信号包括 $u_d(t)$ 和 $r_d(t)$ 。通常情况下，船舶航行速度 $u_d>0$ 由驾驶员设定，而 r_d 则是随时间变化的信号。在直线段航线 $W_{i-1}P_{\text{in}W_i}$ 和 $P_{\text{out}W_i}W_{i+1}$ ，$r_d=0$ ，$t_d=\text{distance}/u_d$（distance 代表直线段航线的长度）。转向点部分的光滑曲线段 $P_{\text{in}W_i}P_{\text{out}W_i}$ 作为圆弧考虑，r_d 为非零常量，可通过定义转向半径进行计算。首先，利用式(3.4)求取每一段直线航线的方位角 $\phi_{i-1,i}$ 和 $\phi_{i,i+1}$，转向偏差 $\Delta\phi_i=\phi_{i,i+1}-\phi_{i-1,i}$ 且通过坐标转换使 $\Delta\phi_i\in[-\pi/2,\pi/2]$ 。当 $|\Delta\phi_i|>\pi/2$ 时，$\Delta\phi_i=\text{sgn}(\Delta\phi_i)\pi/2$ 。转向半径 R_i 可通过内插求取，$R_i\in[R_{\min},R_{\max}]$ 。对于 $|\Delta\phi_i|>\pi/2$ 的情况，令 $R_i=R_{\min}$ 。因此，在光滑曲线段航线，$r_d=u_d/R_i$ ，$t_d=\Delta\phi_i/r_d$ 。利用上述算法对所有航路点信息进行计算，获得产生完整参考路径的虚拟小船命令信号。

$$\phi_{i-1,i}=\arctan\left(\frac{y_i-y_{i-1}}{x_i-x_{i-1}}\right) \tag{3.4}$$

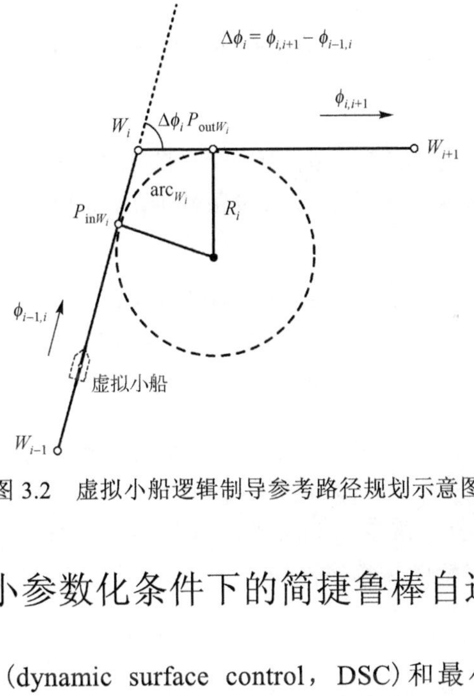

图 3.2　虚拟小船逻辑制导参考路径规划示意图

3.3　最小参数化条件下的简捷鲁棒自适应控制

利用动态面控制(dynamic surface control，DSC)和最小学习参数(minimum learning parameter，MLP)技术，本节提出一种最小参数化条件下的简捷鲁棒自适应控制策略解决船舶路径跟踪控制任务，具体设计步骤包括两步：运动学部分设计和动力学部分设计。

3.3.1　控制器设计

步骤 1　定义如式(3.5)所示的跟踪误差变量。注意，$\psi_r(\psi_r\in(-\pi,\pi])$ 为实际船舶相对于虚拟小船的方位角，而不是虚拟小船的艏向角 ψ_d 。ψ_r 可由式(3.6)计算。

$$x_e = x_d - x, \quad y_e = y_d - y, \quad z_e = \sqrt{{x_e}^2 + {y_e}^2}, \quad \psi_e = \psi_r - \psi \tag{3.5}$$

$$\psi_r = 0.5[1 - \mathrm{sgn}(x_e)]\mathrm{sgn}(y_e) \cdot \pi + \arctan\left(\frac{y_e}{x_e}\right) \tag{3.6}$$

从图 3.1 容易看出，变量 x_e, y_e 和 z_e 存在以下关系：

$$x_e = z_e \cos\psi_r, \ y_e = z_e \sin\psi_r \tag{3.7}$$

利用式(3.1)、式(3.5)和式(3.7)，对变量 z_e, ψ_e 求导可得

$$\begin{aligned} \dot{z}_e &= \dot{x}_d \cos\psi_r + \dot{y}_d \sin\psi_r - u\cos\psi_e - v\sin\psi_e \\ \dot{\psi}_e &= \dot{\psi}_r - r \end{aligned} \tag{3.8}$$

选择与 u 和 r 对应的控制函数 α_u, α_r：

$$\begin{aligned} \alpha_u &= (\cos(\psi_e))^{-1} \cdot [k_{z_e}(z_e - \delta_{xy}) + \dot{x}_d \cos\psi_r + \dot{y}_d \sin\psi_r - v\sin\psi_e] \\ \alpha_r &= k_{\psi_e}\psi_e + \dot{\psi}_r \end{aligned} \tag{3.9}$$

其中，$k_{z_e} > 0, k_{\psi_e} > 0$ 为设计参数，δ_{ψ_e} 为一个小的正值。需要说明，对于 $\psi_e = \pm\pi/2$，α_u 未定义。因此，在实际工程中首先假设条件 $|\psi_e| < \pi/2$ 成立，并利用式(3.10)的转换保证假设的成立。

$$\psi_e = \begin{cases} \psi_e - \pi, & \psi_e \geqslant 0.5 \\ \psi_e, & -0.5\pi < \psi_e < 0.5\pi \\ \psi_e + \pi, & \psi_e \leqslant -0.5\pi \end{cases} \tag{3.10}$$

为了解决在接下来的设计中对虚拟控制函数进行再微分导致“复杂度爆炸”问题，笔者利用 DSC 控制引入时间常数为 ϵ_u 和 ϵ_r 的两个 1 阶滤波器，对虚拟控制函数 α_u, α_r 进行滤波。注意，常数 ϵ_u 和 ϵ_r 的选取是基于经验的，通常在 $0.01 \sim 0.1$ 范围内，选取不当会严重影响闭环系统性能。

$$\epsilon_i \dot{\beta}_i + \beta_i = \alpha_i, \ \beta_i(0) = \alpha_i(0), \ i = u, r \tag{3.11}$$

令 $y_i = \alpha_i - \beta_i, u_e = \beta_u - u, r_e = \beta_r - r$，则可得到

$$\begin{aligned} \dot{z}_e &= \dot{x}_d \cos\psi_r + \dot{y}_d \sin\psi_r - (\alpha_u - u_e - y_u)\cos\psi_e - v\sin\psi_e \\ \dot{\psi}_e &= \psi_r - (\alpha_r - r_e - y_r) \end{aligned} \tag{3.12}$$

$$\dot{\beta}_u = \frac{y_u}{\epsilon_u}, \quad \dot{\beta}_r = \frac{y_r}{\epsilon_r} \tag{3.13}$$

并且

$$
\begin{aligned}
\dot{y}_u &= -\dot{\beta}_u + \dot{\alpha}_u \\
&= -\frac{y_u}{\epsilon_u} + \frac{\partial\alpha_u}{\partial\dot{x}_d}\ddot{x}_d \frac{\partial\alpha_u}{\partial\dot{y}}\ddot{y}_d + \frac{\partial\alpha_u}{\partial z_e}\dot{z}_e + \frac{\partial\alpha_u}{\partial\psi_r}\dot{\psi}_r + \frac{\partial\alpha_u}{\partial\dot{\psi}_e}\ddot{\psi}_e + \frac{\partial\alpha_u}{\partial v}\dot{v} \\
&= -\frac{y_u}{\epsilon_u} + B_u(\dot{x}_d,\ddot{x}_d,\dot{y}_d,\ddot{y}_d,z_e,\dot{z}_e,\psi_r,\dot{\psi}_r,\dot{\psi}_e,\ddot{\psi}_e,v,\dot{v}) \\
\dot{y}_r &= -\dot{\beta}_r + \dot{\alpha}_r \\
&= -\frac{y_r}{\epsilon_r} + \frac{\partial\alpha_r}{\partial\psi_e}\dot{\psi}_e + \frac{\partial\alpha_r}{\partial\dot{\psi}_r}\ddot{\psi}_r \\
&= -\frac{y_r}{\epsilon_r} + B_r(\psi_e,\dot{\psi}_e,\dot{\psi}_r,\ddot{\psi}_r)
\end{aligned} \tag{3.14}
$$

其中，$B_u(\cdot), B_r(\cdot)$ 为未知非线性连续函数。

步骤 2　根据式(3.1)和式(3.13)，对变量 u_e, r_e 求导得到

$$
\begin{aligned}
\dot{u}_e &= \dot{\beta}_u - \frac{m_v}{m_u}vr + f_u(u) - \frac{1}{m_u}\tau_u - d_{wu} \\
\dot{r}_e &= \dot{\beta}_r - \frac{m_u - m_v}{m_r}uv + f_r(r) - \frac{1}{m_r}\tau_r - d_{wr}
\end{aligned} \tag{3.15}
$$

由于 $f_i(i)$ $(i=u,r)$ 是未知光滑非线性函数，因此，可引入 RBF 神经网络对其进行逼近。

$$
\begin{aligned}
f_i(i) &= \boldsymbol{S}_i(i)\boldsymbol{A}_i i + \varepsilon_i \\
&= \boldsymbol{S}_i(i)\boldsymbol{A}_i\beta_i - \boldsymbol{S}_i(i)\boldsymbol{A}_i i_e + \varepsilon_i \\
&= \boldsymbol{S}_i(i)\boldsymbol{A}_i\beta_i - b_i\boldsymbol{S}_i(i)\boldsymbol{W}_i + \varepsilon_i
\end{aligned} \tag{3.16}
$$

其中，$i=u,r$，$b_i=\|\boldsymbol{A}_i\|$，$\boldsymbol{W}_i=\boldsymbol{A}_i^m i_e=(\boldsymbol{A}_i/b_i)i_e$，$\boldsymbol{A}_i^m=(\boldsymbol{A}_i/b_i)$，$b_i\boldsymbol{W}_i=\boldsymbol{A}_i i_e$。

利用式(3.16)，误差系统动态式(3.15)可重新表示为

$$
\begin{aligned}
\dot{u}_e &= \dot{\beta}_u - b_u\boldsymbol{S}_u(u)\boldsymbol{W}_u + \upsilon_u - \frac{1}{m_u}\tau_u \\
\dot{r}_e &= \dot{\beta}_r - b_r\boldsymbol{S}_r(r)\boldsymbol{W}_r + \upsilon_r - \frac{1}{m_r}\tau_r
\end{aligned} \tag{3.17}
$$

且

$$
\begin{aligned}
\upsilon_u &= \boldsymbol{S}_u(u)\boldsymbol{A}_u\beta_u - \frac{m_v}{m_u}vr - d_{wu} + \varepsilon_u \\
&\leqslant \boldsymbol{S}_u(u)\boldsymbol{A}_u\beta_u + d_u\zeta_u(\boldsymbol{v}) + d_{u\max} + \bar{\varepsilon}_u \\
&\leqslant \vartheta_u\varPsi_u(\boldsymbol{v})
\end{aligned} \tag{3.18}
$$

式(3.18)中，$\zeta_u(\boldsymbol{v})=(v^2/4)+r^2$，$\vartheta_u=\max\{\|\boldsymbol{A}_u\beta_u\|, d_u, d_{u\max}+\bar{\varepsilon}_u\}$，$\varPsi_u(\boldsymbol{v})=1+\|\boldsymbol{S}_u(u)\|+$

$\zeta_u(\boldsymbol{v})$。同理可以推出式(3.19)，$\zeta_r(\boldsymbol{v})=(v^2/4)+u^2$，$\vartheta_r=\max\{\|\boldsymbol{A}_r\beta_r\|,d_r,d_{r\max}+\bar{\varepsilon}_r\}$，$\Psi_r(\boldsymbol{v})=1+\|\boldsymbol{S}_r(u)\|+\zeta_r(\boldsymbol{v})$。

$$\upsilon_r\leqslant\vartheta_r\Psi_r(\boldsymbol{v}) \tag{3.19}$$

基于以上转换，可以得到对应的控制律式(3.20)和参数更新律式(3.21)。

$$\begin{aligned}\tau_u&=k_{u_e}u_e+\dot{\beta}_u+\hat{\lambda}_u\Phi_u(\cdot)u_e\\ \tau_r&=k_{r_e}r_e+\dot{\beta}_r+\hat{\lambda}_r\Phi_r(\cdot)r_e\end{aligned} \tag{3.20}$$

$$\begin{aligned}\dot{\hat{\lambda}}_u&=\Gamma_u[\Phi_u(\cdot)u_e^2-\sigma_u(\hat{\lambda}_u-\hat{\lambda}_u(0))]\\ \dot{\hat{\lambda}}_r&=\Gamma_r[\Phi_r(\cdot)r_e^2-\sigma_r(\hat{\lambda}_r-\hat{\lambda}_r(0))]\end{aligned} \tag{3.21}$$

其中，$\Phi_i(\cdot)=[\boldsymbol{S}_i(i)\boldsymbol{S}_i(i)^{\mathrm{T}}/4\gamma_{i1}^2]+(\Psi_i^2/4\gamma_{i2}^2)$，$\lambda_i=m_i\max\{b_i^2,\vartheta_i^2\},\ i=u,r$。$k_{u_e},k_{r_e}$，$\Gamma_u$，$\Gamma_r,\sigma_u,\sigma_r,\gamma_{i1},\gamma_{i2}$为正的常数。$\hat{\lambda}_i$表示变量$\lambda_i$的估计值，$\hat{\lambda}_i(0)$表示其对应的初始值。

从以上设计可以看出，构建本节所提出的简捷鲁棒自适应控制器需要引入 12 个设计参数：$k_{z_e},k_{\psi_e},k_{u_e},k_{r_e},\Gamma_u,\Gamma_r,\sigma_u,\sigma_r,\gamma_{u1},\gamma_{r1},\gamma_{u2},\gamma_{r2}$。与已有研究结果相比，本节给出的控制律式(3.20)和自适应律式(3.21)具有简捷的形式，易于在船舶控制工程中执行。例如，利用文献[93]中的算法完成同样任务需要引入 22 个设计参数，且神经网络权重向量需要在线学习。此外，通过使用神经网络逼近技术，保证了控制律能够有效镇定模型不确定(包括参数不确定和模型结构未知)；利用最小参数化技术，避免了对神经网络权重的在线学习，整个闭环系统中只存在两个在线调节的参数$\hat{\lambda}_u$，$\hat{\lambda}_r$。结合文献[134]中给出的 DSC 方法，本节所提出的控制策略有效解决了“维数灾难”和“复杂度爆炸”问题，对工程应用至关重要。

3.3.2 稳定性分析

根据上述设计过程，本章提出的简捷鲁棒自适应控制策略可以总结为定理 3.1。

定理 3.1 针对一般海船系统式(3.1)，假设 3.1、假设 3.2 成立，应用本章所提出的简捷鲁棒自适应控制律式(3.9)、式(3.20)和参数自适应律式(3.21)构建闭环控制系统。对于初始状态满足式(3.22)的情况($\Delta>0$)：

$$\begin{aligned}&(z_e(0)-\delta_{xy})^2+\psi_e^2(0)+y_u^2(0)+y_r^2(0)+u_e^2(0)+r_e^2(0)+\\ &\Gamma_u^{-1}\tilde{\lambda}_u^2(0)+\Gamma_r^{-1}\tilde{\lambda}_r^2(0)\leqslant 2\Delta\end{aligned} \tag{3.22}$$

通过适当调节控制器参数$k_{z_e},k_{\psi_e},k_{u_e},k_{r_e},\Gamma_u,\Gamma_r,\sigma_u,\sigma_r,\gamma_{u1},\gamma_{u2},\gamma_{r1}$和$\gamma_{r2}$，能够保证整个闭环控制系统的所有变量满足半全局一致最终有界。

证明 定义式(3.23)所示的 Lyapunov 函数：

$$V=\frac{1}{2}(z_e-\delta_{xy})^2+\frac{1}{2}\psi_e^2+\frac{1}{2}y_u^2+\frac{1}{2}y_r^2+\frac{1}{2}u_e^2+\frac{1}{2}r_e^2+\frac{1}{2m_u}\Gamma_u^{-1}\tilde{\lambda}_u^2+\frac{1}{2m_r}\Gamma_r^{-1}\tilde{\lambda}_r^2 \tag{3.23}$$

对于任意的 $B_0>0, \Delta>0$，集合：

$$\Pi_1 := \{(x_d,\dot{x}_d,\ddot{x}_d,y_d,\dot{y}_d,\ddot{y}_d,\dot{\psi}_d,\ddot{\psi}_d) : x_d^2+\dot{x}_d^2+\ddot{x}_d^2+y_d^2+\dot{y}_d^2+\ddot{y}_d^2+\dot{\psi}_d^2+\ddot{\psi}_d^2 \leqslant B_0\}$$

$$\Pi_2 := \{(z_e,\psi_e,y_u,y_r,u_e,r_e,\tilde{\lambda}_u,\tilde{\lambda}_r) : (z_e-\delta_{xy})^2+\psi_e^2+y_u^2+y_r^2+u_e^2+r_e^2+\tilde{\lambda}_u^2+\tilde{\lambda}_r^2 \leqslant 2\Delta\}$$

分别为 $\mathbb{R}^8$ 上的紧集，且 $\Pi:(\dot{x}_d,\ddot{x}_d,\dot{y}_d,\ddot{y}_d,z_e,\dot{z}_e,\psi_r,\dot{\psi}_r,\ddot{\psi}_r,\psi_e,\dot{\psi}_e,\ddot{\psi}_e,v,\dot{v})$ 也为紧集。因此，一定存在正的常量 M_u,M_r 使不等式 $|B_u(\cdot)|\leqslant M_u$，$|B_r(\cdot)|\leqslant M_r$ 成立。

基于式(3.8)、式(3.9)、式(3.14)、式(3.17)、式(3.20)和式(3.21)，对 V 求导可得式(3.24)：

$$\begin{aligned}\dot{V} &= (z_e-\delta_{xy})\dot{z}_e+\psi_e\dot{\psi}_e+y_u\dot{y}_u+y_r\dot{y}_r+u_e\dot{u}_e+r_e\dot{r}_e+\tilde{\lambda}_u\frac{1}{m}\Gamma_u^{-1}\dot{\hat{\lambda}}_u+\tilde{\lambda}_r\frac{1}{m_r}\Gamma_r^{-1}\dot{\hat{\lambda}}_r \\ &\leqslant -(k_{z_e}-2)(z_e-\delta_{xy})^2-(k_{\psi_e}-2)\psi_e^2-\sum_{i=u,r}\left(\frac{y_i^2}{\epsilon_i}-\frac{y_i^2}{4}-\frac{M_i^2B_i^2y_i^2}{2bM_i^2}-\frac{b}{2}-i_e\dot{\beta}\right. \\ &\quad \left.+b_i\boldsymbol{S}_i(i)\boldsymbol{W}_i i_e-\upsilon_i i_e\right)+\left(\frac{u_e^2}{4}+\frac{r_e^2}{4}\right)-\frac{1}{m_u}u_e\tau_u-\frac{1}{m_r}r_e\tau_r+\sum_{i=u,r}\tilde{\lambda}_i\frac{1}{m_i}\Gamma_i^{-1}\dot{\hat{\lambda}}_i\end{aligned} \tag{3.24}$$

式(3.24)中，b 为一小的正数。根据 Young's 不等式，存在式(3.25)、式(3.26)成立。

$$-b_i\boldsymbol{S}_i(i)\boldsymbol{W}_i i_e+\upsilon_i i_e \leqslant \frac{1}{m_i}\lambda_i\Phi_i(\cdot)i_e^2+\gamma_{i1}^2\boldsymbol{W}^{\mathrm{T}}\boldsymbol{W}_i+\gamma_{i2}^2 \tag{3.25}$$

$$-\frac{1}{m_i}\dot{\beta}_i i_e+\dot{\beta}_i i_e \leqslant \frac{1+\dfrac{1}{m_i}}{\epsilon_i}i_e^2+\frac{1+\dfrac{1}{m_i}}{4\epsilon_i}y_i^2 \tag{3.26}$$

根据 $\boldsymbol{W}_i$ 的定义，容易得到式(3.27)的等价关系：

$$\boldsymbol{W}_i^{\mathrm{T}}\boldsymbol{W}_i=\frac{1}{\|\boldsymbol{A}_i\|}(a_{i1}^2+a_{i2}^2+\cdots+a_{il}^2)i_e^2=i_e^2 \tag{3.27}$$

将式(3.20)、式(3.21)代入式(3.24)，进一步整理可以得到

$$\begin{aligned}\dot{V} &\leqslant -(k_{z_e}-2)(z_e-\delta_{xy})^2-(k_{\psi_e}-2)\psi_e^2-\sum_{i=u,r}\left(\frac{y_i^2}{\epsilon_i}-\frac{y_i^2}{4}-\frac{M_i^2B_i^2y_i^2}{2bM_i^2}-\frac{b}{2}\right) \\ &\quad -\sum_{i=u,r}\left(\frac{1}{m_i}k_{i_e}i_e^2-\frac{1}{4}i_e^2-\gamma_{i1}^2i_e^2-\gamma_{i2}^2-\frac{1+\dfrac{1}{m_i}}{\epsilon_i}i_e^2-\frac{1+\dfrac{1}{m_i}}{4\epsilon_i}y_i^2\right) \\ &\quad -\sum_{i=u,r}\frac{1}{m_i}\sigma_i\tilde{\lambda}_i(\hat{\lambda}_i-\hat{\lambda}_i(0)) \\ &\leqslant -(k_{z_e}-2)(z_e-\delta_{xy})^2-(k_{\psi_e}-2)\psi_e^2\end{aligned}$$

$$
\begin{aligned}
&-\sum_{i=u,r}\left[\left(\frac{1}{\epsilon_i}-\frac{1}{4}-\frac{1-\dfrac{1}{m_i}}{4\epsilon_i}-\frac{M_i^2B_i^2}{2bM_i^2}\right)y_i^2+\left(\frac{1}{m_i}k_{i_e}-\frac{1}{4}-\gamma_{i1}^2-\frac{1-\dfrac{1}{m_i}}{\epsilon_i}\right)i_e^2\right.\\
&\left.+\frac{\sigma_i}{2\Gamma_i^{-1}m_i}\Gamma_i^{-1}\tilde{\lambda}_i^2\right]+\rho
\end{aligned}
\tag{3.28}
$$

式(3.28)中，$\rho=b+\gamma_{u2}^2+\gamma_{r2}^2+(\sigma_u/2m_u)(\lambda_u-\hat{\lambda}_u(0))^2+(\sigma_r/2m_r)(\lambda_r-\hat{\lambda}_r(0))^2$。

为了保证闭环系统稳定性，适当选择控制器设计参数，如

$$
\begin{aligned}
&a_0=\min\left\{\frac{\sigma_u}{2\Gamma_u^{-1}},\frac{\sigma_r}{2\Gamma_r^{-1}}\right\},\ \frac{1}{\epsilon_i}=\frac{1}{3-1/m_i}\left(1+\frac{2M_i^2}{b}+4a_0\right)\\
&k_{i_e}=m_i\left(\frac{1}{4}+\gamma_{i1}^2+\frac{1+1/m_i}{\epsilon_i}+a_0\right),\ k_{z_e}=a_{z_e}+2,\ k_{\psi_e}=a_{\psi_e}+2
\end{aligned}
\tag{3.29}
$$

$a_0>0, a_{z_e}>0, a_{\psi_e}>0$ 均为常量。最终，式(3.28)可化简为

$$
\begin{aligned}
\dot{V}&\leqslant -a_{z_e}(z_e-\delta_{xy})^2-a_{\psi_e}\psi_e^2-a_0\sum_{i=u,r}\left(y_i^2+i_e^2+\frac{1}{m_i}\Gamma_i^{-1}\tilde{\lambda}_i^2\right)+\rho\\
&\leqslant -2aV+\rho
\end{aligned}
\tag{3.30}
$$

式(3.30)中，$a=\min\{a_{z_e},a_{\psi_e},a_0\}$。对其进行积分可得

$$
V\leqslant\frac{\rho}{2a}+\left(V(0)-\frac{\rho}{2a}\right)\exp(-2at)
\tag{3.31}
$$

根据 Lyapunov 稳定性定理，可知 V 一致最终有界，且 $\lim\limits_{t\to\infty}V(t)=\rho/2a$。

接下来，笔者将在以上分析的基础上进一步讨论船舶横荡运动 v 的耗散有界性。当前已有研究结果对船舶横荡运动构建了不同类型的运动方程，笔者将就此进行枚举讨论。

(1) 文献[8]中的情况。

文献[8]采用式(3.32)所示的横荡运动模型：

$$
\begin{aligned}
\dot{v}=(m-Y_{\dot{v}})^{-1}[&-(mx_g-Y_{\dot{r}})\dot{r}-(m-X_{\dot{u}})ur+Y_v v+Y_{|v|v}|v|v+x_gY_vr\\
&+x_gY_{|v|v}|v|r]
\end{aligned}
\tag{3.32}
$$

通常情况下，$Y_v, Y_{|v|v}<0$ 表示水动力阻尼系数。定义变量 $\bar{v}=v+\iota r$，$\iota=(mx_g-Y_{\dot{r}})/(m-Y_{\dot{v}})$，将其代入式(3.32)可得

$$
\dot{\bar{v}}=(m-Y_{\dot{v}})^{-1}[-(m-X_{\dot{u}})ur+(Y_v+Y_{|v|v}|v|)(v+x_gr)]
\tag{3.33}
$$

选取 Lyapunov 函数 $V_v=0.5\bar{v}^2$，对其进行微分并代入式(3.33)的结果：

$$\dot{V}_v = \kappa\left\{\bar{v}^2 + \left[(x_g - \iota)r - \frac{(m - X_{\dot{u}})ur}{Y_v + Y_{|v|v}|v|}\right]\bar{v}\right\} \tag{3.34}$$

其中，$\kappa = (m - Y_{\dot{v}})^{-1}(Y_v + Y_{|v|v}|v|)$。由 $(m - Y_{\dot{v}}) > 0$ 可知 $\kappa < 0$。容易得出结论：如果 $|\bar{v}| \geqslant |(x_g - \iota)r| + |(m - X_{\dot{u}})ur / Y_v|$，则 $\dot{V}_v \leqslant 0$。在 u, r 满足一致最终有界的前提下，变量 $\bar{v}$ 是耗散有界的。因此，$v = \bar{v} - \iota r$ 也满足耗散有界条件。

(2) 文献[81]中的情况。

文献[81]中，式(3.35)用于研究船舶横荡动态性能：

$$\dot{v} = m_{22}^{-1}[-m_{23}\dot{r} - m_{11}ur + (Y_v + Y_{|v|v}|v| + Y_{|r|v}|r|)v + (Y_r + Y_{|v|r}|v|)r + d] \tag{3.35}$$

其中，$m_{11} = m - X_{\dot{u}}$，$m_{22} = m - Y_{\dot{v}}$，$m_{23} = mx_g - Y_{\dot{r}}$ 为惯性项系数，区别于本章中的描述；$Y_{|r|v} < 0$，$Y_{|v|r} > 0$ 为水动力阻尼系数；d 表示有界干扰项。

定义变量 $\bar{v} = v + \iota r$，$\iota = m_{23}/m_{22}$。整理式(3.35)可得

$$\dot{\bar{v}} = m_{22}^{-1}\kappa[\bar{v} + (d + \kappa_2 r) / \kappa_1] \tag{3.36}$$

式中，$\kappa_1 = Y_v + Y_{|v|v}|v| + Y_{|r|v}|r|$，$\kappa_2 = Y_r + Y_{|v|r}|v| - m_{11}u$。

依然选取 $V_v = 0.5\bar{v}^2$ 作为 Lyapunov 能量函数并对其求导，代入式(3.36)可以推出

$$\dot{V}_v = m_{22}^{-1}\kappa_1[\bar{v}^2 + \bar{v}(d + \kappa_2 r)\bar{v} / \kappa_1] \tag{3.37}$$

假设 u, r 一致最终有界，容易得出 $\lim_{|v|\to\infty}(d + \kappa_2 r) / \kappa_1 = Y_{|v|r}/Y_{|v|v}$。对于实际船舶，存在 $m_{22} > 0$，$\kappa_1 < 0$。分析式(3.37)可以得出：当 $|\bar{v}| \geqslant |(d + \kappa_2 r) / \kappa_1|$ 时，$\dot{V}_v \leqslant 0$。因此，变量 $\bar{v}$ 是耗散有界的，进一步 $v = \bar{v} - \iota r$ 满足一致最终有界。

(3) 其他情况。

相关的研究还包括文献[28, 73, 135]，通过类似上面的分析仍可以得出船舶横荡运动 v 耗散有界的结论。从工程实际角度讲，水动力阻尼力/力矩一定程度地约束船舶运动，其影响量级与船舶航行速度有关。这一事实确认了船舶横荡运动是耗散有界的。

基于上述分析和讨论，变量 $z_e, \psi_e, u_e, r_e, \hat{\lambda}_u, \hat{\lambda}_r$ 均为有界信号，且 v 具有耗散有界性。因此，由本章提出控制策略构建的闭环控制系统所有状态信号一致最终有界，通过适当调整设计参数能够使实际船舶有效跟踪虚拟小船。证毕。

3.4 仿 真 研 究

本节给出 2 个仿真实例。3.4.1 节中被控对象来自文献[81, 85]，目的在于与已有研究结果进行比较。3.4.2 节给出了大连海事大学“育鲲”轮仿真测试平台上的实验结果，海洋环境干扰为基于 PM 波谱的 7 级海况。

3.4.1 对比实验

考虑文献[81, 85]中的一艘船长 32m 的单体船，具体参数见式(3.38)。外界环境干扰等效为式(3.39)。关于已有研究中的控制器设计及参数选取可参见文献[85]。

$$
\begin{aligned}
&m_u = 120\times10^3\,\mathrm{kg},\ \ m_v = 177.9\times10^3\,\mathrm{kg},\ \ m_u = 636\times10^5\,\mathrm{kg\cdot m^2}\\
&d_u = 215\times10^2\,\mathrm{kg\cdot s^{-1}},\ \ d_{u2} = 43\times10^2\,\mathrm{kg\cdot m^{-1}},\ \ d_{u3} = 21.5\times10^2\,\mathrm{kg\cdot m^{-2}s}\\
&d_v = 117\times10^3\,\mathrm{kg\cdot s^{-1}},\ \ d_{v2} = 23.4\times10^3\,\mathrm{kg\cdot m^{-1}},\ \ d_{v3} = 11.7\times10^2\,\mathrm{kg\cdot m^{-2}s}\\
&d_r = 802\times10^4\,\mathrm{kg\cdot m^2s^{-1}},\ \ d_{r2} = 160.4\times10^4\,\mathrm{kg\cdot m^2},\ \ d_{r3} = 80.2\times10^4\,\mathrm{kg\cdot m^2s}
\end{aligned}
\tag{3.38}
$$

$$
\begin{aligned}
d_{wu} &= (11/12)(1+0.35\sin(0.2t)+0.15\cos(0.5t))\mathrm{ms^{-2}}\\
d_{wv} &= (26/17.79)(1+0.3\cos(0.4t)+0.2\sin(0.1t))\mathrm{ms^{-2}}\\
d_{wr} &= -(950/636)(1+0.3\cos(0.3t)+0.1\sin(0.5t))\mathrm{s^{-2}}
\end{aligned}
\tag{3.39}
$$

实验过程中，闭环控制系统的初始状态设置如式(3.40)所示。参考路径由虚拟小船式(3.3)产生，$u_d = 6.0\mathrm{m/s}$，

$$
r_d = \begin{cases} \exp(0.005t/300), & 0\mathrm{s} \leqslant t < 30\mathrm{s} \\ 0, & 30\mathrm{s} \leqslant t < 70\mathrm{s} \\ 0.05, & 70\mathrm{s} \leqslant t < 180\mathrm{s} \end{cases}
$$

对本章所提出的简捷鲁棒自适应算法，选择式(3.41)所示的设计参数。RBF 神经网络 $\hat{f}_u(u), \hat{f}_r(r)$ 均具有 25 个网络节点，即 $l = 25$，扩展宽度常数 $\eta_j = 3(j = 1,2,\cdots,l)$；对于输入变量 u，中心值向量均匀分布于区间 $[-10\mathrm{m/s}, 10\mathrm{m/s}]$；对于输入变量 r，中心值向量均匀分布于区间 $[-2.5\mathrm{rad/s}, 2.5\mathrm{rad/s}]$。

$$
\begin{aligned}
&[x_d(0), y_d(0), \psi_d(0), v_d(0)] = [0,0,0,0]\\
&[x(0), y(0), \psi(0), u(0), v(0), r(0)] = [-80,20,0,0,0,0]\\
&\hat{\lambda}_u(0) = 5,\ \ \hat{\lambda}_r(0) = 5
\end{aligned}
\tag{3.40}
$$

$$
\begin{aligned}
&k_{z_e} = 1.2,\ \ k_{\psi_e} = 5,\ \ k_{u_e} = 8.6\times10^5,\ \ k_{r_e} = 1.52\times10^9\\
&\Gamma_u = \Gamma_r = 0.15,\ \ \sigma_u = \sigma_r = 0.25,\ \ \epsilon_u = \epsilon_r = 0.1\\
&\gamma_{u1} = \gamma_{r1} = 1.2,\ \ \gamma_{u2} = \gamma_{r2} = 4.3
\end{aligned}
\tag{3.41}
$$

图 3.3～图 3.6 给出了对比实验结果(图 3.4～图 3.6 中采用图例与图 3.3 保持一致)。图 3.3 给出了两种算法下船舶路径跟踪控制平面运动轨迹，两种算法的控制效果没有明显差别，只是初始阶段利用本章算法的船舶跟踪虚拟小船运动轨迹更为平滑，观察图 3.4 中姿态误差对比曲线更为明显；图 3.5 为控制输入的对比曲线，即推进力 τ_u 和转船力矩 τ_r，二者均处在可执行输入范围 $0 < \tau_u \leqslant 5.2\times10^9\mathrm{N}$, $-8.5\times$

$10^8 \mathrm{N\cdot m} \leqslant \tau_r \leqslant 8.5\times10^8 \mathrm{N\cdot m}$ 内；图 3.6 中，自适应参数 $\hat{\lambda}_u, \hat{\lambda}_r$ 能够很快响应进行在线调节，约 18s 后进入稳定状态，对系统中模型不确定和外界干扰起到有效的补偿和抑制作用。

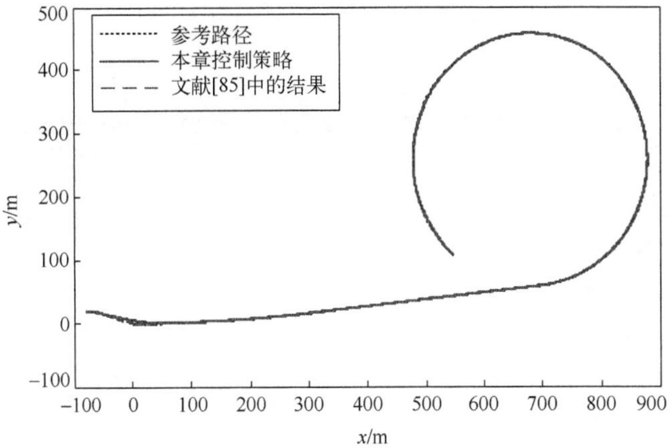

图 3.3　船舶路径跟踪控制平面运动轨迹

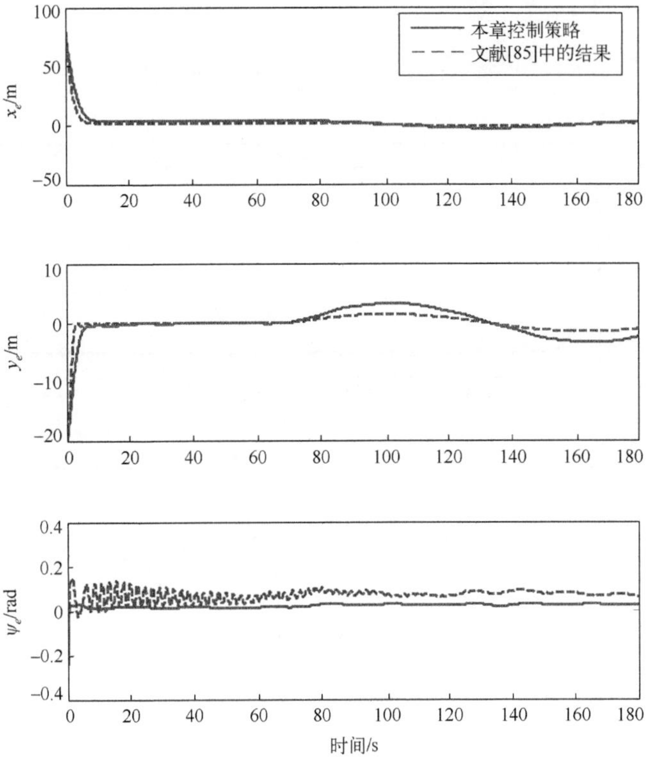

图 3.4　船舶位置变量、艏向角跟踪误差对比曲线

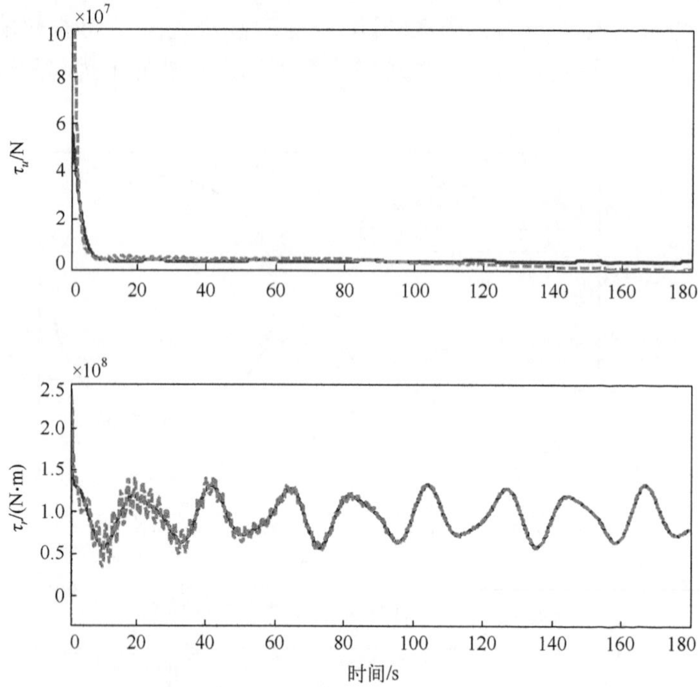

图 3.5　控制输入 τ_u, τ_r 的对比曲线

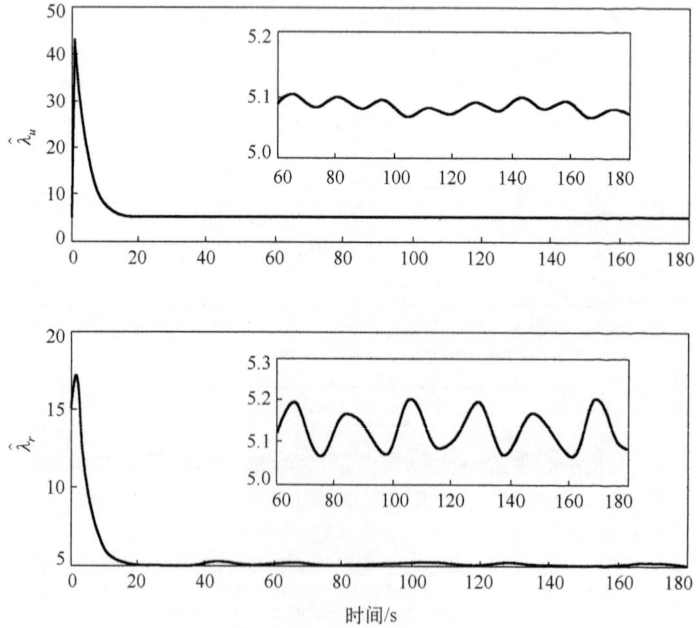

图 3.6　自适应参数 $\hat{\lambda}_u, \hat{\lambda}_r$ 的时间变化曲线

航海实践中，船舶自动舵设备通常由一台工控机完成航线设计及算法计算工作。因此，笔者利用实验室计算机机组平台对上述两种算法的计算负载进行测试，详细对比数据如表 3.1 所示，其中，指标“单周期扫描耗时”表示一个控制周期内顺序扫描一次控制程序所需时间。对比结果显示，执行本节算法占用内存平均节省 28.5%，单周期扫描耗时平均节省 70%。因此，利用最小参数化技术有效提高了本章所提出算法的计算效率。

表 3.1　计算负载对比测试结果

	计算机型号	本章算法	文献[85]算法
占用内存/kb	Machine model: Intel® Core™ 2Duo	173078.444	243473.778
单周期扫描耗时/s	CPU E8200 @ 2.66GHz RAM:2.00GB	3.236×10^{-4}	11.017×10^{-4}
占用内存/kb	Machine model: Intel® Core™ i7	226743.111	253655.111
单周期扫描耗时/s	CPU 870 @ 2.93GHz 3.07GHz RAM:4.00GB	2.919×10^{-4}	9.346×10^{-4}

3.4.2　海洋环境干扰下的实验结果

本节考虑航海实际条件给出了基于“育鲲”轮的仿真测试结果。计划航线由 5 个航路点确定，$W_1(0\text{m},0\text{m})$，$W_2(500\text{m},100\text{m})$，$W_3(800\text{m},900\text{m})$，$W_4(2000\text{m},900\text{m})$，$W_5(2500\text{m},0\text{m})$。海洋环境干扰包括风、海浪、海流，详细建模过程参见第 2 章内容。

实验过程中，海况设为一般海况（7 级），风速 $U_{\text{wind}}=18.52\text{m/s}$，风向 $\psi_{\text{wind}}=50°$；海浪由传统 PM 谱产生；流速 $V_c=0.5\text{m/s}$，流向 $\psi_c=280°$。船舶初始状态设置为 $[x(0), y(0), \varphi(0), \psi(0), u(0), v(0), p(0), r(0)]=[-50\text{m}, 20\text{m}, 0°, 11.3°, 8\text{m/s}, 0\text{m/s}, 0°/\text{s}, 0°/\text{s}]$。由于“育鲲”轮在船舶操纵性方面不同于 3.4.1 节中的单体船，因此，笔者对本章提出的控制器设计参数调整为式(3.42)。图 3.7～图 3.9 给出了海洋环境干扰下的实验测试结果。从图 3.7 可以看出，在本章所提出的制导算法和控制策略下船舶实现沿着航路点确定的计划航线自动航行。不同于现有航迹保持控制算法的结果，转向点部分自动转向抑制了船舶惯性，转向合理。图 3.8 给出了海洋环境下控制输入时间变化曲线。注意，控制输入时间变化曲线存在突出的抖颤现象，尤其是转船力矩 τ_r。事实上，存在该问题的主要原因在于该实验中没有考虑执行器配置问题，直接将推进力和转船力矩认为是可控输入。海洋环境干扰以及模型不确定摄动可直接影响控制输入 τ_u,τ_r。然而，在航海实践中推进力和转船力矩并非直接可控变量，分别由主机推进系统和舵机伺服系统提供，二者均具有低通滤波作用。因此，该现象不可能发生在实际工程中。

$$
\begin{aligned}
& k_{z_e}=1.5,\ \ k_{\psi_e}=4,\ \ k_{u_e}=1.23\times10^6,\ \ k_{r_e}=5.46\times10^8 \\
& \Gamma_u=\Gamma_r=0.15,\ \ \sigma_u=\sigma_r=0.25,\ \ \epsilon_u=\epsilon_r=0.1 \\
& \gamma_{u1}=\gamma_{r1}=2.0,\ \ \gamma_{u2}=\gamma_{r2}=4.3
\end{aligned}
\tag{3.42}
$$

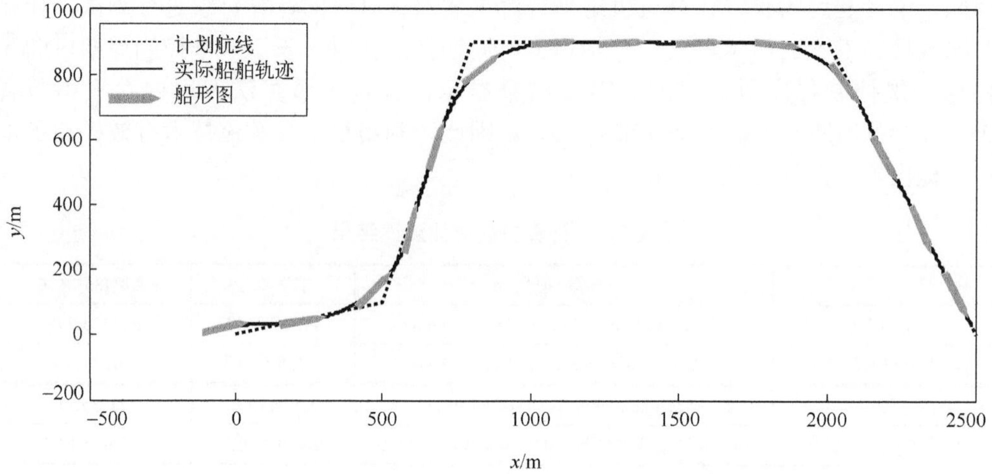

图 3.7　7 级海况“育鲲”轮路径跟踪控制轨迹

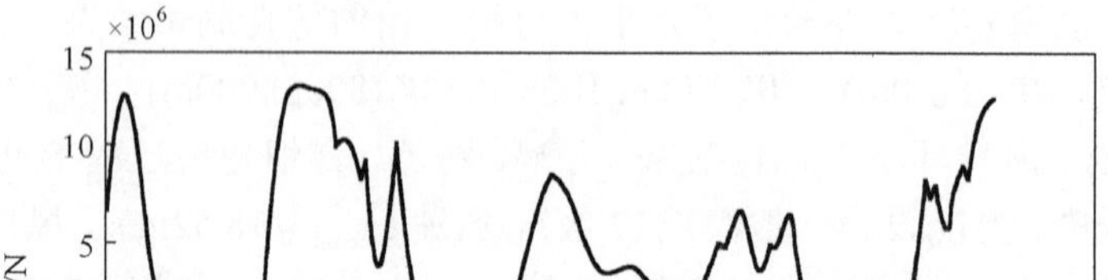

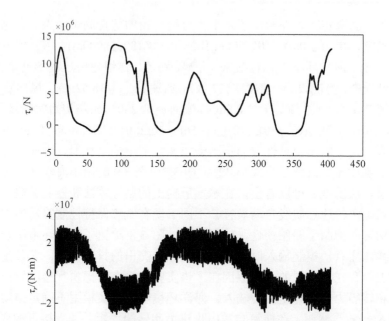

图 3.8　7 级海况下“育鲲”轮路径跟踪控制输入

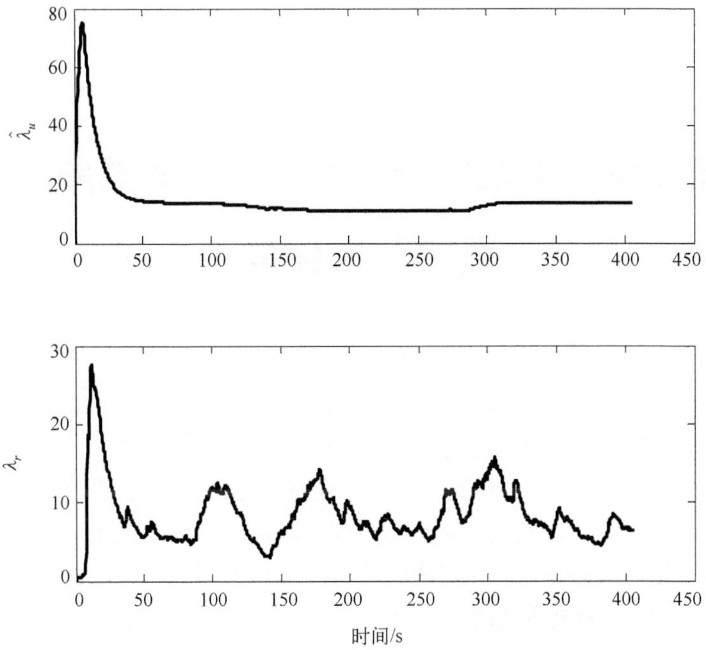

图 3.9　7 级海况下自适应参数 $\hat{\lambda}_u, \hat{\lambda}_r$ 时间变化曲线

3.5　本 章 小 结

本章介绍了一种最小参数化条件下的船舶简捷鲁棒自适应路径跟踪控制策略，目的在于解决当前自适应神经网络控制应用于工程实际存在的 3 类问题:“自适应控制”“复杂度爆炸”和“维数灾难”。首先，笔者根据航海实践对船舶路径跟踪控制任务的需求发展了一种虚拟小船逻辑制导算法，解决基于航路点的计划航线与虚拟小船产生参考路径之间的动态规划问题；然后，利用 DSC 和 MLP 技术实现简捷鲁棒自适应控制器设计工作；最后将二者结合，构建船舶路径跟踪闭环控制系统。本章取得的研究成果具有形式简捷、计算负载小、易于工程应用等优点，仿真实例验证了该算法的有效性。

第4章　考虑执行器配置约束的船舶智能制导与鲁棒控制

近年来，欠驱动水面船舶的控制问题成为船舶运动控制领域的一个重要研究主题，吸引了国内外众多学者开展了不少有意义的工作[25, 68, 87, 129, 130, 136-138]。值得一提的是Do的研究工作。他10余年集中开展路径跟踪、镇定控制及编队控制研究，并系统整理完成著作[22]，对相关理论研究者具有重要参考价值。2010年，Do总结其最新研究成果[86]，强调了"实用控制"在控制理论研究中的重要性。

已有的研究中多数将船舶推进力和转船力矩视为可控输入，直接对其进行控制律设计。然而，航海实践中并非如此，船舶推进力和转船力矩分别由主机推进系统和舵机伺服系统提供(可控变量为主机转速和舵角)，也就是所谓的执行器配置问题。二者作为热力传动/电力伺服系统，其执行特性存在幅值饱和约束和速率饱和约束，如图2.8和图2.9所示。图4.1以"育鲲"轮为例给出了船舶执行装置非线性特征曲线。很明显，考虑执行器配置问题会增加系统的响应延时、非线性等问题。因此，考虑工程实际应用需求会进一步增加控制理论研究的难度。

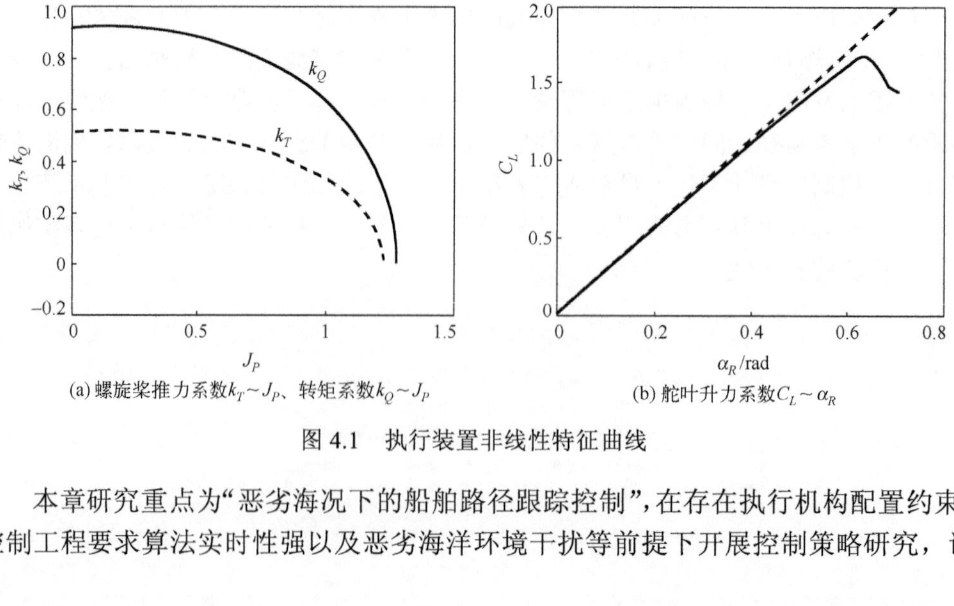

(a) 螺旋桨推力系数$k_T \sim J_P$、转矩系数$k_Q \sim J_P$　　(b) 舵叶升力系数$C_L \sim \alpha_R$

图4.1　执行装置非线性特征曲线

本章研究重点为"恶劣海况下的船舶路径跟踪控制"，在存在执行机构配置约束、控制工程要求算法实时性强以及恶劣海洋环境干扰等前提下开展控制策略研究，讨论一种适用于控制工程需求的鲁棒神经网络控制算法实现航海实践中的路径跟踪控制任务。

4.1 问题描述

为了便于开展本章考虑执行器配置的控制器设计工作，笔者在式(2.32)、式(2.43)所示的船舶平面运动非线性动力学方程基础上，进一步简化得到本章进行控制器演绎的设计模型。事实上，该模型采用分离型建模思想，最初源自文献[139]，后经修正常用于描述一般海船运动特性，其可控输入为主机转速 n 和舵角 δ 。

对于一般海船而言，主操纵设备对船舶前进、转向(即纵荡和艏摇 2 个自由度)起主要作用的分别为 $(1-t_P)\tau_P$ 和 $(x_R+a_H x_H)F_N\cos\delta$ ；对其他自由度运动的作用力(如 $(1-t_R)F_N\sin\delta$ 和 $(1+a_H)F_N\cos\delta$)影响较小，在船舶运动中将视为干扰力。式(2.43)中，舵叶有效攻角 $\alpha_R\in[-0.5236\text{rad}, 0.5236\text{rad}]$ ，在其范围内可利用 $\sin\alpha_R\approx\alpha_R\approx\delta$ 的近似。基于上述分析，笔者忽略掉干扰项 $(1-t_R)F_N\sin\delta$ 和 $(1+a_H)F_N\cos\delta$ ，最终得到考虑执行器配置约束的设计模型如式(4.1)和式(4.2)所示。

$$\begin{cases}\dot{x}=u\cos\psi-v\sin\psi\\ \dot{y}=u\sin\psi+v\cos\psi\\ \dot{\psi}=r\end{cases}\tag{4.1}$$

$$\begin{cases}\dot{u}=\dfrac{m_v}{m_u}vr-\dfrac{f_u(\boldsymbol{v})}{m_u}+\dfrac{T_u(\cdot)}{m_u}|n|n+d_{wu}\\ \dot{v}=-\dfrac{m_u}{m_v}ur-\dfrac{f_v(\boldsymbol{v})}{m_v}+d_{wv}\\ \dot{r}=\dfrac{m_u-m_v}{m_r}uv-\dfrac{f_r(\boldsymbol{v})}{m_r}+\dfrac{F_r(\cdot)}{m_r}\delta+d_{wr}\end{cases}\tag{4.2}$$

其中，高阶流体动力项表达为

$$\begin{cases}f_u(\boldsymbol{v})=-(X_{|u|u}|u|u+X_{vr}vr+X_{vv}v^2+X_{rr}r^2)\\ f_v(\boldsymbol{v})=-(Y_v v+Y_r r+Y_{|v|v}|v|v+Y_{|r|r}|r|r+Y_{vvr}v^2r\\ \qquad +Y_{vrr}vr^2)\\ f_r(\boldsymbol{v})=-(N_v v+N_r r+N_{|v|v}|v|v+N_{|r|r}|r|r\\ \qquad +N_{vvr}v^2r+N_{vrr}vr^2)\end{cases}\tag{4.3}$$

与式(2.32)相比，式(4.2)中 $m_u=m-X_{\dot{u}}$， $m_v=m-Y_{\dot{v}}$， $m_r=I_z-N_{\dot{r}}$ ； $\boldsymbol{\eta}=[x,y,\psi]^{\mathrm{T}}\in\mathbb{R}^3$ 为船舶姿态变量(位置坐标和艏向角)； $\boldsymbol{v}=[u,v,r]^{\mathrm{T}}\in\mathbb{R}^3$ 为船舶速度变量，

分别是前进速度、横荡速度、艏摇角速度；d_{wu}, d_{wv}, d_{wr} 主要用于表示不可测量的外界海洋环境干扰力/力矩(包括风、海浪、海流)和有界模型不确定。式(2.44)给出了 $T_u(\cdot), F_r(\cdot)$ 的详细表达式。在实际工程中，执行器驱动增益是有限的。因此，一定存在常量 $T_{u0}>0,\ F_{r0}>0,\ \bar{T}_u>0, \bar{F}_r>0$，使不等式 $0<T_{u0}\leqslant T_u(\cdot)\leqslant \bar{T}_u,\ 0<F_{r0}\leqslant F_r(\cdot)\leqslant \bar{F}_r$ 成立。事实上，$T_{u0}, F_{r0}, \bar{T}_u, \bar{F}_r$ 均为未知常量，仅用于讨论系统稳定性分析。通过下面设计，引入 2 个参数通过在线调节补偿系统增益不确定，即对于控制器设计而言，$T_u(\cdot)/m_u$，$F_r(\cdot)/m_r$ 是未知的。

为了完成本章控制系统设计，需引入以下假设。

假设 4.1 由于外接海洋环境干扰和工程对象存在的模型不确定均是有界的，对于干扰力/力矩 d_{wu}, d_{wv}, d_{wr}，假设存在未知常量 $\bar{d}_{wu}>0,\ \bar{d}_{wv}>0,\ \bar{d}_{wr}>0$，满足 $|d_{wu}|\leqslant \bar{d}_{wu}$，$|d_{wv}|\leqslant \bar{d}_{wv}$，$|d_{wr}|\leqslant \bar{d}_{wr}$。

假设 4.2 被控船舶式(4.2)中横荡运动具有耗散有界稳定性。该结论已在第 3 章进行讨论，在此不做详细论述。

本章的主要任务是：在恶劣海洋环境条件下，实现海上船舶按照航海实践中基于航路点的计划航线自动航行。在第 3 章基础上，笔者进一步提出一种新的基于“动态虚拟小船”思想的制导算法，受 DSC 和 MLP 技术的启发提出一种适用于控制工程实际、满足高度不确定系统镇定需求的鲁棒神经网络控制算法，分别实现：①参考路径能够由虚拟小船进行动态规划，且能够缓冲实际船舶大惯性、时滞等特性的影响；②有效镇定实船与虚拟小船之间的误差动态系统，使整个闭环系统的状态变量满足一致最终有界。将二者结合解决上述船舶控制任务(控制输入分别为主机转速 n 和舵角 δ)。

4.2 DVS 制导算法

基于 DVS 思想的制导算法是在第 3 章中虚拟小船逻辑制导算法的基础上提出的，考虑了大型船舶执行器配置约束的一种制导机制。虚拟小船逻辑制导算法的提出弥补了已有 LOS 算法不能直接应用于欠驱动水面船舶的问题，然而在考虑存在执行器配置驱动时，其制导机制常出现因不能有效缓冲驱动器执行滞后产生控制发散的现象。这也是笔者本章提出基于 DVS 思想制导算法的初衷。

基于 DVS 思想的制导算法中包括导引虚拟小船(guidance virtual ship，GVS)和动态虚拟小船两部分。图 4.2 给出了动态虚拟小船制导算法的基本设计原理，参考路径由船舶驾驶员通过设置航路点 $W_1, W_2, \cdots, W_n\ (W_i=(x_i, y_i))$ 进行设定，引导海上船舶自动航行。该算法中，导引虚拟小船和动态虚拟小船均不考虑任何船舶惯性和不确定因素，具有式(4.4)的形式，其下标 r, d 分别表示导引虚拟小船和动态虚拟小船。导引虚拟小船的主要任务在于利用航路点信息演绎出光滑的参考路径和与之对应的

命令信号 u_r, r_r 和时间序列命令 t_r；动态虚拟小船的运动状态除满足方程(4.4)外，还能够通过实船和导引虚拟小船的相对位置动态配置确定(并不是连续变化的)，它的主要作用在于解决(或在一定程度上补偿)船舶控制工程中舵机和主机执行装置存在幅值/速率约束、执行滞后等限制。

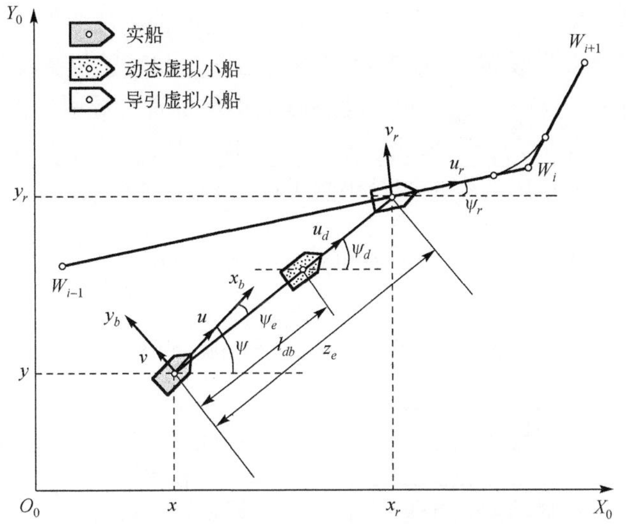

图 4.2　动态虚拟小船制导算法基本原理

$$\begin{cases} \dot{x}_i = u_i \cos\psi_i \\ \dot{y}_i = u_i \sin\psi_i, \quad i = r, d \\ \dot{\psi}_i = r_i, \qquad\quad v_i = 0 \end{cases} \tag{4.4}$$

对于导引虚拟小船，其制导参考路径根据船舶驾驶员设置航路点信息产生，原理与第 3 章中虚拟小船相同，但为了保证算法的完整性，下面进行重新论述。图 4.2 中，制导参考路径可以规划为 3 段：$W_{i-1} \to P_{\mathrm{in}W_i} \to \mathrm{arc}_{W_i} \to P_{\mathrm{out}W_i} \to W_{i+1}$。对于路径跟踪控制而言，通常 $u_r > 0$ 由船舶驾驶员决定，而 r_r 则是随时间变化的命令信号。在直线段航线 $W_{i-1}P_{\mathrm{in}W_i}$ 和 $P_{\mathrm{out}W_i}W_{i+1}$，$r_r = 0$，$t_r = \mathrm{distance}/u_r$（distance 代表直线段航线的长度）。笔者将转向点部分过渡光滑曲线 $P_{\mathrm{in}W_i}P_{\mathrm{out}W_i}$ 作为圆弧考虑，则 r_r 为一个非零常量，能够通过定义转向半径进行计算。首先，利用式(4.5)可以求取每一段直线航线的方位角 $\phi_{i-1,i}$ 和 $\phi_{i,i+1}$，转向偏差 $\Delta\phi_i = \phi_{i,i+1} - \phi_{i-1,i}$ 且通过坐标转换使 $|\Delta\phi_i| \in (0, \pi/2]$。当 $|\Delta\phi_i| > \pi/2$ 时，$\Delta\phi_i = \mathrm{sgn}(\Delta\phi_i)\cdot\pi/2$。转向半径 R_i 通过内插求取，$R_i \in [R_{\min}, R_{\max}]$。对于 $|\Delta\phi_i| > \pi/2$ 的情况，$R_i = R_{\min}$。因此，在光滑曲线段航线，$r_r = u_r / R_i$，$t_r = \Delta\phi_i / r_r$。利用上述算法对所有航路点信息进行计算，获得产生完整参考路径的导引虚拟小船命令信号 $u_r =$ 常数，$r_{rLi}, t_{rLi}, i = 1, 2, \cdots, n-1$ 和 $r_{rCi}, t_{rCi}, i = 2, 3, \cdots, n-1$。

$$\phi_{i-1,i} = \arctan\left(\frac{y_i - y_{i-1}}{x_i - x_{i-1}}\right) \tag{4.5}$$

动态虚拟小船的引入是为了保证当船舶偏离参考路径较大时仍能够有效合理地提高航行速度，同时借助操舵回归到计划航线上。如图 4.2 所示，定义实船与导引虚拟小船之间的距离为 z_e；实船与动态虚拟小船之间的距离为 l_{db}。当 $z_e \geqslant l_{dbset}$（l_{dbset} 为阈值参数，需要人为设定），动态虚拟小船艏向角和船舶位置变量分别由式(4.6)和式(4.7)计算求得；当 $z_e < l_{dbset}$ 时，动态虚拟小船位置与导引虚拟小船位置重合，即 $x_d = x_r, y_d = y_r$，艏向角仍利用式(4.6)计算求取，且 $u_d = u_r, r_d = r_r$。在系统下一个控制周期，动态虚拟小船的姿态变量仍然采用式(4.4)进行求取。

$$\psi_d = 0.5[1-\mathrm{sgn}(x_r - x)]\mathrm{sgn}(y_r - y)\cdot \pi + \arctan\left(\frac{y_r - y}{x_r - x}\right) \tag{4.6}$$

$$x_d = x + l_{dbset}\cos\psi_d,\ y_d = y + l_{dbset}\sin\psi_d \tag{4.7}$$

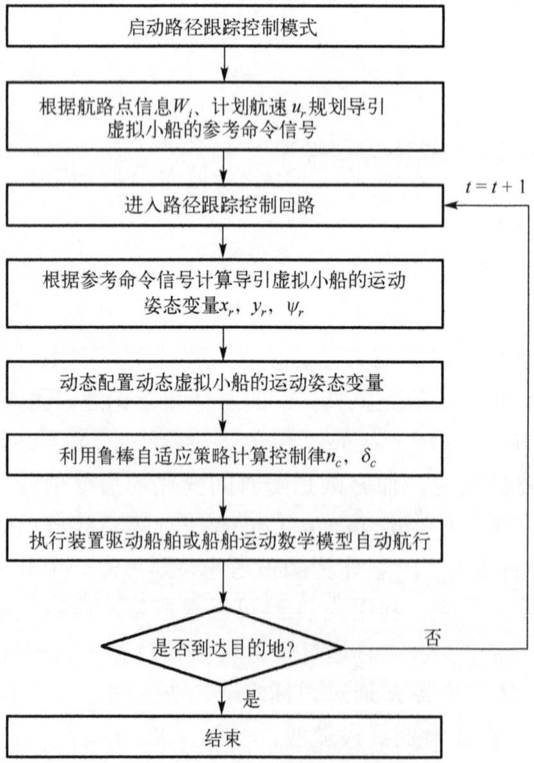

图 4.3　动态虚拟小船制导算法执行流程图

事实上，该算法中动态虚拟小船起到辅助模型的作用，协调实现实际船舶对导引虚拟小船的有效跟踪，最终实现船舶沿着基于航路点信息的计划航线自动航行。在算法实施过程中，为了保证动态虚拟小船提供的参考信号及其导数存在且有界（即存在 $B_0 > 0$，使 $x_d^2 + \dot{x}_d^2 + y_d^2 + \dot{y}_d^2 + \psi_d^2 + \dot{\psi}_d^2 \leqslant B_0$），则可以通过引入式(4.8)所示的参考模型来解决，其中，τ 为时间常数。

$$\tau\dot{x}_{ds} + x_{ds} = x_d,\ \tau\dot{y}_{ds} + y_{ds} = y_d \tag{4.8}$$

在航海实践中，基于“动态虚拟小船”思想的路径跟踪控制制导算法可以按照图 4.3 所示的流程图进行执行，其中，鲁棒自适应策略可以根据船舶运动特性需要替换为其他控制算法。

4.3　考虑低频增益学习的鲁棒神经网络控制

针对前面章节中的描述，恶劣海洋环境下海浪对船舶运动的影响严重，高频干扰(相对于船舶自然频率)更容易进入船舶控制系统造成干扰。为此，本章给出一种具有低频增益学习的鲁棒神经网络控制算法解决上述船舶路径跟踪控制任务。

4.3.1　控制器设计

首先，引入式(4.9)所示的误差变量，$\boldsymbol{J}^{\mathrm{T}}(\psi)$为转换矩阵。对式(4.9)进行求导可得到式(4.10)，与式(4.2)结合构成本节研究的对象“路径跟踪误差动态系统”。

$$\begin{bmatrix} x_e \\ y_e \\ \psi_e \end{bmatrix} = \boldsymbol{J}^{\mathrm{T}}(\psi)\begin{bmatrix} x_d - x \\ y_d - y \\ \psi_d - \psi \end{bmatrix}, \boldsymbol{J}^{\mathrm{T}}(\psi) = \begin{bmatrix} \cos\psi & \sin\psi & 0 \\ -\sin\psi & \cos\psi & 0 \\ 0 & 0 & 1 \end{bmatrix} \tag{4.9}$$

$$\begin{cases} \dot{x}_e = -u + u_d \cos\psi_e + r y_e \\ \dot{y}_e = -v + u_d \sin\psi_e - r x_e \\ \dot{\psi}_e = -r + r_d \end{cases} \tag{4.10}$$

步骤1　考虑式(4.10)中x_e, y_e子系统，可以对其直接设计与状态变量u, ψ_e对应的虚拟控制$\alpha_u, \alpha_{\psi_e}$。$k_{x_e} > 0, k_{y_e} > 0$为设计参数。

$$\begin{aligned} \alpha_u &= k_{x_e} x_e + u_d \cos\psi_e \\ \alpha_{\psi_e} &= -\arctan\left(\frac{k_{y_e} y_e - v}{u_{d0}}\right) \end{aligned} \tag{4.11}$$

式(4.11)中，u_{d0}是与动态虚拟小船前进速度命令相关的中间变量，具体表达为式(4.12)。事实上，如果控制器参数选择适当，$\left|k_{y_e} y_e - v\right| \leqslant u_d$一般成立；对于极少数的极端情况$\left|k_{y_e} - v\right| > u_d$，笔者根据船舶操纵经验选择$u_{d0} = u_d$。此外，式(4.11)中采用$\arctan(\cdot)$进行计算的目的在于避免采用$\arcsin(\cdot)$带来复杂的坐标象限转换。

$$u_{d0} = \begin{cases} \sqrt{u_d^2 - (k_{y_e} y_e - v)^2}, & \left|k_{y_e} y_e - v\right| \leqslant u_d \\ u_d, & \left|k_{y_e} y_e - v\right| > u_d \end{cases} \tag{4.12}$$

为了避免在下一步设计中对虚拟控制变量$\alpha_u, \alpha_{\psi_e}$进行微分求导，笔者利用DSC技术引入两个1阶滤波器式(4.13)，τ_u, τ_{ψ_e}为滤波器时间常数。最终获得β_u, β_{ψ_e}用于下一步控制器设计。

$$\tau_i \dot{\beta}_i + \beta_i = \alpha_i, \quad \beta_i(0) = \alpha_i(0), \quad i = u, \psi_e \tag{4.13}$$

定义变量 $q_i = \alpha_i - \beta_i$ 且 $u_e = \beta_u - u$, $\tilde{\psi}_e = \beta_{\psi_e} - \psi_e$，则可以得到

$$
\begin{aligned}
\dot{x}_e &= -\alpha_u + u_d \cos\psi_e + r y_e + (q_u + u_e) \\
\dot{y}_e &= -v + u_d \sin\alpha_{\psi_e} + u_d \Psi_y - r x_e
\end{aligned}
\tag{4.14}
$$

其中，$\Psi_y = [\cos(q_{\psi_e} + \tilde{\psi}_e) - 1]\sin\alpha_{\psi_e} - \sin(q_{\psi_e} + \tilde{\psi}_e)\cos\alpha_{\psi_e}$，很明显变量 Ψ_y 一致有界。

根据式(4.11)和式(4.13)，可以计算：

$$
\begin{aligned}
\dot{q}_u &= -\dot{\beta}_u + \dot{\alpha}_u \\
&= -\frac{q_u}{\tau_u} + \frac{\partial \alpha_u}{\partial x_e}\dot{x}_e + \frac{\partial \alpha_u}{\partial \psi_e}\dot{\psi}_e \\
&= -\frac{q_u}{\tau_u} + B_u(x_e, \dot{x}_e, \psi_e, \dot{\psi}_e) \\
\dot{q}_{\psi_e} &= -\dot{\beta}_{\psi_e} + \dot{\alpha}_{\psi_e} \\
&= -\frac{q_{\psi_e}}{\tau_{\psi_e}} + \frac{\partial \alpha_{\psi_e}}{\partial y_e}\dot{y}_e + \frac{\partial \alpha_{\psi_e}}{\partial v}\dot{v} \\
&= -\frac{q_{\psi_e}}{\tau_{\psi_e}} + B_{\psi_e}(y_e, \dot{y}_e, v, \dot{v})
\end{aligned}
\tag{4.15}
$$

上面设计过程中，虚拟控制变量 β_{ψ_e} 并不能直接用于第 2 步控制器设计。因此，还需要对运动学部分进一步分析。接下来，我们关注式(4.10)中 ψ_e 子系统并引入式(4.16)所示的动态面，$q_r = \alpha_r - \beta_r, r_e = \beta_r - r$。$\alpha_r, \beta_r$ 分别为与状态变量 r 对应的虚拟控制变量和动态面输出变量。

$$
\tau_r \dot{\beta}_r + \beta_r = \alpha_r,\ \ \beta_r(0) = \alpha_r(0) \tag{4.16}
$$

进一步，可以对 $\tilde{\psi}_e$ 进行求导并整理：

$$
\dot{\tilde{\psi}}_e = \dot{\beta}_{\psi_e} - r_d + \alpha_r - (q_r + r_e) \tag{4.17}
$$

根据式(4.17)，设计虚拟控制变量 α_r 为式(4.18)，$k_{\tilde{\psi}_e} > 0$ 为设计参数。与式(4.15)同理，可以得到式(4.19)。

$$
\alpha_r = -k_{\tilde{\psi}_e}\tilde{\psi}_e + r_d - \dot{\beta}_{\psi_e} \tag{4.18}
$$

$$
\dot{q}_r = -\frac{q_r}{\tau_r} + B_r(y_e, \dot{y}_e, v, \dot{v}, \tilde{\psi}_e, \dot{\tilde{\psi}}_e) \tag{4.19}
$$

在式(4.15)和式(4.19)中，$B_u(\cdot), B_{\psi_e}(\cdot)$ 和 $B_r(\cdot)$ 均为有界连续函数，并在后续章节中进行讨论。

步骤 2　结合式(4.2)、式(4.13)和式(4.16)，对变量 u_e 和 r_e 求导可得到式(4.20)所示的误差动态系统，$N_2 = |n|n$。

$$
\begin{aligned}
\dot{u}_e &= \frac{1}{m_u}(m_u\dot{\beta}_u - m_v vr + f_u(\boldsymbol{v}) - T_u(\cdot)N_2 - m_u d_{wu}) \\
\dot{r}_e &= \frac{1}{m_r}(m_r\dot{\beta}_r - (m_u - m_v)uv + f_r(\boldsymbol{v}) - F_r(\cdot)\delta - m_r d_{wr})
\end{aligned} \tag{4.20}
$$

式(4.20)中，未知函数 $f_i(\boldsymbol{v})$, $i=u,r$ 可由 RBF 神经网络进行在线逼近，如式(4.21)所示。

$$
\begin{aligned}
f_i(\boldsymbol{v}) &= \boldsymbol{S}(\boldsymbol{v})\boldsymbol{A}_i\boldsymbol{v} + \varepsilon_i(\boldsymbol{v}) \\
&= \boldsymbol{S}(\boldsymbol{v})\boldsymbol{A}_i\boldsymbol{\beta}_v - \boldsymbol{S}(\boldsymbol{v})\boldsymbol{A}_i\boldsymbol{v}_e + \varepsilon_i(\boldsymbol{v}) \\
&= \boldsymbol{S}(\boldsymbol{v})\boldsymbol{A}_i\boldsymbol{\beta}_v - b_i\boldsymbol{S}(\boldsymbol{v})\boldsymbol{\omega}_i + \varepsilon_i(\boldsymbol{v})
\end{aligned} \tag{4.21}
$$

其中，$i=u,r$，$\boldsymbol{\beta}_v=[\beta_u, v, \beta_r]^{\mathrm{T}}$，$\boldsymbol{v}_e=[u_e, 0, v_e]^{\mathrm{T}}$。定义 $b_i=\|\boldsymbol{A}_i\|_{\mathrm{F}}, \boldsymbol{A}_i^m=\boldsymbol{A}_i/\|\boldsymbol{A}_i\|_{\mathrm{F}}$，则 $\boldsymbol{\omega}_i=\boldsymbol{A}_i^m\boldsymbol{v}_e$, $b_i\boldsymbol{\omega}_i=\boldsymbol{A}_i\boldsymbol{v}_e$。基于上面描述，笔者可以构建控制律中鲁棒神经阻尼项，如式(4.22)和式(4.23)所示。

$$
\begin{aligned}
\upsilon_u &= \boldsymbol{S}(\boldsymbol{v})\boldsymbol{A}_u\boldsymbol{\beta}_v + \varepsilon_u - m_u d_{wu} - m_v vr \\
&\leqslant \boldsymbol{S}(\boldsymbol{v})\boldsymbol{A}_u\boldsymbol{\beta}_v + \bar{\varepsilon}_u + m_u\bar{d}_{wu} + d_u\zeta_u(\boldsymbol{v}) \\
&\leqslant \vartheta_u\varphi_u(\boldsymbol{v})
\end{aligned} \tag{4.22}
$$

$$
\upsilon_r \leqslant \vartheta_r\varphi_r(\boldsymbol{v}) \tag{4.23}
$$

式(4.22)和式(4.23)中，$\vartheta_i=\max\{\|\boldsymbol{A}_i\|_{\mathrm{F}}, \bar{\varepsilon}_i + m_i\bar{d}_{wi}, d_i\}$ 为未知参数，$\varphi_i(\boldsymbol{v})=1+\|\boldsymbol{S}(\boldsymbol{v})\|\cdot\|\boldsymbol{\beta}_v\|+\zeta_i(\boldsymbol{v})$, $i=u,r$ 为非线性阻尼项，$d_i>0$ 为一个未知常量，$\zeta_u(\boldsymbol{v})=r^2/4+v^2$，$\zeta_r(\boldsymbol{v})=u^2/4+v^2$。

基于以上分析，可将误差动态系统式(4.20)重新整理为

$$
\begin{aligned}
\dot{u}_e &= \frac{1}{m_u}(m_u\dot{\beta}_u + \upsilon_u - b_u\boldsymbol{S}(\boldsymbol{v})\boldsymbol{\omega}_u - T_u(\cdot)N_2) \\
\dot{r}_e &= \frac{1}{m_r}(m_r\dot{\beta}_r + \upsilon_r - b_r\boldsymbol{S}(\boldsymbol{v})\boldsymbol{\omega}_r - F_r(\cdot)\delta)
\end{aligned} \tag{4.24}
$$

因此，本节设计针对主机转速 n 和舵角 δ 的实际控制律为式(4.25)。其中，α_{N_2} 和 α_δ 为相对于 $T_u(\cdot)N_2, F_r(\cdot)\delta$ 的理想中间变量。$\hat{\lambda}_{T_u}$ 和 $\hat{\lambda}_{F_r}$ 分别为参数 $\lambda_{T_u}=1/T_u(\cdot)$, $\lambda_{F_r}=1/F_r(\cdot)$ 的估计，通过在线更新补偿执行器非线性增益函数 $T_u(\cdot)$ 和 $F_r(\cdot)$ 的不确定性，其自适应律在式(4.26)中给出。

$$
\begin{aligned}
& n=\mathrm{sgn}(N_2)\sqrt{|N_2|},\ N_2=\hat{\lambda}_{T_u}\alpha_{N_2},\ \delta=\hat{\lambda}_{F_r}\alpha_\delta \\
& \alpha_{N_2}=k_{u_e}u_e+\dot{\beta}_u+k_{un}\Phi_u(\cdot)u_e \\
& \alpha_\delta=k_{r_e}r_e+\dot{\beta}_r+k_{rn}\Phi_r(\cdot)r_e
\end{aligned} \tag{4.25}
$$

$$\begin{aligned}\dot{\hat{\lambda}}_{T_u} &= \gamma_{T_u}[\alpha_{N_2}u_e - \sigma_{T_u}(\hat{\lambda}_{T_u} - \hat{\lambda}_{T_u}(0))] \\ \dot{\hat{\lambda}}_{F_r} &= \gamma_{F_r}[\alpha_{\delta}r_e - \sigma_{F_r}(\hat{\lambda}_{F_r} - \hat{\lambda}_{F_r}(0))]\end{aligned} \tag{4.26}$$

式(4.25)和式(4.26)中，$\boldsymbol{\Phi}_i(\cdot)=[\varphi_i^2(\boldsymbol{v})+\boldsymbol{S}(\boldsymbol{v})\boldsymbol{S}^{\mathrm{T}}(\boldsymbol{v})],\ i=u,r$；$k_{u_e},k_{r_e},k_{un},k_{rn},\gamma_{T_u},\sigma_{T_u},\gamma_{F_r},\sigma_{F_r}$ 均为大于零的设计参数；$\hat{\lambda}_i(0)$ 表示 $\hat{\lambda}_i$ 的初始值。

本章控制器设计式(4.25)和式(4.26)具有形式简捷、易于工程实现的优势，主要考虑以下三点：①该算法中控制器设计参数少，整个闭环系统中的 14 个设计参数需要调整，而利用已有研究[93]中的结果完成同样任务需要引入 22 个设计参数，且神经网络权重向量需要在线学习；②控制器设计过程中，尽管引入了 RBF 神经网络处理模型中的重构不确定和外界环境干扰，但得益于鲁棒神经网络控制技术，该算法不要求神经网络权重相关的参数进行在线更新、学习；③为了保证算法的工程可用性，该研究直接将执行器可测量输入(主机转速 n 和舵角 δ)作为控制输入进行设计，并构造增益自适应参数 $\hat{\lambda}_{T_u}$ 和 $\hat{\lambda}_{F_r}$ 进行在线调节，以补偿因引入执行器引起的控制增益不确定。

4.3.2　稳定性分析

根据上述设计过程，本章提出的鲁棒神经网络控制策略可以总结为定理 4.1。

定理 4.1　针对考虑执行器配置的大型船舶式(4.1)和式(4.2)，假设 4.1 和假设 4.2 成立，利用本章所提出的鲁棒神经阻尼控制律式(4.11)、式(4.18)、式(4.25)和参数自适应律式(4.26)构建闭环控制系统。对于初始情况满足式(4.27)的情况($\Delta>0$)，

$$\begin{aligned}&x_e^2(0)+q_u^2(0)+y_e^2(0)+q_{\psi_e}^2(0)+\tilde{\psi}_e^2(0)+q_r^2(0)+u_e^2(0)+r_e^2(0) \\ &\quad +\tilde{\lambda}_{T_u}^2(0)+\tilde{\lambda}_{F_r}^2(0)\leqslant 2\Delta\end{aligned} \tag{4.27}$$

通过适当调整控制器参数 $k_{x_e},k_{y_e},k_{\tilde{\psi}_e},k_{u_e},k_{r_e},k_{un},k_{rn},\gamma_{T_u},\gamma_{F_r},\sigma_{T_u},\sigma_{F_r}$，能够保证整个闭环控制系统的所有变量满足半全局一致最终有界，且随着 $t\to\infty$，式(4.27)中的误差变量一致收敛于零的邻域。

证明　定义针对误差动态系统的 Lyapunov 函数，如式(4.28)所示：

$$\begin{aligned}V=&\frac{1}{2}x_e^2+\frac{1}{2}q_u^2+\frac{1}{2}y_e^2+\frac{1}{2}q_{\psi_e}^2+\frac{1}{2}\tilde{\psi}_e^2+\frac{1}{2}q_r^2 \\ &+\frac{1}{2}m_u u_e^2+\frac{T_u(\cdot)}{2\gamma_{T_u}}\tilde{\lambda}_{T_u}^2+\frac{1}{2}m_r r_e^2+\frac{F_r(\cdot)}{2\gamma_{F_r}}\tilde{\lambda}_{F_r}^2\end{aligned} \tag{4.28}$$

式(4.21)中的神经网络在某个适当的紧集内具有良好的逼近性能。也就是说与其相关的稳定性分析是在适当的紧集内开展，这也是结论中半全局一致最终有界稳定性

的根源所在。关于如何确定适当的紧集或者利用基于逼近思想获得全局稳定性的研究工作有待进一步开展[140, 141]。根据动态虚拟小船制导算法设计原理可知，$\Pi_1 := \{(x_d, \dot{x}_d, y_d, \dot{y}_d, \psi_d, \dot{\psi}_d): x_d^2 + \dot{x}_d^2 + y_d^2 + \dot{y}_d^2 + \psi_d^2 + \dot{\psi}_d^2 \leqslant B_0\}$，$B_0 > 0$ 为有限维欧式空间的一紧集。因此，集合 $\Pi := \{(x_d, \dot{x}_d, y_d, \dot{y}_d, \psi_d, \dot{\psi}_d, \tilde{\psi}_e, \dot{\tilde{\psi}}_e, v, \dot{v})\}$ 在 $\mathbb{R}^{10}$ 上是一致紧致的，并且一定存在常量 M_u, M_{ψ_e}, M_r 使不等式 $|B_u(\cdot)| \leqslant M_u$，$|B_{\psi_e}(\cdot)| \leqslant M_{\psi_e}$ 和 $|B_r(\cdot)| \leqslant M_r$ 成立。

结合式(4.14)、式(4.15)、式(4.17)、式(4.19)和式(4.24)，对 Lyapunov 函数 $V(\cdot)$ 求导可得

$$\begin{aligned}\dot{V} \leqslant & -\sum_{i=x_e,\tilde{\psi}_e}\left(k_i - \frac{1}{2}\right)i^2 - \left(k_{y_e} - \frac{u_d^2}{4}\right)y_e^2 \\ & - \sum_{i=u,r}\left[\left(\frac{1}{\tau_i} - 1 - \frac{M_i^2}{2b}\right)q_i^2 - i_e^2\right] - \left(\frac{1}{\tau_{\psi_e}} - \frac{M_{\psi_e}^2}{2b}\right)q_{\psi_e}^2 \\ & + u_e[m_u\dot{\beta}_u + \upsilon_u - b_u\boldsymbol{S}(\boldsymbol{v})\boldsymbol{\omega}_u - T_u(\cdot)(\lambda_{T_u} + \tilde{\lambda}_{T_u})\alpha_{N_2}] \\ & + r_e[m_r\dot{\beta}_r + \upsilon_r - b_r\boldsymbol{S}(\boldsymbol{v})\boldsymbol{\omega}_r - F_r(\cdot)(\lambda_{F_r} + \tilde{\lambda}_{F_r})\alpha_\delta] \\ & + \frac{T_u(\cdot)}{\gamma_{T_u}}\tilde{\lambda}_{T_u}\dot{\hat{\lambda}}_{T_u} + \frac{F_r(\cdot)}{\gamma_{F_r}}\tilde{\lambda}_{F_r}\dot{\hat{\lambda}}_{F_r} + \varPsi_y^2 + \frac{3b}{2}\end{aligned} \tag{4.29}$$

根据 Young's 不等式，可以得到以下不等式用于进一步稳定性分析。式(4.30)、式(4.31)和式(4.33)中，$i = u, r$；$\boldsymbol{a}_{i,j}$ 表示神经网络权重矩阵 $\boldsymbol{A}_i$ 中第 j 列向量。

$$\begin{aligned}\upsilon_i i_e - b_i\boldsymbol{S}(\boldsymbol{v})\boldsymbol{\omega}_i i_e & \leqslant \frac{k_{in}\varphi_i^2(\boldsymbol{v})i_e^2}{4} + \frac{\vartheta_i^2}{k_{in}} + \frac{k_{in}\boldsymbol{S}(\boldsymbol{v})\boldsymbol{S}^{\mathrm{T}}(\boldsymbol{v})i_e^2}{4} + \frac{b_i^2\boldsymbol{\omega}_i^{\mathrm{T}}\boldsymbol{\omega}_i}{k_{in}} \\ & \leqslant k_{in}\varPhi_i(\cdot)i_e^2 + \frac{b_i^2\boldsymbol{\omega}_i^{\mathrm{T}}\boldsymbol{\omega}_i}{k_{in}} + \frac{\vartheta_i^2}{k_{in}}\end{aligned} \tag{4.30}$$

$$m_i\dot{\beta}_i i_e - \dot{\beta}_i i_e \leqslant \frac{m_i + 1}{\tau_i^2}i_e^2 + \frac{m_i + 1}{4}q_i^2 \tag{4.31}$$

$$-\tilde{\lambda}_i(\hat{\lambda}_i - \hat{\lambda}_i(0)) \leqslant -\frac{1}{2}\tilde{\lambda}_i^2 + \frac{1}{2}(\lambda_i - \hat{\lambda}_i(0))^2, \quad i = T_u, F_r \tag{4.32}$$

$$\begin{aligned}\boldsymbol{\omega}_i^{\mathrm{T}}\boldsymbol{\omega}_i & = \left\|\boldsymbol{A}_i^m\boldsymbol{v}_e\right\|^2 \\ & = \frac{\boldsymbol{a}_{i,1}^{\mathrm{T}}\boldsymbol{a}_{i,1} + \boldsymbol{a}_{i,2}^{\mathrm{T}}\boldsymbol{a}_{i,2} + \cdots + \boldsymbol{a}_{i,n}^{\mathrm{T}}\boldsymbol{a}_{i,n}}{\left\|\boldsymbol{A}_i\right\|_{\mathrm{F}}^2}\boldsymbol{v}_e^{\mathrm{T}}\boldsymbol{v}_e \\ & = u_e^2 + r_e^2\end{aligned} \tag{4.33}$$

将本章所设计的控制律式(4.25)和自适应律式(4.26)代入式(4.29)，可推出式(4.34)。

$$
\begin{aligned}
\dot{V} \leqslant & -\sum_{i=x_e,\tilde{\psi}_e}\left(k_i-\frac{1}{2}\right)i^2-\left(k_{y_e}-\frac{u_d^2}{4}\right)y_e^2 \\
& -\sum_{i=u,r}\left(\frac{1}{\tau_i}-1-\frac{M_i^2}{2b}-\frac{m_i+1}{4}\right)q_i^2-\left(\frac{1}{\tau_{\psi_e}}-\frac{M_{\psi_e}^2}{2b}\right)q_{\psi_e}^2 \\
& -\left(k_{u_e}-1-\frac{b_u^2}{k_{un}}-\frac{b_r^2}{k_{rn}}-\frac{m_u+1}{\tau_u^2}\right)u_e^2-\sigma_u\gamma_{T_u}\frac{T_u(\cdot)}{2\gamma_{T_u}}\tilde{\lambda}_{T_u}^2 \\
& -\left(k_{r_e}-1-\frac{b_u^2}{k_{un}}-\frac{b_r^2}{k_{rn}}-\frac{m_r+1}{\tau_r^2}\right)r_e^2-\sigma_r\gamma_{F_r}\frac{F_r(\cdot)}{2\gamma_{F_r}}\tilde{\lambda}_{F_r}^2+\varrho
\end{aligned}
\tag{4.34}
$$

其中，$\varrho=\varPsi_y^2+\dfrac{3b}{2}+\dfrac{\vartheta_u^2}{k_{un}}+\dfrac{\vartheta_r^2}{k_{rn}}+\dfrac{\sigma_r\bar{T}_u}{2}(\lambda_{T_u}-\hat{\lambda}_{T_u}(0))^2+\dfrac{\sigma_r\bar{F}_r}{2}(\lambda_{F_r}-\hat{\lambda}_{F_r}(0))^2$。

为了保证闭环控制系统稳定性，需要对设计参数进行适当选取，如式(4.35)中，a_η,a_q,a_e 均为大于零的常量。

$$
\begin{aligned}
& k_i=a_\eta+\frac{1}{2},\ k_{y_e}=a_\eta+\frac{u_d^2}{4},\ \frac{1}{\tau_{\psi_e}}=a_q+\frac{M_{\psi_e}^2}{2b} \\
& \frac{1}{\tau_i}=a_q+1+\frac{M_i^2}{2b}+\frac{m_i+1}{4} \\
& k_{u_e}=a_e+1+\frac{b_u^2}{k_{un}}+\frac{b_r^2}{k_{rn}}+\frac{m_u+1}{\tau_u^2} \\
& k_{r_e}=a_e+1+\frac{b_u^2}{k_{un}}+\frac{b_r^2}{k_{rn}}+\frac{m_r+1}{\tau_r^2}
\end{aligned}
\tag{4.35}
$$

最终，式(4.34)可以整理为

$$
\dot{V}\leqslant -2aV+\varrho \tag{4.36}
$$

式(4.36)中，$a=\min\{a_\eta,a_q,a_e,\sigma_u\gamma_{T_u}/2,\sigma_r\gamma_{F_r}/2\}$。对式(4.36)两边同时积分可以得到 $V(t)\leqslant\varrho/(2a)+(V(0)-\varrho/(2a))\exp(-2at)$。根据 Lyapunov 稳定性理论可知，函数 $V(t)$ 是有界的，满足 $\lim\limits_{t\to\infty}V(t)=\varrho/(2a)$。结合假设 4.2 可以得出结论：闭环控制系统中所有误差信号均满足一致最终有界。由于相关变量之间的关联性，进而易知控制律、自适应参数以及船舶所有状态变量均是一致最终有界的。证毕。

海洋环境干扰不仅能量大，且其高频干扰影响更容易进入船舶闭环控制系统，引起不可逆转的破坏。为此，笔者针对以上考虑引入低频增益学习技术，进一步提高本章研究控制策略的鲁棒性能，见定理 4.2。

定理 4.2　考虑误差动态系统式(4.2)和式(4.10)，假设 4.1 和假设 4.2 成立，且初始状态满足 $x_e^2(0)+q_u^2(0)+y_e^2(0)+q_{\psi_e}^2(0)+\tilde{\psi}_e^2(0)+q_r^2(0)+u_e^2(0)+r_e^2(0)+\tilde{\lambda}_{T_u}^2(0)+\tilde{\lambda}_{F_r}^2(0)+$

$\tilde{\lambda}_{T_{uf}}^2(0)+\tilde{\lambda}_{F_{rf}}^2(0)\leqslant 2\Delta$，则通过适当调整设计参数，控制律式(4.25)和考虑低频增益学习的自适应律式(4.37)能够保证整个闭环系统所有状态变量满足半全局一致最终有界。

$$\begin{cases}\dot{\hat{\lambda}}_{T_u}=\gamma_{T_u}[\alpha_{N_2}u_e-\sigma_{T_u}(\hat{\lambda}_{T_u}-\hat{\lambda}_{T_u}(0))]\\ \dot{\hat{\lambda}}_{T_{uf}}=\gamma_{T_{uf}}[\hat{\lambda}_{T_u}-\hat{\lambda}_{T_{uf}}]\end{cases}$$
$$\begin{cases}\dot{\hat{\lambda}}_{F_r}=\gamma_{F_r}[\alpha_\delta r_e-\sigma_{F_r}(\hat{\lambda}_{F_r}-\hat{\lambda}_{F_r}(0))]\\ \dot{\hat{\lambda}}_{F_{rf}}=\gamma_{F_{rf}}[\hat{\lambda}_{F_r}-\hat{\lambda}_{F_{rf}}]\end{cases}\tag{4.37}$$

其中，$\hat{\lambda}_{T_{uf}},\hat{\lambda}_{F_{rf}}$ 分别为对变量 λ_{T_u} 和 λ_{F_r} 经低频滤波后的估计，并且 $\tilde{\lambda}_{T_{uf}}=\hat{\lambda}_{T_{uf}}-\lambda_{T_u}$，$\tilde{\lambda}_{F_{rf}}=\hat{\lambda}_{F_{rf}}-\lambda_{F_r}$。

证明　定理 4.2 给出的结论是在定理 4.1 基础上提出的，其证明过程也是相关联的。针对低频增益学习自适应律式(4.37)，局部 Lyapunov 函数可设计为

$$V_\lambda=\frac{1}{2\gamma_{T_u}}\tilde{\lambda}_{T_u}^2+\frac{\sigma_{T_u}}{2\gamma_{T_{uf}}}\tilde{\lambda}_{T_{uf}}^2+\frac{1}{2\gamma_{F_r}}\tilde{\lambda}_{F_r}^2+\frac{\sigma_{F_r}}{2\gamma_{F_{rf}}}\tilde{\lambda}_{F_{rf}}^2\tag{4.38}$$

其导数可进一步计算为

$$\begin{aligned}\dot{V}_\lambda&=\tilde{\lambda}_{T_u}\alpha_{N_2}u_e+\tilde{\lambda}_{F_r}\alpha_\delta r_e+\sum_{i=T_u,F_r}\sigma_i(\tilde{\lambda}_i^2-2\tilde{\lambda}_i\tilde{\lambda}_{if}+\tilde{\lambda}_{if}^2)\\&\leqslant\tilde{\lambda}_{T_u}\alpha_{N_2}u_e+\tilde{\lambda}_{F_r}\alpha_\delta r_e\end{aligned}\tag{4.39}$$

式(4.39)中，关于 $\dot{V}_\lambda$ 的放缩剩余项 $\tilde{\lambda}_{T_u}\alpha_{N_2}u_e+\tilde{\lambda}_{F_r}\alpha_\delta r_e$ 可由式(4.29)中的误差项补偿设计。因此，该定理结论成立。

4.4 仿真研究

本节仿真研究工作在大连海事大学科研实习船“育鲲”轮仿真测试平台上开展。所采用被控对象数学模型为基于实船试验辨识建模得到的“育鲲”轮 4 自由度非线性数学模型，模型精度已在文献[120]中得以验证。外界干扰为基于 JONSWAP 谱的海洋环境模型，即考虑相邻风区相互干涉影响的 7 级海况。文献[142]给出了一种基于 LOS 制导算法的船舶工程化航迹保持控制设计结果，航向保持控制模块采用一种自调节模糊滑模方法实现。通过与已有研究结果对比，验证本章所提出控制策略的工程可用性。

该实验开展考虑了航海装备实际工程需求情况。计划航线通过设计航路点确定，即 $W_1(0\text{m},0\text{m})$，$W_2(500\text{m},100\text{m})$，$W_3(800\text{m},900\text{m})$，$W_4(800\text{m},1800\text{m})$，$W_5(100\text{m},2000\text{m})$。

针对海洋环境干扰，具体模型参数设置为：风速 $U_{\text{wind}}=18.52\text{m/s}$，风向 $\psi_{\text{wind}}=170°$，流速 $V_c=0.5\text{m/s}$，流向 $\psi_c=230°$。

被控对象“育鲲”轮数学模型考虑了执行装备力学转换模型和幅值/速率约束限制，初始状态设置为 $[x(0),y(0),\ \varphi(0),\ \psi(0),\ u(0),\ v(0),p(0),r(0),n(0),\ \delta(0)]=[-50\text{m},\ 20\text{m},\ 0°,\ 11.3°,8\text{m/s},0\text{m/s},\ 0°/\text{s},\ 0°/\text{s},\ 90\text{rpm},\ 0°]$，其中，$\varphi,p$ 分别为船舶横摇角和横摇角速率。下面对比过程中，“本章控制策略”表示未考虑低频增益学习的控制律式(4.25)和式(4.26)，而“本章控制策略(LF)”表示本章所提出的考虑低频增益学习的鲁棒神经网络控制律式(4.25)和式(4.37)。式(4.40)给出控制器参数设置情况。“动态虚拟小船”制导算法中，导引虚拟小船设定航速 $u_r=8.5\text{m/s}$，转向半径范围 $R_{\min}=350\text{m}, R_{\max}=420\text{m}$。注意，当 $\gamma_{T_{uf}}=\gamma_{F_{rf}}=0$ 时，式(4.26)与式(4.37)等价，即为未考虑低频增益学习的情况。关于文献[142]中基于 LOS 制导算法的控制策略，我们需要根据“育鲲”轮操纵特性进行参数调整 $\lambda_s=6,\ \varPhi_s=0.05,\ \lambda_n=0.1,\ \varPhi_h=0.01$，其他参数参照原有文献结果。利用该算法在恶劣海况下进行测试结果经常发散，因此这部分给出的该算法测试为一般海况(7 级海况)下的结果。

图 4.4 给出了一般海况下使用三种控制策略实现“育鲲”轮路径跟踪控制平面运动轨迹图。与文献[142]中的方法相比，本章给出的两种鲁棒控制策略具有更好的控制性能。尤其在转向点附近，利用本章算法能够对船舶运动实现有效控制，而基于 LOS 制导的方法在转向点处仅实现自动转向，造成船舶转向超调，产生不必要的航程浪费。图 4.4 中内部坐标曲线为该航线上第 2 个航路点附近的局部放大，以便于读者理解。

$$
\begin{aligned}
&k_{x_e}=2.70,\ k_{y_e}=0.15,\ k_{\tilde{\psi}_e}=0.05,\ k_{u_e}=0.055,\ k_{r_e}=0.05\\
&k_{un}=0.045,\ k_{rn}=0.065,\ l_{dbset}=0.6L,\ \tau_u=\tau_{\psi_e}=\tau_r=0.1\\
&\gamma_{T_u}=0.03,\ \gamma_{F_r}=0.01,\ \sigma_{T_u}=\sigma_{F_r}=1.0,\ \gamma_{T_{uf}}=1.8,\ \gamma_{F_{rf}}=0.8
\end{aligned}
\tag{4.40}
$$

图4.5给出了利用本章考虑低频增益学习控制策略实现图4.4中路径跟踪控制任务时船舶的姿态变量时间变化曲线，其他两种方法下其姿态曲线类似。仿真结果验证了定理 4.1 和定理 4.2 中给出的一致最终有界的结论。图 4.6 分别给出了该仿真实验中使用未考虑/考虑低频增益学习的鲁棒神经控制策略时的控制输入：主机转速 n 和舵角 δ。可以看出，考虑低频增益学习的控制律更符合船舶控制工程实际需求，给出更为光滑的命令信号(舵角信号的对比更为明显)，一定程度上能够避免/缓冲对实际机械驱动系统的冲击，对理论研究应用于航海过程装备控制工程具有重要意义。图 4.7 为本章两种控制策略下自适应参数调节情况。

为了进一步对上述对比结果进行定量分析，笔者在图 4.4 所示的船舶路径跟踪控制结果中设定 6 个测量点，即 $P_{\text{m1}}(615.5\text{m},408\text{m})$，$P_{\text{m2}}(750.5\text{m},768\text{m})$，$P_{\text{m3}}(800\text{m},1200\text{m})$，$P_{\text{m4}}(800\text{m},1496\text{m})$，$P_{\text{m5}}(446.5\text{m},1901\text{m})$，$P_{\text{m6}}(166.5\text{m},1981\text{m})$。式(4.41)给

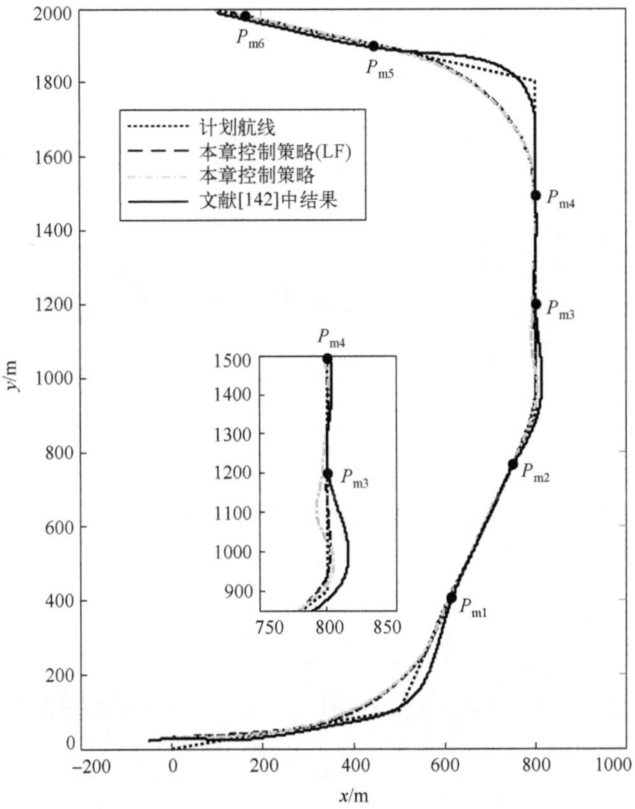

图 4.4　一般海况下"育鲲"轮路径跟踪控制轨迹对比结果

出了两组测量指标：平均误差(mean error value，ME)和绝对平均误差(mean integral absolute value，MIA)，其中，$e(\tau)$表示τ时刻的航迹误差(实船位置到计划航线的正交垂向距离)。"到达时间"和"实际航程"是另外两组测量指标，以反映控制策略在耗时和航程方面的性能。表 4.1 给出了基于上述 4 项测量指标对 3 种控制策略性能定量统计结果。可以看出，本章给出的两种鲁棒控制策略在控制精度方面远优于文献[142]中的算法，且在航行耗时和航程方面平均节省 5.5%。注意，由于船舶运动受到恶劣海洋环境干扰的影响，表 4.1 中 P_{m6} 点到达时间和实际航程对比出现"时间增加，航程反而缩短(331.7>330.4，2901.7<2905.3)"为正常现象。表 4.2 给出了三种控制策略关于计算负载性能的对比统计，指标"单周期扫描耗时"表示一个控制周期内顺序扫描一次控制程序所需的时间。可以看出，本章两种控制算法在计算负载方面性能相当，与文献[142]中算法相比，性能提升了一个数量级。基于上述分析，本章所提出的两种鲁棒控制算法在控制性能、节能、计算负载方面更具优势。动态虚拟小船制导算法在一定程度上解决了基于 LOS 制导算法设计思想转向部分不能提供有效控制的缺陷，对航海过程装备研制工作具有重要借鉴意义。

$$
\begin{aligned}
\mathrm{ME} &= \frac{1}{t_\infty - t_0}\int_{t_0}^{t_\infty} e(\tau)\mathrm{d}\tau \\
\mathrm{MIA} &= \frac{1}{t_\infty - t_0}\int_{t_0}^{t_\infty} \left|e(\tau)\right|\mathrm{d}\tau
\end{aligned}
\tag{4.41}
$$

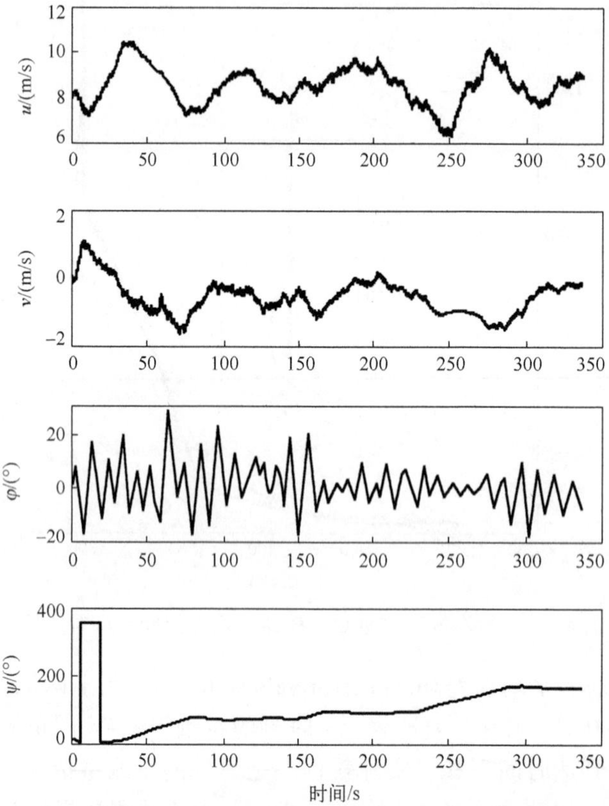

图 4.5 本章控制策略(LF)下“育鲲”轮姿态变量

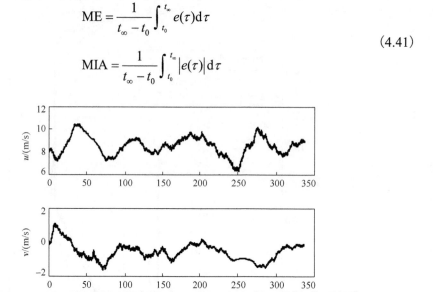

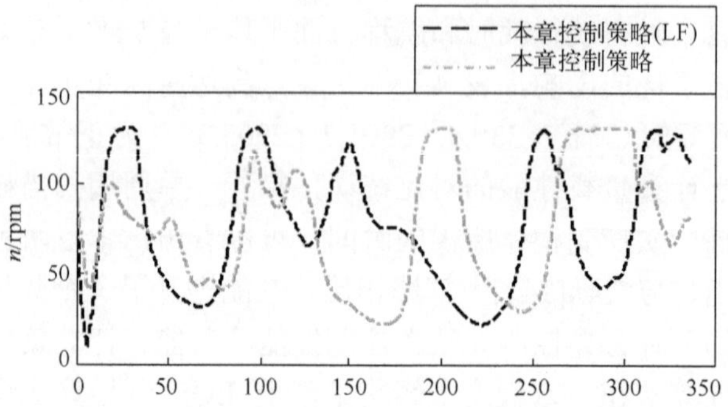

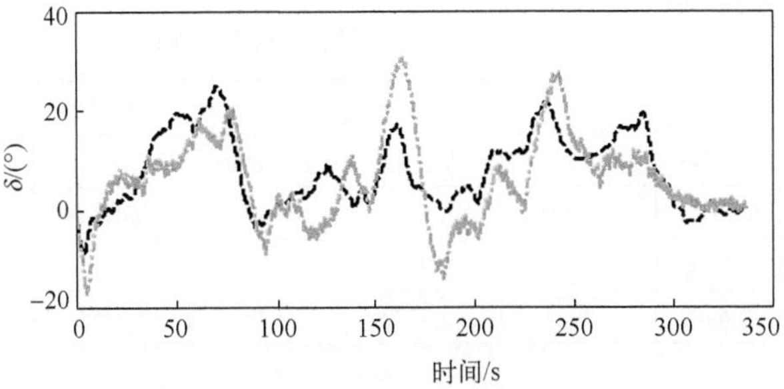

图 4.6　海洋环境干扰下“育鲲”轮路径跟踪控制输入

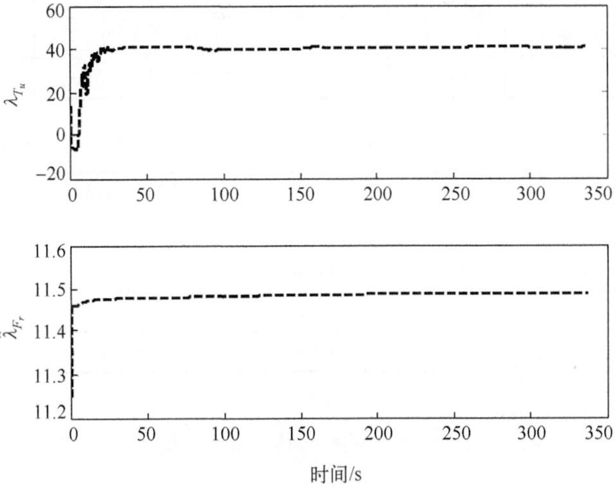

(a) 本章控制策略(LF)

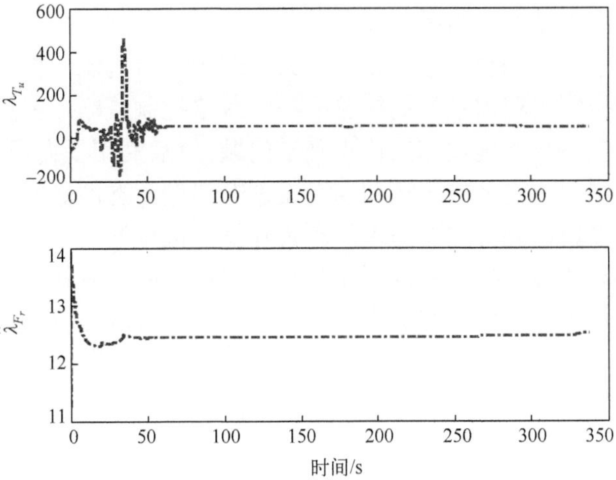

(b) 本章控制策略

图 4.7　海洋环境干扰下自适应参数 $\hat{\lambda}_{T_u}, \hat{\lambda}_{F_r}$ 时间变化曲线

表 4.1 控制策略性能定量对比统计

测量指标 计划航线	ME			MIA			
	P_{m1} P_{m2}	P_{m3} P_{m4}	P_{m5} P_{m6}	P_{m1} P_{m2}	P_{m3} P_{m4}	P_{m5} P_{m6}	
本章控制策略(LF)	0.6817	–0.2578	0.0532	1.0561	0.4356	0.8022	
本章控制策略	0.9358	0.1753	0.3866	1.7088	0.4084	1.8137	
文献[142]算法	–2.6892	1.7028	10.5322	2.6892	1.8181	11.0331	
测量指标	达到时间/s						实际航程/m
	P_{m1}	P_{m2}	P_{m3}	P_{m4}	P_{m5}	P_{m6}	
本章控制策略(LF)	99.8	142.1	194.5	229.2	297.5	330.4	2905.3
本章控制策略	99.1	140.8	193.6	228.9	298.7	331.7	2901.7
文献[142]算法	115.5	164.8	218.7	251.8	325.3	355.1	3030.9

表 4.2 控制策略计算负载对比统计

负载指标 主机 CPU 主频	单周期扫描耗时/s	
	1.90GHz	2.66GHz
本章控制策略(LF)	4.983×10^{-4}	3.524×10^{-4}
本章控制策略	4.868×10^{-4}	3.761×10^{-4}
文献[142]算法	9.827×10^{-3}	4.180×10^{-3}

4.5 本章小结

本章考虑了实际系统执行器配置约束、控制工程要求算法实时性强以及恶劣海洋环境干扰等航海装备实际问题，在制导模块提出一种基于“动态虚拟小船”思想的制导算法，为水面船舶自动航行提供更为合理的导航机制。控制器设计方面，提出了一种适用于控制工程需求的简捷鲁棒神经网络控制策略。该算法首先引入神经网络处理船舶模型参数不确定和结构不确定问题；然后利用横向压缩神经网络权重，构造鲁棒神经网络项镇定外接干扰和逼近误差对船舶动态的影响；最后通过在线调节逼近边界增益参数达到对控制需求的有效补偿，低频增益学习技术的引入进一步滤除了超恶劣海洋环境干扰，使控制律更易于工程机械装备执行。本章研究成果具有计算负载小、易于工程应用等优点，并通过基于“育鲲”轮的仿真对比实验得以验证。

第5章　海洋工程环境下动力定位船舶优化制导与鲁棒控制

随着经济的高速发展，全球能源短缺问题日益突出，世界各国越来越关注海洋能源的开发。我国海洋能源大多分布于深远海域，对于能源开发/勘探船舶，传统的锚泊定位方式已经不再适用[143]，为了解决这一问题产生了动力定位技术。

船舶动力定位控制是一种脱离锚系设备而自动保持海上船舶运动姿态的定位方法，可以保证船舶在风、波浪和海流的影响下利用自身驱动装置保持期望的位置和姿态。本章以全驱动动力定位船舶为研究对象，以工程实际需求为切入点(辅助推进系统不适于恶劣海况下长期任务值守)，在第 4 章 DVS 制导算法基础上研究具有能量优化机制的动力定位船舶智能制导与鲁棒控制算法，实现不确定海洋环境下的船舶动力定位控制任务，同时实现能量优化制导(以主推进系统作用为主，辅助系统能量最小)，以拓展 DVS 制导技术在动力定位船舶中的应用。

5.1　问 题 描 述

为了开展海洋工程环境下的船舶动力定位控制器设计工作，笔者将式(2.31)、式(2.32)和式(2.40)给出的船舶运动数学模型进行简化，得到本章研究对象，即式(5.1)和式(5.2)。与前面章节中给出的仿真模型相比，该模型考虑了船舶平面运动的 3 个自由度，模型不确定包括参数不确定和结构不确定(非线性函数未知)。

$$\begin{aligned}\dot{\boldsymbol{\eta}} &= \boldsymbol{R}(\psi)\boldsymbol{v}\\ \boldsymbol{M}\dot{\boldsymbol{v}} + \boldsymbol{N}(\boldsymbol{v})\boldsymbol{v} &= \boldsymbol{\tau} + \boldsymbol{\tau}_w\end{aligned} \tag{5.1}$$

$$\boldsymbol{\tau} = \boldsymbol{T}(\beta)\boldsymbol{\kappa}(\boldsymbol{n})\boldsymbol{u}_p \tag{5.2}$$

其中，$\boldsymbol{\eta}=[x,y,\psi]^{\mathrm{T}}\in\mathbb{R}^3$ 为惯性坐标系下船舶位置坐标和艏摇角，$\boldsymbol{v}=[u,v,r]^{\mathrm{T}}\in\mathbb{R}^3$ 为速度变量，分别表示船舶前进速度、横荡速度、艏摇角速度；$\boldsymbol{R}(\psi)$ 为转换矩阵，$\boldsymbol{M}$ 表示船舶惯性矩阵，$\boldsymbol{N}(\boldsymbol{v})\boldsymbol{v}$ 用于描述船舶受到的水动力及静水力；$\boldsymbol{\tau}=[\tau_u,\tau_v,\tau_r]^{\mathrm{T}}\in\mathbb{R}^3$ 为执行伺服系统提供的控制力/力矩，式(5.2)为对应的力学传动系统模型；$\boldsymbol{\tau}_w=[\tau_{wu},\tau_{wv},\tau_{wr}]^{\mathrm{T}}\in\mathbb{R}^3$ 表示不可测量的海洋环境干扰力/力矩。

式(5.2)中，$\boldsymbol{T}(\cdot)\in\mathbb{R}^{3\times q}$ 为推力分配矩阵(q 为船舶装配推进器数量)，由推进器物理装配位置决定，β 表示全回转推进器的推进方向；对于 FCPT，$\boldsymbol{\kappa}(\cdot)=\mathrm{diag}\{\kappa_1(n_1),\kappa_2(n_2),\cdots,\kappa_q(n_q)\}\in\mathbb{R}^{q\times q}$ 表示推进器增益矩阵，其大小由推进器螺旋桨转速 $n_i, i=1,2,\cdots,q$ 决定，由于推进器受到排出流、船体与推进器相互干涉等影响，$\boldsymbol{\kappa}(\cdot)$

具有一定的不确定性；$\boldsymbol{u}_p=[|p_1|p_1,|p_2|p_2,\cdots,|p_q|p_q]^{\mathrm{T}}$ 为控制输入，即螺旋桨螺距比，$p_i\in[-1,1],\ i=1,2,\cdots,q$。

在海洋工程实践中，船舶推进器可用能量有限。对于特定工况下的船舶，推进器力学传动增益系数 $\kappa_i(n_i)$ 为常量，且满足 $0<\underline{\kappa}_i\leqslant\kappa_i(n_i)\leqslant\bar{\kappa}_i,\ i=1,2,\cdots,q$。$\underline{\kappa}_i,\bar{\kappa}_i$ 为未知变量，仅用于稳定性分析。此外，为了更好地处理执行伺服系统推力分配问题，对于具有全回转推进器的全驱动动力定位船舶控制算法设计，通常以增广推力分配矩阵取代式(5.2)中的 $\boldsymbol{T}(\cdot)$，详见 2.2.3 节内容。

为了完成控制系统设计，需引入以下假设和引理。

假设 5.1 船舶系统惯性矩阵 $\boldsymbol{M}$ 正定且可逆。考虑到多数能源开发船舶具有左右对称、前后近似对称的外形特征，该假设易于满足。

假设 5.2 对于外界海洋环境作用于船体的干扰力/力矩 $\boldsymbol{\tau}_w=[\tau_{wu},\tau_{wv},\tau_{wr}]^{\mathrm{T}}$，一定存在未知常量矩阵 $\bar{\boldsymbol{\tau}}_w=[\bar{\tau}_{wu},\bar{\tau}_{wv},\bar{\tau}_{wr}]^{\mathrm{T}}>0$，满足 $|\boldsymbol{\tau}_w|\leqslant\bar{\boldsymbol{\tau}}_w$。

引理 5.1[7,90,144] 对于任意给定的、定义在紧集 $\Omega_x\subset\mathbb{R}^n$ 上的光滑连续函数 $f(\boldsymbol{x})$，满足 $f(\boldsymbol{0})=0$。基于连续函数风力技术和 RBF 神经网络逼近理论，$f(\boldsymbol{x})$ 可按照式(5.3)的形式逼近器以任意精度进行逼近。

$$f(\boldsymbol{x})=\boldsymbol{S}(\boldsymbol{x})\boldsymbol{A}\boldsymbol{x}+\varepsilon,\quad \forall\boldsymbol{x}\in\Omega_x \tag{5.3}$$

其中，$\boldsymbol{x}\in\Omega_x\subset\mathbb{R}^n$ 为网络输入，

$$\boldsymbol{A}=\begin{bmatrix}\omega_{11}&\omega_{12}&\cdots&\omega_{1n}\\ \omega_{21}&\omega_{22}&\cdots&\omega_{2n}\\ \vdots&\vdots&\ddots&\vdots\\ \omega_{l1}&\omega_{l2}&\cdots&\omega_{ln}\end{bmatrix}\in\mathbb{R}^{l\times n}$$

为优化权重矩阵，ε 为逼近误差，且对于所有 $\boldsymbol{x}\in\Omega_x$，存在未知参数 $\bar{\varepsilon}>0$ 满足 $|\varepsilon|\leqslant\bar{\varepsilon}$。注意，可通过优化权重 $\boldsymbol{A}$ 保证 $|\varepsilon|$ 最小化，即 $\boldsymbol{A}=\boldsymbol{A}^*$。$\boldsymbol{A}^*$ 为最佳逼近权重矩阵，见式(5.4)。

$$\boldsymbol{A}^*:=\arg\min_{\boldsymbol{A}\in\mathbb{R}^{l\times n}}\left\{\sup_{x\in\Omega_x}\left|f(\boldsymbol{x})-\boldsymbol{S}(\boldsymbol{x})\boldsymbol{A}\boldsymbol{x}\right|\right\} \tag{5.4}$$

$\boldsymbol{S}(\boldsymbol{x})=[s_1(\boldsymbol{x}),s_2(\boldsymbol{x}),\cdots,s_l(\boldsymbol{x})]\in\mathbb{R}^l$ 为径向基函数向量，$l>1$ 为 RBF 神经网络节点数，$s_i(\boldsymbol{x})$ 具有高斯函数形式(见式(5.5))，ξ_j 为高斯函数扩展宽度常数，$\boldsymbol{\mu}_j=[\mu_{j,1},\mu_{j,2},\cdots,\mu_{j,n}]^{\mathrm{T}}$ 为高斯函数中心值向量。

$$s_i(\boldsymbol{x})=\frac{1}{\sqrt{2\pi}\xi_j}\exp\left(-\frac{(\boldsymbol{x}-\boldsymbol{\mu}_j)^{\mathrm{T}}(\boldsymbol{x}-\boldsymbol{\mu}_j)}{2\xi_j^2}\right),\quad j=1,2,\cdots,l \tag{5.5}$$

本章的主要任务是：笔者提出一种适用于不确定海洋环境条件的鲁棒自适应动力定位控制系统设计方法以调节海上船舶到期望的参考位置 (x_r,y_r)，包括针对船舶

航向 ψ 的能量优化制导算法和针对可控输入 $p_i, i=1,2,\cdots,q$ 的控制算法。同时，能够通过在线调节参考航向 ψ_r 保证辅助推进系统能量输出最小，且主推进系统正向推进，即 $\mathrm{mean}(\boldsymbol{p}_{\mathrm{main}})>0$。辅助推进系统能量函数描述如式(5.6)所示。

$$E_{\mathrm{lateral}}=E_{\mathrm{lat}}(\psi_r)=\left[\left|\boldsymbol{p}_{\mathrm{lat}}\right|.*\boldsymbol{p}_{\mathrm{lat}}\right]^{\mathrm{T}}\boldsymbol{W}_{\mathrm{lat}}\left[\left|\boldsymbol{p}_{\mathrm{lat}}\right|.*\boldsymbol{p}_{\mathrm{lat}}\right] \tag{5.6}$$

其中，$\boldsymbol{W}_{\mathrm{lat}}$ 为权重参数，$\boldsymbol{p}_{\mathrm{lat}}$ 表示辅助推进系统螺距比向量。事实上，参考航向 ψ_r 为函数 E_{lateral} 的独立自变量。以文献[145]中给出的能源供给船为例，图5.1给出了不同参考航向下辅助推进系统能量输出分布特征。容易看出，虚线标记位置 $\psi_r=30\,\mathrm{deg}$ 为期望优化状态，即船舶实现动力定位控制的同时保证主推进装置驱动抵抗外界环境干扰合力影响。

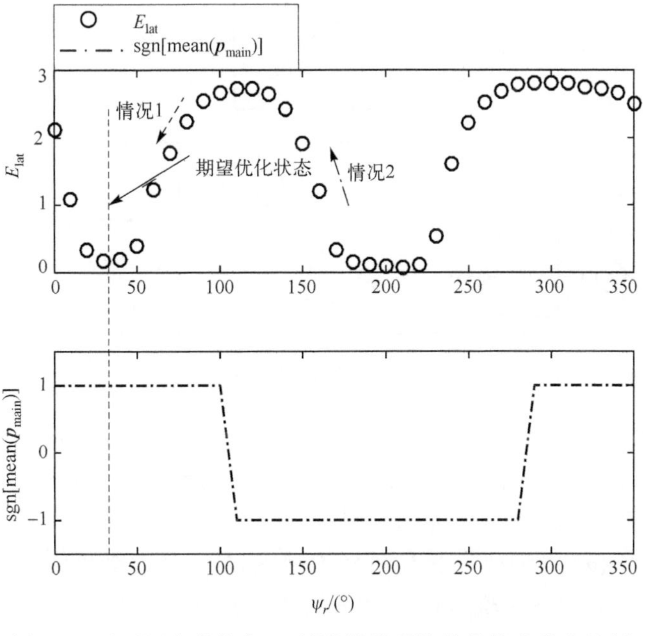

图5.1　对不同参考航向 ψ_r 辅助推进系统能量输出分布特征

5.2　面向动力定位任务的DVS优化制导

4.2节详细描述了船舶制导算法设计及其具体实施过程，尤其针对船舶路径跟踪控制和轨迹追踪控制任务。为了实现辅助推进系统能量输出优化问题，本章研究内容结合文献[146, 147]给出的极值搜索方法提出一种改进优化算法，实现对辅助推进系统能量函数 E_{lateral} 的优化，保证闭环系统静态无抖振优化，更适用于海洋工程实际。

图5.2给出了改进极值搜索算法框图，具体优化模型见式(5.7)。海洋工程实践

中，船舶是一种大惯性系统。为了保证有效的优化过程，摄动频率 ω 的选取应满足优化制导动态低于船舶本身自然频率，保证优化制导律静态匹配船舶闭环控制系统。频率参数 ω_l,ω_h 的选取取决于摄动频率 ω，即满足 $\omega_l<\omega,\omega_h<\omega$。与传统极值搜索算法不同，摄动信号 $k_r\varsigma\sin\omega t$ 的幅值随 $\psi_r\to\psi_r^*$ 逐渐衰减。上述参数选取能够有效抑制静态抖振对优化过程的影响，提高极值搜索算法在工程实际中的可用性。

$$
\begin{cases}
\dot{\hat{\psi}}_r=k_{\psi_r}\varsigma\\
\dot{\varsigma}=-\omega_l\varsigma-\omega_l\epsilon\sin(\omega t)+\omega_l E_{\text{lat}}(\psi_r)\sin(\omega t)\\
\dot{\epsilon}=-\omega_h\epsilon+\omega_h E_{\text{lat}}(\psi_r)\\
\psi_r=\hat{\psi}_r+k_r\varsigma\sin(\omega t)
\end{cases}
\tag{5.7}
$$

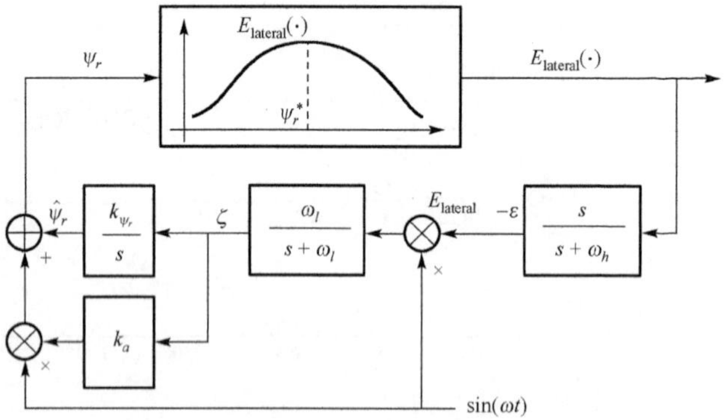

图 5.2　改进极值搜索算法框图

从图 5.1 容易看出，对于动力定位船舶辅助推进系统能量优化问题，其能量输出分布特征具有两个极值点，期望优化状态为虚线标记位置，即 $E_{\text{lateral}}=\min\{E_{\text{lat}}(\psi_r)\}$ 且 $\text{mean}(\boldsymbol{p}_{\text{main}})>0$。因此，具体优化过程可分两种情况开展。

情况 1：$\text{mean}(\boldsymbol{p}_{\text{main}})>0$ 时，优化目标为搜索 $E_{\text{lateral}}(\cdot)$ 的极小值，如图 5.1 中情况 1 所示。图 5.2 中，可通过 $-E_{\text{lateral}}(\cdot)$ 取代 $E_{\text{lateral}}(\cdot)$ 来实现。

情况 2：$\text{mean}(\boldsymbol{p}_{\text{main}})<0$ 时，优化目标为搜索 $E_{\text{lateral}}(\cdot)$ 的极大值，如图 5.1 中情况 2 所示。结合上述两种情况，该算法可提供有效制导策略 $\boldsymbol{\eta}_r=[x_r,y_r,\psi_r]^{\text{T}}$ 达到期望优化状态，即为 DVS 优化制导技术。详细稳定性分析可利用均值和奇异摄动理论进行证明，可参考文献[146, 148]中结果。

5.3　考虑执行器增益不确定的动力定位鲁棒自适应控制

本节提出一种考虑执行器增益不确定的鲁棒自适应控制策略解决船舶动力定位控制任务，具体设计步骤包括两步：运动学部分设计和动力学部分设计。该算法选取推进系统螺距比作为控制输入，符合海洋工程实际需求。

5.3.1　控制器设计

本节基于 Lyapunov 稳定性理论和 Backstepping 方法，以 DVS 优化制导策略输出 $\boldsymbol{\eta}_r$ 为参考，$\dot{\boldsymbol{\eta}}_r=[0,0,k_{\psi_r}\varsigma+k_r\varsigma\omega\cos\omega t]^{\mathrm{T}}$。定义镇定误差变量 $\boldsymbol{\eta}_e=\boldsymbol{\eta}_r-\boldsymbol{\eta}$，则有

$$\dot{\boldsymbol{\eta}}_e=\dot{\boldsymbol{\eta}}_r-\boldsymbol{R}(\psi)\boldsymbol{v} \tag{5.8}$$

步骤 1　基于误差向量动态式(5.8)，设计运动学回路虚拟控制量 $\boldsymbol{\alpha}_v\in\mathbb{R}^3$ 如式(5.9)所示，$\boldsymbol{k}_\eta$ 为严格正定的设计参数矩阵。

$$\boldsymbol{\alpha}_v=\boldsymbol{R}(\psi)^{-1}(\boldsymbol{k}_\eta\boldsymbol{\eta}_e+\dot{\boldsymbol{\eta}}_r) \tag{5.9}$$

观察式(5.9)容易发现，虚拟控制 $\boldsymbol{\alpha}_v$ 的微分计算过程较为复杂。为了避免对其微分计算直接求取，引入动态面技术，即如式(5.10)所示的低通滤波器。

$$\boldsymbol{t}_v\dot{\boldsymbol{\beta}}_v+\boldsymbol{\beta}_v=\boldsymbol{\alpha}_v,\quad \boldsymbol{\beta}_v(0)=\boldsymbol{\alpha}_v(0) \tag{5.10}$$

式(5.10)中，$\boldsymbol{t}_v=\mathrm{diag}\{t_u,t_v,t_r\}$ 为时间常数矩阵；向量 $\boldsymbol{\beta}_v$ 作为动力学回路中速度变量 $\boldsymbol{v}$ 的参考信号。进一步，定义误差向量 $\boldsymbol{q}_v=[q_u,q_v,q_r]^{\mathrm{T}}=\boldsymbol{\alpha}_v-\boldsymbol{\beta}_v$, $\boldsymbol{v}_e=\boldsymbol{\beta}_v-\boldsymbol{v}$，利用式(5.9)和式(5.10)计算可得

$$\dot{\boldsymbol{q}}_v=-\dot{\boldsymbol{\beta}}_v+\dot{\boldsymbol{\alpha}}_v=-\boldsymbol{t}_v^{-1}\boldsymbol{q}_v+\boldsymbol{B}_v(\dot{\boldsymbol{\eta}}_e,\boldsymbol{\eta}_e,\psi,r) \tag{5.11}$$

式(5.11)中，$\boldsymbol{B}_v(\cdot)=[B_u(\cdot),B_v(\cdot),B_r(\cdot)]^{\mathrm{T}}$，其元素均为未知有界连续函数。利用式(5.11)，运动学误差系统动态式(5.8)可重新表示为

$$\dot{\boldsymbol{\eta}}_e=\dot{\boldsymbol{\eta}}_r-\boldsymbol{R}(\psi)(\boldsymbol{\alpha}_v-\boldsymbol{q}_v-\boldsymbol{v}_e) \tag{5.12}$$

步骤 2　根据式(5.1)和式(5.10)，对变量 $\boldsymbol{v}_e$ 求导得到

$$\dot{\boldsymbol{v}}_e=\boldsymbol{M}^{-1}[\boldsymbol{M}\dot{\boldsymbol{\beta}}_v+\boldsymbol{N}(\boldsymbol{v})\boldsymbol{v}-\boldsymbol{T}(\cdot)\boldsymbol{\kappa}(\cdot)\boldsymbol{u}_p-\boldsymbol{\tau}_w] \tag{5.13}$$

注意，$\boldsymbol{N}(\boldsymbol{v})\boldsymbol{v}$ 为用于描述系统模型不确定的未知非线性函数向量，仅用于控制器设计分析。因此，可引入 RBF 神经网络 $\boldsymbol{F}_{nn}(\boldsymbol{v})$ 对其进行逼近。

$$\begin{aligned}
\boldsymbol{F}_{nn}(\boldsymbol{v})&=\boldsymbol{S}_{\bar{v}}(\boldsymbol{v})\boldsymbol{A}_{\bar{v}}\boldsymbol{v}+\boldsymbol{\varepsilon}_{\bar{v}}\\
&=\begin{bmatrix}\boldsymbol{S}_u(\boldsymbol{v}) & 0 & 0\\ 0 & \boldsymbol{S}_v(\boldsymbol{v}) & 0\\ 0 & 0 & \boldsymbol{S}_r(\boldsymbol{v})\end{bmatrix}\begin{bmatrix}\boldsymbol{A}_u\\ \boldsymbol{A}_v\\ \boldsymbol{A}_r\end{bmatrix}\begin{bmatrix}u\\ v\\ r\end{bmatrix}+\begin{bmatrix}\varepsilon_u\\ \varepsilon_v\\ \varepsilon_r\end{bmatrix}\\
&=\boldsymbol{S}_{\bar{v}}(\boldsymbol{v})\boldsymbol{A}_{\bar{v}}\boldsymbol{\beta}_v-\boldsymbol{S}_{\bar{v}}(\boldsymbol{v})\boldsymbol{A}_{\bar{v}}\boldsymbol{v}_e+\boldsymbol{\varepsilon}_{\bar{v}}\\
&=\boldsymbol{S}_{\bar{v}}(\boldsymbol{v})\boldsymbol{A}_{\bar{v}}\boldsymbol{\beta}_v-b_{\bar{v}}\boldsymbol{S}_{\bar{v}}(\boldsymbol{v})\boldsymbol{\omega}_{\bar{v}}+\boldsymbol{\varepsilon}_{\bar{v}}
\end{aligned} \tag{5.14}$$

式(5.14)中，$\boldsymbol{S}_{\bar{v}}(\boldsymbol{v})\in\mathbb{R}^{3\times3l}$，$\boldsymbol{A}_{\bar{v}}\in\mathbb{R}^{3l\times3}$，$\boldsymbol{\varepsilon}_{\bar{v}}\in\mathbb{R}^{3\times1}$ 对应的逼近误差上界向量表示为 $\bar{\boldsymbol{\varepsilon}}_{\bar{v}}$。定义 $b_{\bar{v}}=\|\boldsymbol{A}_{\bar{v}}\|_{\mathrm{F}},\boldsymbol{A}_{\bar{v}}^m=\boldsymbol{A}_{\bar{v}}/\|\boldsymbol{A}_{\bar{v}}\|_{\mathrm{F}}$，则有 $\boldsymbol{\omega}_{\bar{v}}=\boldsymbol{A}_{\bar{v}}^m\boldsymbol{v}_e$，$b_{\bar{v}}\boldsymbol{\omega}_{\bar{v}}=\boldsymbol{A}_{\bar{v}}\boldsymbol{v}_e$。神经网络向量

$\boldsymbol{F}_{nn}(\boldsymbol{v})$ 包含 3 个独立神经网络，分别与 u,v,r 运动子系统中模型不确定相对应，即 $\boldsymbol{F}_{nn}(\boldsymbol{v})=[f_{nu}(\boldsymbol{v}),f_{nv}(\boldsymbol{v}),f_{nr}(\boldsymbol{v})]^{\mathrm{T}}$。事实上，在详细控制算法设计中 $\boldsymbol{S}_u(\boldsymbol{v})=\boldsymbol{S}_v(\boldsymbol{v})=\boldsymbol{S}_r(\boldsymbol{v})$，且具有统一的网络输入向量 $\boldsymbol{v}$。因此，在工程硬件系统中，冗余重复计算可有效略去以减小算法计算负载。进一步，利用鲁棒神经阻尼技术，可推出式(5.15)，$\boldsymbol{\upsilon}=\boldsymbol{S}_{\bar{v}}(\boldsymbol{v})\boldsymbol{A}_{\bar{v}}\boldsymbol{\beta}_v+\boldsymbol{\varepsilon}_{\bar{v}}-\boldsymbol{\tau}_w$。

$$\boldsymbol{v}_e^{\mathrm{T}}\boldsymbol{\upsilon}=\|\boldsymbol{v}_e\|\|\boldsymbol{S}_{\bar{v}}(\boldsymbol{v})\boldsymbol{A}_{\bar{v}}\boldsymbol{\beta}_v+\boldsymbol{\varepsilon}_{\bar{v}}-\boldsymbol{\tau}_w\|\leqslant\vartheta_{\bar{v}}\|\boldsymbol{v}_e\|\phi_{\bar{v}}(\cdot) \tag{5.15}$$

其中，$\vartheta_{\bar{v}}=\max\left\{\|\bar{\boldsymbol{\varepsilon}}_{\bar{v}}\|+\|\bar{\boldsymbol{\tau}}_w\|,\|\boldsymbol{A}_{\bar{v}}\|_{\mathrm{F}}\right\}$，$\phi_{\bar{v}}(\cdot)=1+\|\boldsymbol{S}_{\bar{v}}(\boldsymbol{v})\|\|\boldsymbol{\beta}_v\|$。

根据 Young's 不等式，可得到式(5.16)：

$$\begin{aligned}&\boldsymbol{v}_e^{\mathrm{T}}\boldsymbol{\upsilon}-b_{\bar{v}}\boldsymbol{v}_e^{\mathrm{T}}\boldsymbol{S}_{\bar{v}}(\boldsymbol{v})\boldsymbol{\omega}_{\bar{v}}\\&\leqslant\frac{\phi_{\bar{v}}^2\boldsymbol{v}_e^{\mathrm{T}}\boldsymbol{k}_{\bar{v}n}\boldsymbol{v}_e}{4}+\frac{\|\boldsymbol{S}_{\bar{v}}(\boldsymbol{v})\|_{\mathrm{F}}^2\boldsymbol{v}_e^{\mathrm{T}}\boldsymbol{k}_{\bar{v}n}\boldsymbol{v}_e}{4}+\frac{b_{\bar{v}}^2\boldsymbol{\omega}_{\bar{v}}^{\mathrm{T}}\boldsymbol{\omega}_{\bar{v}}}{\lambda_{\min}\{\boldsymbol{k}_{\bar{v}n}\}}+\frac{\vartheta_{\bar{v}}^2}{\lambda_{\min}\{\boldsymbol{k}_{\bar{v}n}\}}\\&=\varPhi_{\bar{v}}(\cdot)\boldsymbol{v}_e^{\mathrm{T}}\boldsymbol{k}_{\bar{v}n}\boldsymbol{v}_e+\frac{b_{\bar{v}}^2\boldsymbol{\omega}_{\bar{v}}^{\mathrm{T}}\boldsymbol{\omega}_{\bar{v}}}{\lambda_{\min}\{\boldsymbol{k}_{\bar{v}n}\}}+\frac{\vartheta_{\bar{v}}^2}{\lambda_{\min}\{\boldsymbol{k}_{\bar{v}n}\}}\end{aligned} \tag{5.16}$$

其中，$\varPhi_{\bar{v}}(\cdot)=(1/4)\left[\phi_{\bar{v}}^2+\|\boldsymbol{S}_{\bar{v}}(\boldsymbol{v})\|_{\mathrm{F}}^2\right]$ 为鲁棒阻尼项，$\boldsymbol{k}_{\bar{v}n}>0$ 为设计参数矩阵，将在下面的设计中体现。基于以上分析，误差动态系统式(5.13)可重新整理为

$$\dot{\boldsymbol{v}}_e=\boldsymbol{M}^{-1}[\boldsymbol{M}\dot{\boldsymbol{\beta}}_v+\boldsymbol{\upsilon}-b_{\bar{v}}\boldsymbol{S}_{\bar{v}}(\boldsymbol{v})\boldsymbol{\omega}_{\bar{v}}-\boldsymbol{T}(\cdot)\boldsymbol{\kappa}(\cdot)\boldsymbol{u}_p] \tag{5.17}$$

式(5.18)给出了与推进力/力矩 $\boldsymbol{T}(\cdot)\boldsymbol{\kappa}(\cdot)\boldsymbol{u}_p$ 对应的期望控制输入，$\boldsymbol{\alpha}_{u_p}=[\alpha_{up},\alpha_{vp},\alpha_{rp}]^{\mathrm{T}}$。海洋工程实践中，推进器力学传动增益矩阵 $\boldsymbol{\kappa}(\cdot)$ 未知且不可测量，易于引起闭环系统中增益不确定问题。为此，该算法构造增益关联自适应系数 $\hat{\ell}_k$ 在线估计 $1/\kappa_k(n_k),k=1,2,\cdots,q$。该设计能够有效避免传统自适应控制算法中存在控制器奇异问题[149]。以推进器螺距比 $\boldsymbol{p}=[p_1,p_2,\cdots,p_q]^{\mathrm{T}}$ 为控制输入，式(5.19)给出了该设计最终的实际控制律，增益关联系数 $\hat{\ell}_k$ 的自适应律如式(5.20)所示。

$$\boldsymbol{\alpha}_{u_p}=\boldsymbol{k}_v\boldsymbol{v}_e+\dot{\boldsymbol{\beta}}_v+\varPhi_{\bar{v}}(\cdot)\boldsymbol{k}_{\bar{v}n}\boldsymbol{v}_e+\boldsymbol{R}(\psi)^{\mathrm{T}}\boldsymbol{\eta}_e \tag{5.18}$$

$$\begin{aligned}&\boldsymbol{p}=\operatorname{sgn}(\boldsymbol{u}_p).*\sqrt{|\boldsymbol{u}_p|}\\&\boldsymbol{u}_p=\operatorname{diag}\{\hat{\ell}_1,\hat{\ell}_2,\cdots,\hat{\ell}_q\}\boldsymbol{T}^{\dagger}(\cdot)\boldsymbol{\alpha}_{u_p}\end{aligned} \tag{5.19}$$

$$\dot{\hat{\ell}}_k=\gamma_k\left[\sum_{i=u,v,r}\sum_{j=u,v,r}\boldsymbol{T}_{k,j}^{\dagger}\boldsymbol{T}_{i,k}i_e\alpha_{jp}-\sigma_k(\hat{\ell}_k-\hat{\ell}_k(0))\right],\quad k=1,2,\cdots,q \tag{5.20}$$

其中，$\boldsymbol{k}_v,\gamma_k,\sigma_k$ 为正定的设计参数。式(5.20)中，$\sigma_k(\hat{\ell}_k-\hat{\ell}_k(0))$ 主要起到防漂移作用，$\boldsymbol{T}^{\dagger}$ 为推力分配矩阵 $\boldsymbol{T}$ 的伪逆。该算法中，控制律式(5.18)不要求任何关于系统模型

及参数的先验知识；自适应律式(5.20)中，在线更新参数 $\hat{\ell}_k$ 的数量与增广推力分配矩阵维数相等。通过引入增益关联系数能够有效补偿系统增益不确定和外界海洋环境干扰的影响，避免复杂神经网络权重的在线学习。因此，该算法具有形式简捷、鲁棒性强、易于工程应用等优点。

5.3.2 稳定性分析

根据上述设计过程，本章提出的考虑执行器增益不确定的动力定位船舶鲁棒自适应控制策略可以总结为定理 5.1。

定理 5.1 针对一般动力定位船舶，系统模型如式(5.1)和式(5.2)所示，假设 5.1、假设 5.2 成立，应用本章所提出的动力定位鲁棒自适应控制律式(5.9)、式(5.18)、式(5.19)和参数自适应律式(5.20)构建闭环控制系统。对于船舶初始状态满足式(5.21)的情况($\Delta>0$)，

$$\boldsymbol{\eta}_e(0)^{\mathrm{T}}\boldsymbol{\eta}_e(0)+\boldsymbol{q}_v(0)^{\mathrm{T}}\boldsymbol{q}_v(0)+\boldsymbol{v}_e(0)^{\mathrm{T}}\boldsymbol{v}_e(0)\leqslant\Delta \tag{5.21}$$

通过适当调节设计参数 $\boldsymbol{k}_\eta,\boldsymbol{t}_v,\boldsymbol{k}_v,\boldsymbol{k}_{\bar{v}n},\gamma_k,\sigma_k$，能够保证整个闭环控制系统的所有变量满足半全局一致渐近最终有界(semi-globally uniformly ultimately bounded，SGUUB)。

证明 根据船舶动态特征，定义式(5.22)所示的 Lyapunov 函数：

$$V=\frac{1}{2}\boldsymbol{\eta}_e^{\mathrm{T}}\boldsymbol{\eta}_e+\frac{1}{2}\boldsymbol{q}_v^{\mathrm{T}}\boldsymbol{q}_v+\frac{1}{2}\boldsymbol{v}_e^{\mathrm{T}}\boldsymbol{M}\boldsymbol{v}_e+\frac{1}{2}\sum_{k=1}^{q}\frac{\kappa(\cdot)\tilde{\ell}_k^2}{\gamma_k} \tag{5.22}$$

注意，RBF 神经网络通常仅在适当的紧集内保证良好的逼近性能。式(5.14)中，一旦网络输入超出该紧集的范围，闭环系统稳定性能将受到影响。这也正是本算法具有半全局稳定性能的根源。事实上，基于极值搜索算法的 DVS 制导和船舶运动特征能够自动满足该紧集条件，如 $\Pi:=\{[\boldsymbol{\eta}_e,\boldsymbol{q}_v,\boldsymbol{v}_e,\boldsymbol{\eta}_r]\}$ 为 $\mathbb{R}^{3\times4}$。因此，一定存在未知干扰上界常量 $\bar{B}_u,\bar{B}_v,\bar{B}_r$，满足 $|B_u(\cdot)|\leqslant\bar{B}_u$，$|B_v(\cdot)|\leqslant\bar{B}_v$，$|B_r(\cdot)|\leqslant\bar{B}_r$。基于以上分析，利用式(5.11)、式(5.12)、式(5.17)可计算 V 的导数为式(5.23)。

$$\begin{aligned}\dot{V}\leqslant&-(\lambda_{\min}\{\boldsymbol{k}_\eta\}-1)\boldsymbol{\eta}_e^{\mathrm{T}}\boldsymbol{\eta}_e-\sum_{i=u,v,r}\left(\frac{1}{t_i}-\frac{1}{4}-\frac{\bar{B}_i^2}{2b}\right)q_i^2\\&+\boldsymbol{v}_e^{\mathrm{T}}(\boldsymbol{M}\dot{\boldsymbol{\beta}}_v+\boldsymbol{\upsilon}-b_{\bar{v}}\boldsymbol{S}_{\bar{v}}(\boldsymbol{v})\boldsymbol{\omega}_{\bar{v}}-\boldsymbol{T}(\cdot)\boldsymbol{\kappa}(\cdot)\boldsymbol{u}_p+\boldsymbol{R}(\psi)^{\mathrm{T}}\boldsymbol{\eta}_e)\\&+\sum_{k=1}^{q}\frac{\kappa_k(\cdot)\tilde{\ell}_k\dot{\hat{\ell}}_k}{\gamma_k}+\frac{3b}{2}\end{aligned} \tag{5.23}$$

式(5.23)中，b 为小的正常数，仅用于稳定性分析。将式(5.18)、式(5.20)代入式(5.23)，结合式(5.24)和式(5.25)，V 的导数可重新整理为式(5.26)，$\boldsymbol{I}$ 表示单位矩阵。

$$
\begin{aligned}
\boldsymbol{v}_e^{\mathrm{T}}(\boldsymbol{M}-\boldsymbol{I})\dot{\boldsymbol{\beta}}_v &= \boldsymbol{v}_e^{\mathrm{T}}(\boldsymbol{M}-\boldsymbol{I})\boldsymbol{t}_v^{-1}\boldsymbol{q}_v \\
&\leqslant \left\|(\boldsymbol{M}-\boldsymbol{I})\boldsymbol{t}_v^{-1}\right\|_{\mathrm{F}}^2\left\|\boldsymbol{v}_e\right\|^2+\frac{1}{4}\left\|\boldsymbol{q}_v\right\|^2
\end{aligned}
\tag{5.24}
$$

$$
\begin{aligned}
\boldsymbol{\omega}_{\bar{v}}^{\mathrm{T}}\boldsymbol{\omega}_{\bar{v}} &= \left\|\boldsymbol{A}_{\bar{v}}^{m}\boldsymbol{v}_e\right\|^2 \\
&= \frac{(\boldsymbol{\omega}_{u,1}^{\mathrm{T}}\boldsymbol{\omega}_{u,1}+\boldsymbol{\omega}_{u,2}^{\mathrm{T}}\boldsymbol{\omega}_{u,2}+\cdots+\boldsymbol{\omega}_{r,3}^{\mathrm{T}}\boldsymbol{\omega}_{r,3})}{\left\|\boldsymbol{A}_{\bar{v}}\right\|_{\mathrm{F}}^2}\boldsymbol{v}_e^{\mathrm{T}}\boldsymbol{v}_e \\
&= \boldsymbol{v}_e^{\mathrm{T}}\boldsymbol{v}_e
\end{aligned}
\tag{5.25}
$$

$$
\begin{aligned}
\dot{V} \leqslant & -(\lambda_{\min}\{\boldsymbol{k}_\eta\}-1)\boldsymbol{\eta}_e^{\mathrm{T}}\boldsymbol{\eta}_e-\sum_{i=u,v,r}\left(\frac{1}{t_i}-\frac{1}{4}-\frac{B_i^2}{2b}\right)q_i^2 \\
& +\boldsymbol{v}_e^{\mathrm{T}}\Big(\boldsymbol{M}\dot{\boldsymbol{\beta}}_v+\boldsymbol{\upsilon}-b_{\bar{v}}\boldsymbol{S}_{\bar{v}}(\boldsymbol{v})\boldsymbol{\omega}_{\bar{v}}-\boldsymbol{T}(\cdot)\boldsymbol{\kappa}(\cdot)\mathrm{diag}\{1/\kappa_1,1/\kappa_2,\cdots,1/\kappa_q\}\boldsymbol{T}(\cdot)\boldsymbol{\alpha}_{u_p} \\
& -\boldsymbol{T}(\cdot)\boldsymbol{\kappa}(\cdot)\mathrm{diag}\{\tilde{\lambda}_1,\tilde{\lambda}_2,\cdots,\tilde{\lambda}_q\}\boldsymbol{T}^{\dagger}(\cdot)\boldsymbol{\alpha}_{u_p}+\boldsymbol{R}(\psi)^{\mathrm{T}}\boldsymbol{\eta}_e\Big)+\sum_{k=1}^{q}\frac{\kappa_k(\cdot)\tilde{\ell}_k\dot{\hat{\ell}}_k}{\gamma_k}+\frac{3b}{2} \\
\leqslant & -(\lambda_{\min}\{\boldsymbol{k}_\eta\}-1)\boldsymbol{\eta}_e^{\mathrm{T}}\boldsymbol{\eta}_e-\sum_{i=u,v,r}\left(\frac{1}{t_i}-\frac{1}{2}-\frac{\bar{B}_i^2}{2b}\right)q_i^2 \\
& -\left(\lambda_{\min}\{\boldsymbol{k}_v\}-\frac{b_{\bar{v}}^2}{\lambda_{\min}\{\boldsymbol{k}_{\bar{v}n}\}}-\left\|(\boldsymbol{M}-\boldsymbol{I})\boldsymbol{t}_v^{-1}\right\|_{\mathrm{F}}^2\right)\boldsymbol{v}_e^{\mathrm{T}}\boldsymbol{v}_e \\
& -\sum_{k=1}^{q}\frac{\sigma_k\kappa_k(\cdot)\tilde{\ell}_k^2}{2}+\varrho
\end{aligned}
\tag{5.26}
$$

其中，$\varrho=(3b/2)+(\vartheta_{\bar{v}}/\lambda_{\min}\{\boldsymbol{k}_{\bar{v}n}\})+\sum_{k=1}^{q}(\sigma_k\bar{\kappa}_k/2)(\lambda_k-\hat{\lambda}_k(0))^2$。进一步，为使闭环系统满足性能要求，调整参数 $\boldsymbol{k}_\eta,\boldsymbol{t}_v,\boldsymbol{k}_v,\gamma_k,\sigma_k$ 满足式(5.27)，a_η,a_q,a_v 为正的常量。

$$
\begin{aligned}
&\boldsymbol{k}_\eta \geqslant (a_\eta+1)\boldsymbol{I} \\
&\boldsymbol{t}_v^{-1} \geqslant (a_q+1/2)\boldsymbol{I}+\mathrm{diag}\{\bar{B}_u^2/2b,\bar{B}_v^2/2b,\bar{B}_r^2/2b\} \\
&\boldsymbol{k}_v \geqslant \left(a_v+\frac{b_{\bar{v}}^2}{\lambda_{\min}\{\boldsymbol{k}_{\bar{v}n}\}}+\left\|(\boldsymbol{M}-\boldsymbol{I})\boldsymbol{t}_v^{-1}\right\|_{\mathrm{F}}^2\right)\boldsymbol{I}
\end{aligned}
\tag{5.27}
$$

最终，式(5.26)可整理为

$$
\dot{V}\leqslant -2aV+\varrho \tag{5.28}
$$

式(5.28)中，$a=\min\{a_\eta,a_q,a_v\lambda_{\min}\{\boldsymbol{M}^{-1}\},(\sigma_1\gamma_1/2),\cdots,(\sigma_q\gamma_q/2)\}$。对式(5.28)两边同时积分可以得到 $V(t)\leqslant(V(0)-(\varrho/2a))\exp(-2at)+(\varrho/2a)$。通过适当调整控制器参数，可保证边界变量 ϱ 足够小。根据 Lyapunov 稳定性理论可知，函数 $V(t)$ 是有界的，满

足 $\lim_{t\to\infty} V(t) = \varrho / 2a$。进而易知，闭环控制系统中状态误差变量 $\boldsymbol{\eta}_e, \boldsymbol{q}_v, \boldsymbol{v}_e, \tilde{\ell}_k$ 随时间 $t \to \infty$ 收敛到吸引域 $\Omega_z := \{(\boldsymbol{\eta}_e, \boldsymbol{q}_v, \boldsymbol{v}_e, \tilde{\ell}_k) \big| \|\boldsymbol{\eta}_e\|^2 + \|\boldsymbol{q}_v\|^2 \big| \leqslant C_0,\ \|\boldsymbol{v}_e\|^2 \leqslant (C_0 / \lambda_{\min}(\boldsymbol{M})),\ \tilde{\ell}_k^2 \leqslant (C_0 / \gamma_k^{-1}),\ k = 1, 2, \cdots, q\}$ 中。由于相关变量之间的关联性，进而易知控制律、自适应参数以及船舶所有状态变量均是一致渐近最终有界的。证毕。

5.4 仿真研究

本节给出 2 个仿真实例，即本章所提出算法与文献[150]中研究结果的比较和具有能量优化制导机制的船舶动力定位控制实验结果。被控对象为引自文献[150]的一艘能源供给船舶（船长 76.2m，排水量 4.591×10^6kg），执行器配置详见图 2.10，其中，$l_{y1} = -5\text{m}, l_{y2} = 5\text{m}, l_{x3} = -25\text{m}, l_{x4} = -32\text{m}, l_{x5} = 25\text{m}, l_{x6} = 32\text{m}$。式(5.29)给出了该供给船数学模型的具体参数。需要注意，本章所提出的制导和控制策略不要求任何船舶运动数学模型和外界环境干扰的先验知识，且选取 6 个推进器螺距比 $[p_1, p_2, p_3, p_4, p_5, p_6]$（对于全回转推进器，包含推进方位角 β_6）作为控制输入，为工程实践中可控变量。

$$
\begin{aligned}
&X_{\dot{u}} = -0.7212\times10^6,\ Y_{\dot{v}} = -3.6921\times10^6,\ Y_{\dot{r}} = -1.0234\times10^6\\
&I_z - N_{\dot{r}} = 3.7454\times10^9,\ X_u = 5.0242\times10^4,\ Y_v = 2.7229\times10^5\\
&Y_r = -4.3933\times10^6,\ Y_{|v|v} = 1.7860\times10^4,\ X_{|u|u} = 1.0179\times10^3\\
&Y_{|v|r} = -3.0068\times10^5,\ N_v = -4.3821\times10^6,\ N_r = 4.1894\times10^8\\
&N_{|v|v} = -2.4684\times10^5,\ N_{|v|r} = 6.5759\times10^6
\end{aligned}
\tag{5.29}
$$

仿真研究中考虑外界环境干扰影响，包括风、海浪、海流。利用 NORSOK 风谱、JONSWAP 谱进行机理模拟，具体过程在 2.3 节已经详细介绍。实验过程中，海况设为 6 级海况，风速 $U_{\text{wind}} = 15.7\text{m/s}$，风向 $\psi_{\text{wind}} = 40°$，流速 $V_{\text{c}} = 0.5\text{m/s}$，流向 $\psi_{\text{c}} = 280°$。

5.4.1 对比实验

该实例中，期望参考信号 $\boldsymbol{\eta}_r = [x_r, y_r, \psi_r]^{\text{T}} = [0\text{m}, 0\text{m}, 140°]^{\text{T}}$，初始船舶状态为 $[x(0), y(0), \psi(0), u(0), v(0), r(0)] = [10\text{m}, 10\text{m}, 156°, 0\text{m/s}, 0\text{m/s}, 0°/\text{s}]$。对于本章所提出的鲁棒自适应控制算法，参数设置如式(5.30)所示。由于船舶首部存在全回转推进器，控制器设计过程采用增广推力分配矩阵，式(5.30)中 $\boldsymbol{\gamma}_{\hat{\ell}}, \boldsymbol{\sigma}_{\hat{\ell}}$ 均具有 7 个元素。此外，RBF 神经网络 $\boldsymbol{F}_{nn}(\boldsymbol{v})$ 具有 25 个网络节点，即 $l = 25$，扩展宽度常数 $\xi_j = 3, j = 1, 2, \cdots, l$；对于输入变量 u，中心值向量均匀分布于区间 $[-2.5\text{m/s}, 2.5\text{m/s}]$；对于输入变量 v，中心值向量均匀分布于区间 $[-2.5\text{m/s}, 2.5\text{m/s}]$；对于输入变量 r，中心值向量均匀分

布于区间[−0.6rad/s,0.6rad/s]。关于已有研究中的控制器设计及参数选取可参见文献[150]。

$$
\begin{aligned}
&\boldsymbol{k}_{\eta}=\operatorname{diag}\{0.002,0.0018,1.7\},\ \boldsymbol{t}_{v}=0.01\times\boldsymbol{I}\\
&\boldsymbol{k}_{v}=\operatorname{diag}(0.2,0.2,0.5),\ \boldsymbol{k}_{\overline{v}n}=\operatorname{diag}\{1.5,0.36,0.9\}\\
&\boldsymbol{\gamma}_{\hat{\ell}}=[0.8,0.8,0.4,0.2,0.3,0.3,0.2]^{\mathrm{T}},\ \boldsymbol{\sigma}_{\hat{\ell}}=[3.1,3.1,4,3.5,1.8,1.2,3]^{\mathrm{T}}
\end{aligned}
\tag{5.30}
$$

图 5.3 和图 5.4 给出了对比实验结果。图 5.5 为本章控制策略下供给船姿态变量曲线。从对比结果可以看出，两种控制策略具有近似的收敛速度，但本章所提出的控制算法能够获得更优的稳定效果，如图 5.3(a)所示。为了进一步定量分析，笔者引入式(5.31)所示的性能测量指标：绝对平均误差(mean absolute error，MAE)、绝对平均输入(mean absolute control input，MAI)和绝对平均变差(mean total variation，MTV)。MAE 用来测量系统响应性能，MAI 和 MTV 能够有效反应控制命令的能量输出和光滑程度。表 5.1 给出了定量性能比较结果。注意，从表 5.1 中 τ_r 的 MAI 指标和 τ_v 的 MTV 指标可以看出，本章控制策略在这两点性能上略逊于文献[150]的结果。但是，从整体性能统计角度出发，本章控制策略更占优势，尤其在系统镇定收敛过程和干扰抑制方面更符合海洋工程实际。

$$
\begin{aligned}
\mathrm{MAE}&=\frac{1}{t_{\infty}-t_0}\int_{t_0}^{t_{\infty}}|e(t)|\mathrm{d}t\\
\mathrm{MAI}&=\frac{1}{t_{\infty}-t_0}\int_{t_0}^{t_{\infty}}|u(t)|\mathrm{d}t\\
\mathrm{MTV}&=\frac{1}{t_{\infty}-t_0}\int_{t_0}^{t_{\infty}}|u(t+1)-u(t)|\mathrm{d}t
\end{aligned}
\tag{5.31}
$$

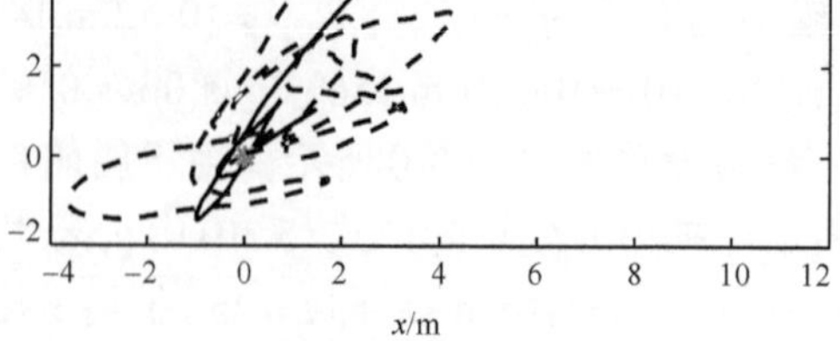

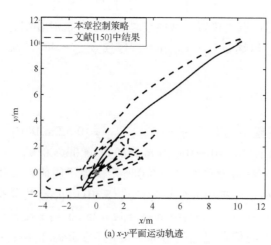

(a) x-y平面运动轨迹

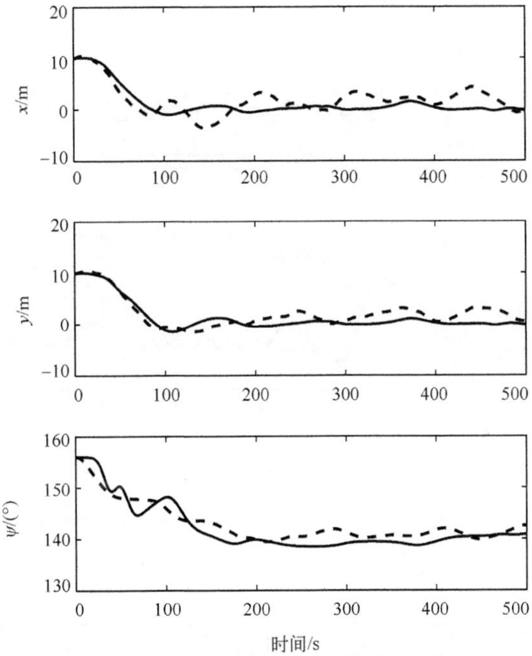

(b) 位置变量x，y和艏向角ψ曲线

图 5.3　船舶姿态变量对比结果

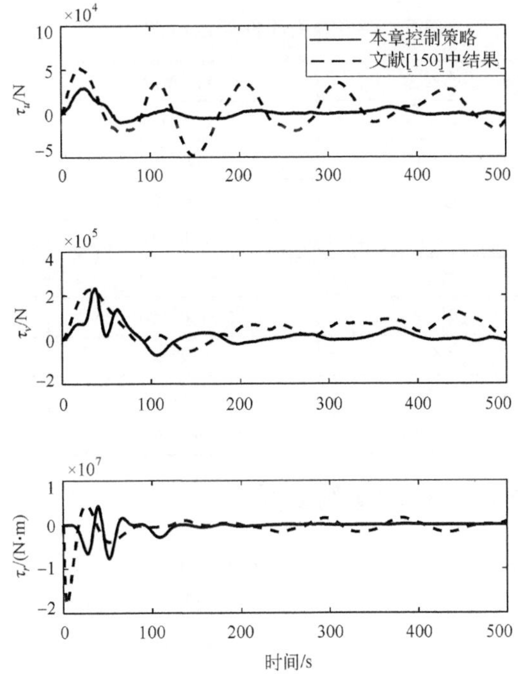

图 5.4　控制输入 τ_u,τ_v,τ_r 的对比曲线

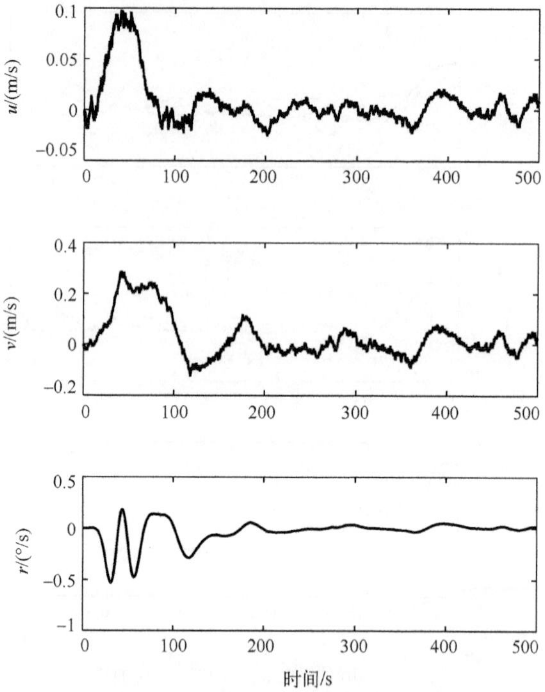

图 5.5　本章控制策略下船舶姿态变量 u,v,r

表 5.1　控制策略性能定量对比统计

性能指标	误差变量	本章控制策略	文献[150]中的结果
MAE	x_e/m	1.384	2.4353
	y_e/m	1.5220	2.3204
	ψ_e/(°)	2.9333	2.9530
MAI	τ_u/N	3.8820×10^3	1.8778×10^4
	τ_v/N	2.6754×10^4	6.4665×10^4
	τ_r/(N·m)	5.7480×10^5	5.2667×10^5
MTV	τ_u/N	3.2866	12.0172
	τ_v/N	23.3310	21.2684
	τ_r/(N·m)	994.2772	1121.2942

5.4.2　具有能量优化机制的实验结果

基于图 1.1 船舶控制系统功能逻辑结构图，利用本章所提出的 DVS 优化制导和鲁棒自适应控制算法构建闭环控制系统，开展具有能量优化机制的动力定位模拟实验。因此，模拟海洋环境干扰进行如下设置：$t\leqslant500$s 时，风向 $\psi_{\text{wind}}=35°$；$t>500$s 时，$\psi_{\text{wind}}=70°$。海况等级仍为 6 级，$V_{\text{wind}}=15.7$m/s。

对于辅助推进系统能量函数式(5.6)，权重参数 $\boldsymbol{W}_{\text{lat}} = \text{diag}\{0.8, 0.8, 0.8, 1, 1\}$。采用制导律如式(5.7)所示，摄动频率 $\omega = 0.5$，式(5.32)给出其他设计参数设置情况。此外，控制器参数与 5.4.1 节保持一致。

$$k_{\psi_r} = 0.2,\ k_r = 0.059,\ \omega_h = 0.42,\ \omega_l = 0.35 \tag{5.32}$$

图 5.6～图 5.9 给出了具有辅助推进系统能量优化机制的船舶动力定位控制实验结果。图 5.6 中，子图分别为艏向角曲线在 400～500s 和 900～1000s 时间段的局部放大。由于 DVS 优化制导技术的引入，船舶艏向角能够有效根据外界环境干扰力方向改变在线调整($t = 500$s 位置处)，保证辅助推进系统能量输出最优。图 5.7 给出了辅助推进系统能量优化过程。图 5.8 给出了本实例中控制输入变量变化曲线，即推进器螺距比 $p_k, k = 1,2,\cdots,6$ 和方位角 β_6，均在合理的范围内。图 5.8 中下部两幅子图分别给出了全回转推进器的螺距比和方位角曲线，尤其是 β_6 视觉上不是连续变化的。事实上，由于方位角的实际作用范围为 $(-180°, 180°]$，β_6 实际是光滑连续变化的。以上实验结果验证了本章所提出的动力定位船舶优化制导与鲁棒控制相关成果，其设计考虑了海洋工程实际需求，易于投入工程应用。

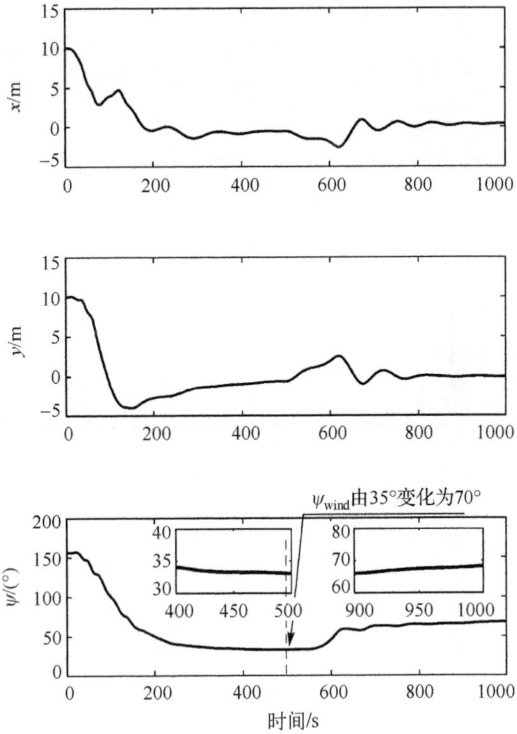

图 5.6　5.4.2 节中船舶位置变量 x, y 和艏向角 ψ

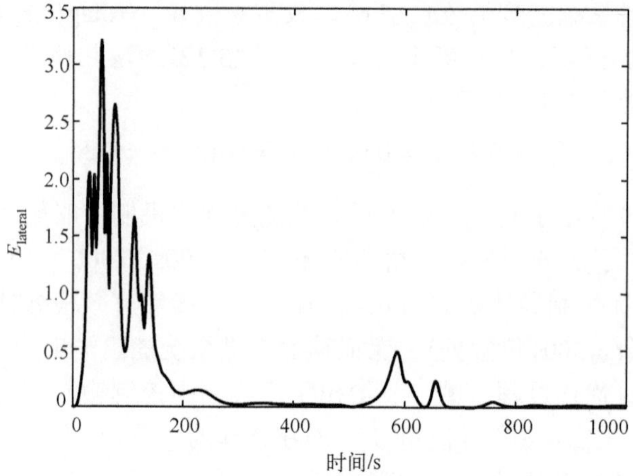

图 5.7　5.4.2 节中辅助推进系统能量输出曲线

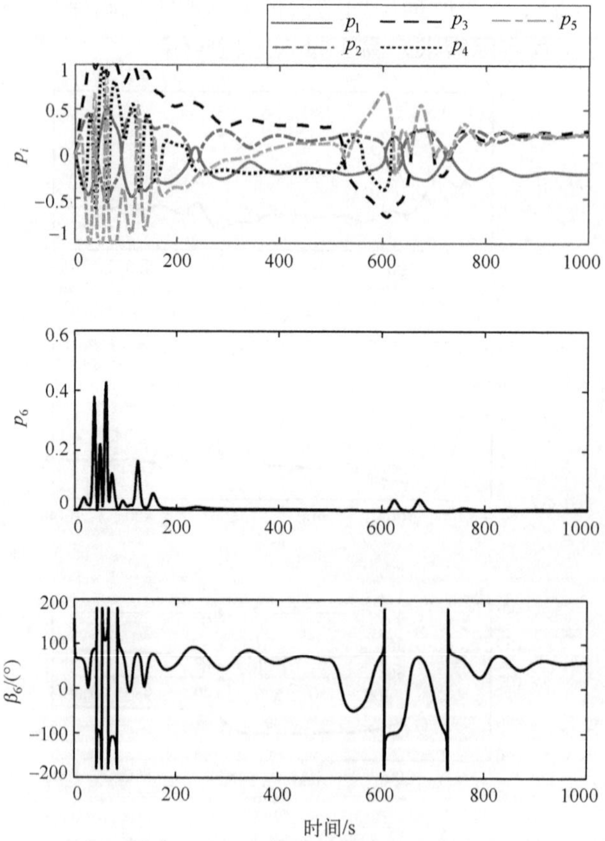

图 5.8　5.4.2 节中控制输入 p_k, β_k

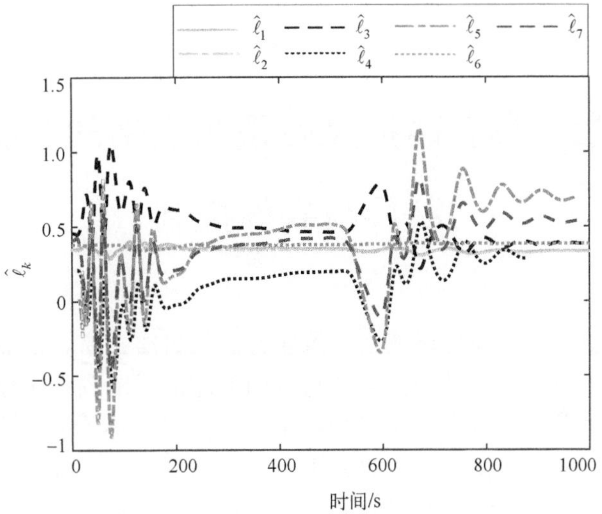

图 5.9　5.4.2 节中自适应参数 $\hat{\ell}_k$ 时间变化曲线

5.5 本 章 小 结

本章考虑了“动力定位船舶辅助推进系统不适于恶劣海况下长期任务值守”的实际问题，在制导模块提出一种具有能量优化机制的 DVS 优化制导算法，为不确定海洋环境干扰下的动力定位船舶提供更为合理的制导机制。控制器设计方面，选取实际可控变量为控制输入，提出一种考虑执行器增益不确定的动力定位鲁棒自适应控制策略。该算法引入 RBF 神经网络处理船舶模型中参数不确定和结构不确定问题；通过横向压缩神经网络权重，构造鲁棒神经阻尼项镇定不确定环境干扰和神经网络逼近误差对船舶运动的影响；通过在线调节边界增益关联系统达到对控制需求的有效补偿。本章所提出的控制系统设计方法具有形式简捷、控制精度高、易于工程应用等优点，通过两个仿真实例验证了研究成果的有效性。

第6章 具有碰撞风险预测机制的船舶智能制导与鲁棒控制

当前海上船舶的数量与日俱增，导致航行水域日益拥挤，这显然进一步增加了船舶碰撞的风险。在现有文献中，欠驱动水面船舶的避障问题主要是通过规划无障碍参考路径来解决[23,151]。文献[53，57]基于具有全局最小值的快速步进法进行了无人船的避障研究，通过在快速步进算法中引入船艏引导区，提出了一种考虑船舶操纵运动特性的避碰导航方法，并成功完成了湖试测试。英国皇家工程院院士、爱尔兰皇家科学院院士 Irwin 教授于 2012 年发表综述指出[152]，在船舶智能避障算法研究中考虑 COLREGS 的要求对算法的工程应用至关重要；文献[153]利用人工势场法构建障碍物碰撞危险评估模型，该方法的缺点在于需要合理设置力场参数，且实时性计算难以保证；文献[154]应用速度避障法实现了港口局部水域三种会遇情形下的避碰测试，但在多障碍物环境下未考虑 COLREGS 相关要求。此外，国内外相关学者的研究工作主要集中于船船会遇避碰决策研究，而将实时路径规划与跟踪控制相结合的制导策略研究较少。

本章围绕本书研究主题“船舶智能航行制导与控制”，提出一类基于扩展状态观测器、具有碰撞风险预测机制的船舶智能避障制导与鲁棒控制方法，综合考虑船舶航速和航向角作为避障参考生成避障轨迹，既保证了船舶智能航行系统安全、节能的特性，又符合 COLREGS 和航海实践需求。

6.1 问题描述

6.1.1 设计模型

根据 2.2 节中的相关讨论，本章采用式(6.1)和式(6.2)所示的船舶运动数学模型作为被控对象描述。

$$\begin{cases} \dot{x} = u\cos(\psi) - v\sin(\psi) \\ \dot{y} = u\sin(\psi) + v\cos(\psi) \\ \dot{\psi} = r \end{cases} \tag{6.1}$$

$$\begin{cases}\dot{u}=f_u(\boldsymbol{v})+\dfrac{\tau_u}{m_u}+\dfrac{\tau_{wu}}{m_u}\\ \dot{v}=f_v(\boldsymbol{v})+\dfrac{\tau_{wv}}{m_v}\\ \dot{r}=f_r(\boldsymbol{v})+\dfrac{\tau_r}{m_r}+\dfrac{\tau_{wr}}{m_r}\end{cases}\tag{6.2}$$

其中，$\boldsymbol{\eta}=[x,y,\psi]^{\mathrm{T}}\in\mathbb{R}^3$ 为惯性坐标系下船舶位置坐标、艏向角，$\boldsymbol{v}=[u,v,r]^{\mathrm{T}}\in\mathbb{R}^3$ 分别表示船舶前进、横漂速度和艏摇角速度；$f_u(\boldsymbol{v}),f_v(\boldsymbol{v}),f_r(\boldsymbol{v})$ 用于表示船舶运动高阶水动力项，即模型不确定，详细描述见式(6.3)；$\boldsymbol{\tau}=[\tau_u,0,\ \tau_r]^{\mathrm{T}}\in\mathbb{R}^3$ 为可控输入，即推进力和转船力矩；$\tau_{wu},\tau_{wv},\tau_{wr}$ 不可测量，用于表示外界海洋环境干扰作用于船舶的干扰力和力矩(包括风、海浪、海流)。$m_u,m_v,m_r,d_{u1},d_{v1},d_{r1},d_{u2},d_{v2}$, d_{r2}, d_{u3}, d_{v3},d_{r3} 为未知模型参数，用于描述作用于船体的惯性类、黏性类流体动力 / 力矩变量。

$$\begin{aligned}f_u(\boldsymbol{v})&=\frac{m_v}{m_u}vr-\frac{d_{u1}}{m_u}u-\frac{d_{u2}}{m_u}|u|u-\frac{d_{u3}}{m_u}u^3\\ f_v(\boldsymbol{v})&=-\frac{m_u}{m_v}ur-\frac{d_{v1}}{m_v}v-\frac{d_{v2}}{m_v}|v|v-\frac{d_{v3}}{m_v}v^3\\ f_r(\boldsymbol{v})&=\frac{(m_u-m_v)}{m_r}uv-\frac{d_{r1}}{m_r}r-\frac{d_{r2}}{m_r}|r|r-\frac{d_{r3}}{m_r}r^3\end{aligned}\tag{6.3}$$

此外，为了便于观测器设计，笔者也可将式(6.1)和式(6.2)所示的船舶运动数学模型以向量形式表达，见式(6.4)和式(6.5)。需要注意，该模型中，笔者将非线性水动力项和外界环境干扰统一归入 $\boldsymbol{G}(\boldsymbol{v})$ 描述，目的在于构建扩张状态观测器对其进行在线估计。式(6.5)中，惯性矩阵 $\boldsymbol{M}$ 选取标称模型参数，船舶航行过程中 $\boldsymbol{M}$ 产生摄动作为模型不确定处理。

$$\dot{\boldsymbol{\eta}}=\boldsymbol{J}(\boldsymbol{\eta})\boldsymbol{v}\tag{6.4}$$

$$\dot{\boldsymbol{v}}=\boldsymbol{G}(\boldsymbol{v})+\boldsymbol{M}^{-1}\boldsymbol{\tau}\tag{6.5}$$

其中，

$$\boldsymbol{J}(\boldsymbol{\eta})=\begin{bmatrix}\cos(\psi)&-\sin(\psi)&0\\ \sin(\psi)&\cos(\psi)&0\\ 0&0&1\end{bmatrix},\quad \boldsymbol{M}=\begin{bmatrix}m_u&0&0\\ 0&m_v&0\\ 0&0&m_r\end{bmatrix},\quad \boldsymbol{G}(\boldsymbol{v})=\begin{bmatrix}f_u(\boldsymbol{v})\\ f_v(\boldsymbol{v})\\ f_r(\boldsymbol{v})\end{bmatrix}+\boldsymbol{M}^{-1}\begin{bmatrix}\tau_{wu}\\ \tau_{wv}\\ \tau_{wr}\end{bmatrix}$$

为了完成控制系统设计，需引入以下假设。

假设 6.1　对于外界海洋环境作用于船体的干扰力/力矩 $\tau_{wu},\tau_{wv},\tau_{wr}$，一定存在未知常量 $\bar{\tau}_{wu}>0,\bar{\tau}_{wv}>0,\bar{\tau}_{wr}>0$，满足 $\tau_{wu}\leqslant\bar{\tau}_{wu},\tau_{wv}\leqslant\bar{\tau}_{wv},\tau_{wr}\leqslant\bar{\tau}_{wr}$。$\bar{\tau}_{wu},\bar{\tau}_{wv},\bar{\tau}_{wr}$ 为未知常量，仅用于稳定性分析。

假设 6.2[85,155] 被控船舶式(6.1)和式(6.2)中，横荡运动具有耗散有界稳定性。

本章的设计目标是：提出一种考虑船船碰撞风险预测机制的船舶智能航行制导与鲁棒控制方法，在存在单一移动障碍目标的情况下，能够有效预测船船会遇碰撞风险并将其引入避障机制中，实现海上船舶按照航海实践中基于航路点的计划航线自动航行，保障船舶避障操纵的有效性。

6.1.2 扩展状态观测器

扩展状态观测器运用现代控制理论中的状态观测器思想，根据被控对象的输入、输出数据估计对象状态信息和作用于被控对象的未知非线性扰动，在自抗扰控制技术中具有广泛的应用。文献[156]提出了一类适用于非线性多输入多输出(multiple input multiple output，MIMO)回归系统的扩展状态观测器设计方法，并通过理论分析论证了状态估计的收敛性，为本章观测器设计提供一定的理论基础。

对于如式(6.6)所示的非线性 MIMO 系统（m 个系统输出，k 个控制输入），$f_i(\cdot), i=1,2,\cdots,m$ 为未知非线性函数，可用于描述系统动态和外界干扰，w_i 为外界环境干扰。为了便于问题描述，定义 $q_{i,j}=q_i^{(j-1)}, i=1,2,\cdots,m, j=1,2,\cdots,n$，则 $q_{i,n+1}=f_i(\cdot)$ 即为扩展状态变量。

$$\begin{cases} q_1^{(n)}=f_1(q_1,q_1^{(1)},\cdots,q_1^{(n-1)},\cdots,q_m^{(n-1)},w_1)+g_1(u_1,u_2,\cdots,u_k) \\ q_2^{(n)}=f_2(q_1,q_1^{(1)},\cdots,q_1^{(n-1)},\cdots,q_m^{(n-1)},w_2)+g_2(u_1,u_2,\cdots,u_k) \\ \vdots \\ q_m^{(n)}=f_m(q_1,q_1^{(1)},\cdots,q_1^{(n-1)},\cdots,q_m^{(n-1)},w_m)+g_m(u_1,u_2,\cdots,u_k) \end{cases} \tag{6.6}$$

假设 6.3[157] 被控对象式(6.6)在受控状态下，状态变量 $q_{i,j}$、外界干扰 w_i 及其一阶导数 $\dot{w}_i$、控制输入 $u_1,u_2,\cdots,u_k$ 均为一致有界的，且 $f_i(\cdot)\in C^1(\mathbb{R}^{nm+1},\mathbb{R})$，$g_i(\cdot)\in C^1(\mathbb{R}^k,\mathbb{R})$。

若假设 6.3 成立，则被控对象式(6.6)的状态及扩展状态可由式(6.7)所示的观测器进行在线估计。

$$\begin{cases} \dot{\hat{q}}_{i,1}=\hat{q}_{i,2}+\dfrac{1}{\varepsilon}k_1(q_{i,1}-\hat{q}_{i,1}) \\ \dot{\hat{q}}_{i,2}=\hat{q}_{i,3}+\dfrac{1}{\varepsilon^2}k_2(q_{i,1}-\hat{q}_{i,1}) \\ \vdots \\ \dot{\hat{q}}_{i,n}=\hat{q}_{i,n+1}+\dfrac{1}{\varepsilon^n}k_n(q_{i,1}-\hat{q}_{i,1})+g_i(u_1,\cdots,u_k) \\ \dot{\hat{q}}_{i,n+1}=\dfrac{1}{\varepsilon^{n+1}}k_{n+1}(q_{i,1}-\hat{q}_{i,1}) \end{cases}, \quad i=1,2,\cdots,m \tag{6.7}$$

其中，$\varepsilon \in (0,1)$ 为高增益调节参数，$k_1, k_2, \cdots, k_{n+1}$ 为设计参数，以保证式(6.8)所示的矩阵 $\boldsymbol{E}$ 为赫尔维茨矩阵。

$$\boldsymbol{E} = \begin{bmatrix} -k_1 & 1\ 0 & \cdots & 0 \\ -k_2 & 0\ 1 & \cdots & 0 \\ \vdots & \vdots\ \vdots & \ddots & \vdots \\ -k_n & 0\ 0 & \cdots & 1 \\ -k_{n+1} & 0\ 0 & \cdots & 0 \end{bmatrix} \tag{6.8}$$

如果存在正定对称矩阵 $\boldsymbol{P}$，满足 $\boldsymbol{PE} + \boldsymbol{E}^{\mathrm{T}}\boldsymbol{P} = -\boldsymbol{I}_{n+1}$，则式(6.9)所示的收敛性结论成立。其中，$K_i = \sqrt{\lambda_{\max}(\boldsymbol{P})/\lambda_{\min}(\boldsymbol{P})}\sqrt{\Sigma_{j=1}^{n+1}\left|q_{i,j}(0) - \hat{q}_{i,j}(0)\right|^2 + 2M_i\lambda_{\max}(\boldsymbol{P})^2/\lambda_{\min}(\boldsymbol{P})}$ 取决于系统初始状态，$\lambda_{\max}(\boldsymbol{P}), \lambda_{\min}(\boldsymbol{P})$ 分别表示矩阵特征值的最大和最小值；$M_i = \sup\left\{\sum_{l=1}^{m}\sum_{j=1}^{n} q_{l,j+1}\,\partial f_i(\cdot)/\partial q_{l,n} + \sum_{l=1}^{m} g_l\,\partial f_i(\cdot)/\partial q_{l,n} + \dot{w}_i\,\partial f_i(\cdot)/\partial w_i\right\}$ 为非线性函数 $f_i(\cdot)$ 的一阶导数的上界。根据假设 6.3，M_i 为常量。

$$\left|q_{i,j} - \hat{q}_{i,j}\right| \leqslant K_i \varepsilon^{n+2-j}, \quad \forall t > 2\lambda_{\max}(\boldsymbol{P})(n+1)\varepsilon \ln \varepsilon^{-1} \tag{6.9}$$

6.2　具有碰撞风险预测机制的 DVS 避障制导

本节将详细讨论具有碰撞风险预测机制的 DVS 避障制导方法，如图 6.1 所示，本节所设计的算法基于一种改进型制导方案，两个核心要素仍为 GVS 和 DVS，具有式(6.10)所示的运动模型。GVS 主要根据基于航路点的航线信息规划出光滑参考路径；DVS 沿所规划光滑参考路径动态规划参考姿态，其动态规划机制可有效补偿大型船舶存在时滞、执行装置约束、动态避障等约束。

$$\begin{cases} \dot{x}_i = u_i \cos(\psi_i) \\ \dot{y}_i = u_i \sin(\psi_i)\,, \quad i = g, d \\ \dot{\psi}_i = r_i \end{cases} \tag{6.10}$$

不同于 4.2 节中的 DVS 制导算法，本节算法设计 DVS 姿态配置独立于 GVS 和本船相对位置，可有效引入本船对单一移动障碍物(即会遇船舶)碰撞风险预测。航海实践中，海上障碍物识别主要通过船载探测设备实现，如雷达、激光传感器等。考虑到本章所设计控制算法能够有效实现船舶快速收敛到 DVS，因此，笔者假设 DVS 具有与实船相同的目标探测性能，即 R_{test}，表示船载设备可探测距离。

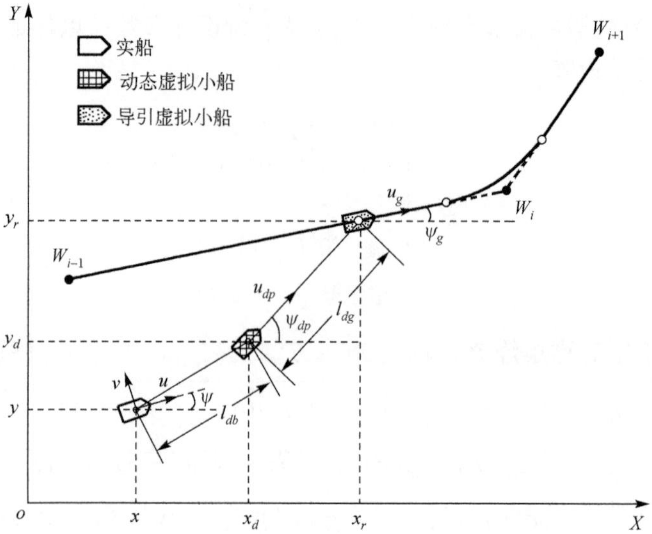

图 6.1　改进的动态虚拟小船制导算法基本原理

DVS 与移动障碍物之间的距离可由式(6.11)计算，即 l_r，$(x_c, y_c), (x_d, y_d)$ 分别为 DVS 和移动障碍物的实时位置坐标。当会遇船舶在以 DVS 为中心、R_{test} 为半径的可探测领域外时，系统执行路径跟踪模式。该模式下，DVS 始终以 GVS 为跟踪目标航行，即 DVS 的路径跟踪艏向角 ψ_{dp} 等于它相对于 GVS 的方位角，见式(6.12)；DVS 的路径跟踪前进速度 u_{dp} 可按式(6.13)进行规划。此时，DVS 的当前艏向角 $\psi_d = \psi_{dp}$，当前前进速度 $u_d = u_{dp}$。

$$l_r = \sqrt{(x_c - x_d)^2 + (y_c - y_d)^2} \tag{6.11}$$

$$\psi_{dp} = 0.5[1 - \operatorname{sgn}(x_g - x_d)]\operatorname{sgn}(y_g - y_d) \cdot \pi + \arctan\left(\frac{y_g - y_d}{x_g - x_d}\right) \tag{6.12}$$

$$u_{dp} = [k_d l_{dg} + u_{gp}\cos(\psi_g - \psi_d)] \cdot \frac{l_{dbset} - l_{db}}{l_{dbset}} \tag{6.13}$$

式(6.13)中，$k_d > 0$ 为设计参数，可用于条件制导算法中 DVS 的收敛速率。l_{dbset} 为本船到 DVS 距离的设定上界，可根据执行伺服系统的功率限制调整其大小，用于保证控制输入满足执行装置的饱和特性。当 $l_{db} = l_{dbset}$ 时，$u_{dp} = 0$，即 DVS 始终保持在以本船为中心、l_{dbset} 为半径的领域范围内。事实上，式(6.13)的设计能够有效保证 DVS 对 GVS 的最终收敛。为了进一步理论分析，笔者选取 Lyapunov 函数 $V_{dg} = 1/2 l_{dg}^2 = 1/2(x_{dg}^2 + y_{dg}^2)$，$x_{dg}, y_{dg}$ 分别表示 DVS 与 GVS 在 x 和 y 方向上的相对偏差距离，对 V_{dg} 求导并代入式(6.13)可推出式(6.14)。显然，若本船按照以上设计航行，

存在 $\dot{V}_{dg}=-2k_d V_{dg}$，保证了 DVS 对 GVS 的最终收敛。

$$
\begin{aligned}
\dot{V}_{dg} &= \dot{x}_{dg}x_{dg}+\dot{y}_{dg}y_{dg} \\
&= l_{dg}\cos(\psi_{dp})(u_g\cos(\psi_g)-u_{dp}\cos(\psi_{dp})) \\
&\quad +l_{dg}\sin(\psi_{dp})(u_g\sin(\psi_g)-u_{dp}\sin(\psi_{dp})) \\
&= l_{dg}(u_g\cos(\psi_g-\psi_{dp})-u_{dp})
\end{aligned}
\tag{6.14}
$$

当会遇船舶进入 DVS 的可探测领域内时，系统启动避障操纵模式。本船依据对碰撞风险的预测，对当前的船舶会遇局面进行分类，其中，会遇角 θ_{da} 的定义如图 6.2(a)所示。在会遇船舶进入 DVS 可探测领域内的一瞬间根据会遇角 θ_{da} 决定当前会遇局面，如图 6.2(b)所示，会遇局面确定以后保持不变直到来船驶出 DVS 可探测领域，避碰过程结束。根据 COLREGS 的规定和航海操纵经验[158]，在 DVS “追越”会遇船舶和“左侧交叉相遇”的会遇局面下，本船应当加速超越并且向右侧操舵；在“对遇”和“右侧交叉相遇”的局面下，本船应当减速慢行并且向右侧操舵；在会遇船舶“追越”DVS 局面下，本船应当继续按照路径跟踪制导航行。对应前两种局面，其避碰操纵会有所不同。图 6.3 给出了该算法中碰撞风险预测机制的基本原理，根据 DVS 和来船的前进速度和艏向角信息，其最小会遇距离及最小距离时间点可以获得。假定当前时间点 $t=t_1$，如果按照当前艏向角及前进速度航行，可以通过两船的几何关系求得最小距离会遇时间点 $t_{\min}=t_2$、最小会遇距离 $l_{\min}$。定义 l_{safe} 为安全半径，其大小决定了制导策略的安全性能，可以通过 l_{safe} 和 $l_{\min}$ 的关系衡量当前会遇局面是否存在碰撞风险。图 6.3 中，$l_{\text{safe}}>l_{\min}$，此时认为存在碰撞风险，需要采取避障制导；如果 $l_{\text{safe}}\leqslant l_{\min}$，则认为不存在碰撞

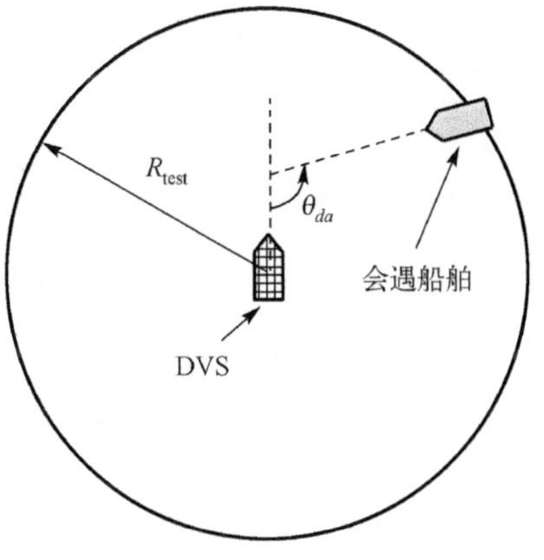

(a) 会遇角示例

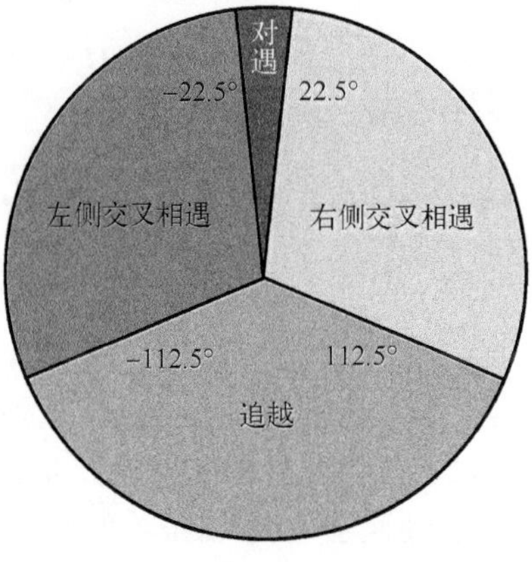

(b) 会遇局面分类

图 6.2　船舶会遇局面分类示意图

风险，DVS 可以按照当前艏向角和前进速度执行路径跟踪任务。不同于图 6.3 中的情形，如果求得 $t \leqslant t_{\min}$，则认为会遇局面已经经过最小会遇距离，DVS 和会遇船舶间的距离在 $t > t_{\min}$ 的时间里会单调递增，本节所提出的制导算法将这类情况认定为不存在碰撞风险。

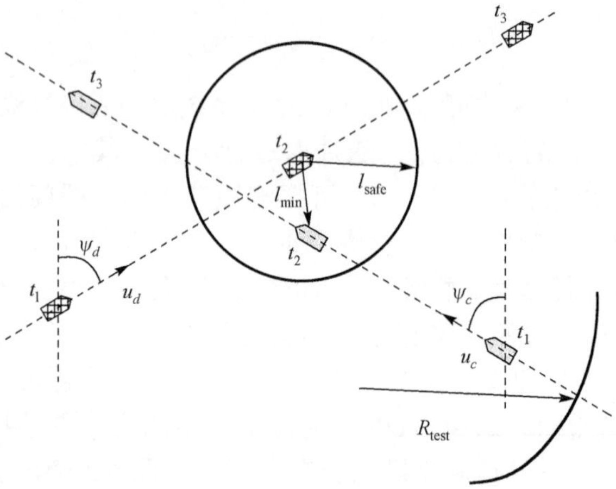

图 6.3　碰撞风险预测机制原理图

根据碰撞风险预测机制[159]，该算法可以预测 DVS 多个艏向角和前进速度下的碰撞风险，进而为选取避障操纵模式下的当前前进速度 u_d 和艏向角 ψ_d 提供参考。如果 DVS 按照路径跟踪制导式(6.12)和式(6.13)航行存在碰撞风险，则避障操纵模式启动，根据式(6.15)求解能够消除碰撞风险的最小 DVS 艏向角和速度变化量。

$$
\begin{cases}
l_{\text{safe}} = \arg\min\limits_{\Delta u_1} l(\psi_d(t-\Delta t_s) + \epsilon\Delta u_1, u_d(t-\Delta t_s) + \lambda\Delta u_1, t, \cdots), \\
\qquad t < t_{\min}, \Delta u_1 \geqslant 0 \\
l_{\text{safe}} \neq \arg\min\limits_{\Delta u_2} l(\psi_d(t-\Delta t_s) + \epsilon\Delta u_2, u_d(t-\Delta t_s) + \lambda\Delta u_2, t, \cdots), \\
\qquad t \geqslant t_{\min}, \Delta u_2 \geqslant 0
\end{cases} \tag{6.15}
$$

其中，$l(\cdot)$ 表示给定速度和艏向角下 DVS 和来船距离随着时间 t 的变化；Δt_s 是系统采样周期，$\psi_d(t-\Delta t_s)$ 和 $u_d(t-\Delta t_s)$ 分别为上一时间点的艏向角和前进速度值；Δu_1 和 Δu_2 分别表示前进速度的绝对变化量；ϵ 称为增益因数，在本节制导算法中的含义为：DVS 前进速度每变化 Δu，艏向角可变化 $\varepsilon\Delta u$，其根据船舶操纵性能确定；λ 的选取取决于不同的船舶会遇局面。对于 DVS“追越”会遇船舶和“左侧交叉相遇”，$\lambda = +1$；对于“对遇”和“右侧交叉相遇”，$\lambda = -1$。利用式(6.15)可以分别求出最小会遇距离和避障操纵的最小速度变化量 Δu_1 和 Δu_2。令 $\Delta u = \min\{\Delta u_1, \Delta u_2\}$，进一步定义避碰操纵前进速度 u_{do} 和艏向角 ψ_{do} 如式(6.16)所示，为保证 GVS 和 DVS 前进速度的匹配设置，令 $u_g = u_d$。

$$\begin{cases} u_{do} = u_d(t-\Delta t_s) + \lambda \Delta u \\ \psi_{do} = \psi_d(t-\Delta t_s) + \varepsilon \Delta u \end{cases} \tag{6.16}$$

为了避免产生冗余航程，促进 DVS 在避障操纵结束后及时回归到路径跟踪任务，定义路径跟踪回归前进速度 u_{dh} 和艏向角 ψ_{dh} 如式(6.17)，且需要预测该速度和艏向角下 DVS 的碰撞风险，求解最小会遇距离和最小距离时间点。

$$\begin{cases} u_{dh} = u_d(t-\Delta t_s) - \lambda \Delta u_{t_s} \\ \psi_{dh} = \psi_d(t-\Delta t_s) - \varepsilon \Delta u_{t_s} \end{cases} \tag{6.17}$$

式(6.17)中，Δu_{t_s} 表示每个采样周期船舶前进速度的可变化量。该算法中，默认式(6.17)较式(6.16)具有高的优先级。换而言之，避障操纵模式下，如果回归前进速度 u_{dh} 和艏向角 ψ_{dh} 不存在碰撞风险，则式(6.17)作为 DVS 的当前前进速度和艏向角，即 $u_d = u_{dh}$，$\psi_d = \psi_{dh}$。否则，DVS 当前前进速度和艏向角根据式(6.16)进行确定。为了保证不同命令速度和艏向角的光滑过渡，选取当前前进速度和艏向角为式(6.18)。

$$\begin{cases} u_d = u_d(t-\Delta t_s) + \min\left\{\left|u_{do} - u_d(t-\Delta t_s)\right|, \Delta u_{t_s}\right\} \cdot \operatorname{sgn}(u_{do} - u_d(t-\Delta t_s)) \\ \psi_d = \psi_d(t-\Delta t_s) + \min\left\{\left|\psi_{do} - \psi_d(t-\Delta t_s)\right|, \varepsilon \Delta u_{t_s}\right\} \cdot \operatorname{sgn}(\psi_{do} - \psi_d(t-\Delta t_s)) \end{cases} \tag{6.18}$$

由式(6.18)可知，在每一个采样时间点，DVS 当前前进速度和艏向角距上一时间点的变化幅度不会超过 Δu_{t_s} 和 $\varepsilon \Delta u_{t_s}$。在 DVS 的可探测领域内，如果按照路径跟踪模式，式(6.12)和式(6.13)不存在碰撞风险，则表明 DVS 此时已经完成避障操纵或者来船尚未对 DVS 构成碰撞风险，此时应回归到路径跟踪模式。同样考虑过渡过程的光滑性，选取当前前进速度和艏向角如式(6.19)所示。GVS 前进速度也恢复为路径跟踪模式，即 $u_g = u_{dp}$。

$$\begin{cases} u_d = u_d(t-\Delta t_s) + \min\left\{\left|u_{dp} - u_d(t-\Delta t_s)\right|, \Delta u_{t_s}\right\} \cdot \operatorname{sgn}(u_{dp} - u_d(t-\Delta t_s)) \\ \psi_d = \psi_d(t-\Delta t_s) + \min\left\{\left|\psi_{dp} - \psi_d(t-\Delta t_s)\right|, \varepsilon \Delta u_{t_s}\right\} \cdot \operatorname{sgn}(\psi_{dp} - \psi_d(t-\Delta t_s)) \end{cases} \tag{6.19}$$

本节所提出的制导算法结合了 DVS 制导算法的优势和碰撞风险预测机制，具有实现船舶路径跟踪和船舶避碰的能力。该算法的执行流程如图 6.4 所示。在会遇船舶未进入 DVS 可探测领域时，系统执行路径跟踪模式；在会遇船舶进入 DVS 可探测领域时，对碰撞风险进行预测。若路径跟踪模式存在碰撞风险，则系统执行避障操纵模式，选取能够消除碰撞风险的制导信息，并保证对路径跟踪任务的回归趋势；若不存在碰撞风险，则恢复到路径跟踪制导模式。

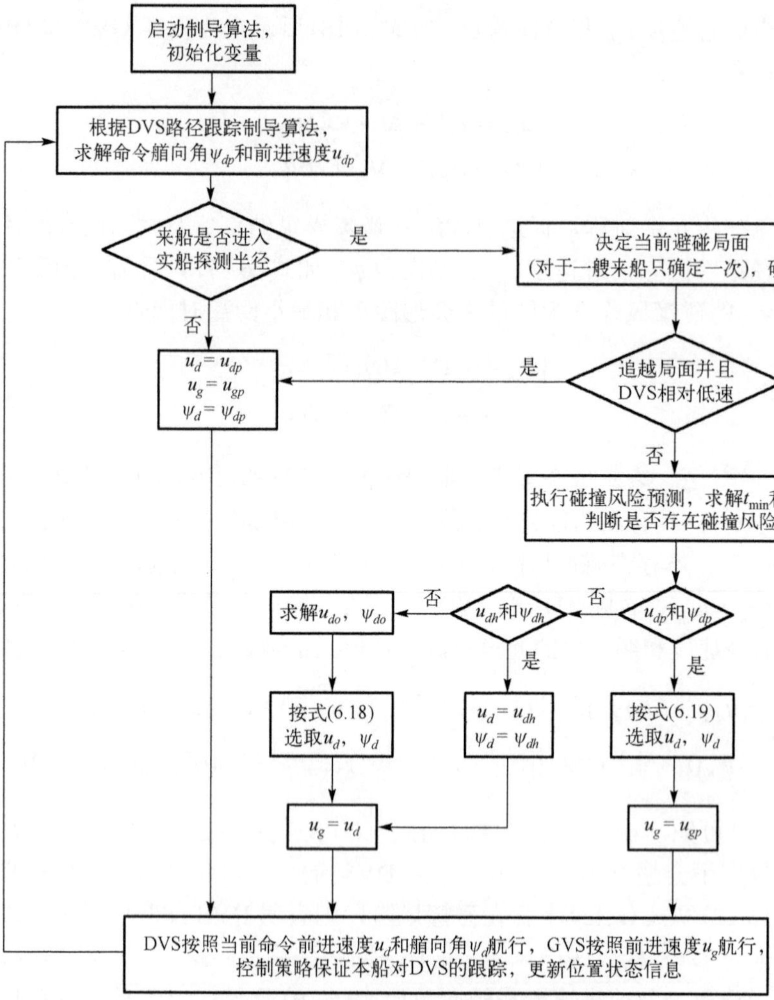

图 6.4　DVS 避障制导算法执行流程图

6.3　基于扩展状态观测器的鲁棒自适应控制

本节利用线性扩展状态观测器提出一种基于输出反馈控制架构的船舶路径跟踪鲁棒自适应控制算法，以保证实船对制导算法中 DVS 参考姿态的有效收敛。因此，笔者接下来将围绕观测器设计和控制器设计展开讨论。

6.3.1　观测器与控制器设计

为了便于进行观测器设计，笔者将对船舶运动数学模型式(6.4)和式(6.5)进行整合，表达为二阶微分方程形式，见式(6.20)，相关变量定义在 6.1.1 节中已进行讨论。

$$\ddot{\boldsymbol{\eta}} = \boldsymbol{J}(\boldsymbol{\eta})\boldsymbol{G}(\boldsymbol{v}) + \dot{\boldsymbol{J}}(\boldsymbol{\eta},\dot{\boldsymbol{\eta}})\boldsymbol{v} + \boldsymbol{J}(\boldsymbol{\eta})\boldsymbol{M}^{-1}\boldsymbol{\tau} \tag{6.20}$$

对比扩展状态观测器形式，定义变量 $\xi_1 = \boldsymbol{\eta},\ \xi_2 = \dot{\boldsymbol{\eta}},\ \xi_3 = \boldsymbol{J}(\boldsymbol{\eta})\boldsymbol{G}(\boldsymbol{v}) + \dot{\boldsymbol{J}}(\boldsymbol{\eta},\dot{\boldsymbol{\eta}})\boldsymbol{v}$，其中，$\xi_{i,j}$ 为向量 $\boldsymbol{\xi}_i$ 中的第 j 个元素，则与式(6.20)对应的扩展状态观测器可写为式(6.21)。

$$\begin{cases} \dot{\hat{\xi}}_1 = \hat{\xi}_2 + \dfrac{1}{\varepsilon}k_1(\xi_1 - \hat{\xi}_1) \\ \dot{\hat{\xi}}_2 = \hat{\xi}_3 + \boldsymbol{J}(\xi_1)\boldsymbol{M}^{-1}\boldsymbol{\tau} + \dfrac{1}{\varepsilon^2}k_2(\xi_1 - \hat{\xi}_1) \\ \dot{\hat{\xi}}_3 = \dfrac{1}{\varepsilon^3}k_3(\xi_1 - \hat{\xi}_1) \end{cases} \tag{6.21}$$

分析被控对象式(6.1)、式(6.2)易知假设 6.3 成立，且船舶在受控状态下相关状态变量及其一阶导数均为一致有界的。进一步，通过适当地调整设计参数 k_1,k_2,k_3 可获得 3×3 的赫尔维茨矩阵 $\boldsymbol{E}$ 和正定对称矩阵 $\boldsymbol{P}$，使 $\boldsymbol{PE} + \boldsymbol{E}^{\mathrm{T}}\boldsymbol{P} = -\boldsymbol{I}_3$ 成立。因此，通过适当配置船舶初始状态，一定存在参数 $K_j, j=1,2,3$ 使观测器式(6.21)能够有效估计船舶运动状态及相关干扰项，即满足式(6.22)，其中，$t_c = 6\lambda_{\max}(\boldsymbol{P})\varepsilon\ln\varepsilon^{-1}$。为了更为简洁的表达，定义 $K = \sqrt{K_1^2 + K_2^2 + K_3^2}$，式(6.22)可进一步转换为式(6.23)。

$$\left|\xi_{i,j} - \hat{\xi}_{i,j}\right| \leqslant K_j\varepsilon^{4-i}, \quad \forall t > t_c \tag{6.22}$$

$$\left\|\xi_i - \hat{\xi}_i\right\| \leqslant K\varepsilon^{4-i}, \quad i=1,2,3 \tag{6.23}$$

关于速度向量 $\boldsymbol{v}$，可利用式(6.4)进行转换获得其估计值，即 $\hat{\boldsymbol{v}} = \boldsymbol{J}^{-1}(\xi_1)\hat{\xi}_2$。根据式(6.9)可知，其估计误差满足式(6.24)。同理，模型不确定和外界环境干扰可利用扩展状态 $\hat{\xi}_3$ 进行在线估计，$\hat{\boldsymbol{G}}(\boldsymbol{v}) = \boldsymbol{J}^{-1}(\xi_1)\left[\hat{\xi}_3 - \dot{\boldsymbol{J}}(\xi_1,\hat{\xi}_2)\hat{\boldsymbol{v}}\right]$。考虑到速度向量 $\boldsymbol{v}$ 为一紧集中的变量，因此，函数 $B_v(\boldsymbol{v}) = \|\boldsymbol{v}\|$ 具有未知上界 $\overline{B}_v(\boldsymbol{v})$ 可用于收敛性分析。因此，干扰项逼近误差可描述为式(6.25)。

$$\|\boldsymbol{v} - \hat{\boldsymbol{v}}\| \leqslant \left\|\boldsymbol{J}^{-1}(\xi_1)\right\| \cdot \left\|\xi_2 - \hat{\xi}_2\right\| \leqslant \sqrt{3}K\varepsilon^2 \tag{6.24}$$

$$\begin{aligned} \left\|\boldsymbol{G} - \hat{\boldsymbol{G}}\right\| &\leqslant \left\|\boldsymbol{J}^{-1}(\xi_1)\right\| \cdot \left\|\xi_3 - \hat{\xi}_3 + \dot{\boldsymbol{J}}(\xi_1,\dot{\xi}_2)\hat{\boldsymbol{v}} - \dot{\boldsymbol{J}}(\xi_1,\xi_2)\boldsymbol{v}\right\| \\ &= \left\|\boldsymbol{J}^{-1}(\xi_1)\right\| \cdot \left\|\xi_3 - \hat{\xi}_3 + \dot{\boldsymbol{J}}(\xi_1,\hat{\xi}_2)\hat{\boldsymbol{v}} - \dot{\boldsymbol{J}}(\xi_1,\xi_2)\hat{\boldsymbol{v}} + \dot{\boldsymbol{J}}(\xi_1,\xi_2)\hat{\boldsymbol{v}} - \dot{\boldsymbol{J}}(\xi_1,\xi_2)\boldsymbol{v}\right\| \\ &\leqslant \sqrt{3}\left(K\varepsilon + \sqrt{2}K_3\varepsilon^2\|\hat{\boldsymbol{v}}\| + \sqrt{2}\sqrt{3}K\varepsilon^2\|\boldsymbol{v}\|\right) \\ &\leqslant \sqrt{3}K\varepsilon + \sqrt{6}K\varepsilon^2\overline{B}_v(\boldsymbol{v}) + 3\sqrt{2}K^2\varepsilon^4 + 3\sqrt{2}K\varepsilon^2\overline{B}_v(\boldsymbol{v}) \end{aligned} \tag{6.25}$$

式(6.25)中，$F(\varepsilon) = \sqrt{3}K\varepsilon + \sqrt{6}K\varepsilon^2\overline{B}_v(\boldsymbol{v}) + 3\sqrt{2}K^2\varepsilon^4 + 3\sqrt{2}K\varepsilon^2\overline{B}_v(\boldsymbol{v})$ 为一 κ_∞ 类函数。

接下来，笔者将详细讨论控制器设计过程。

步骤 1　基于 6.2 节中 DVS 避障制导算法，定义实船对制导算法中 DVS 跟踪误差变量如式(6.26)所示，其导数可表达为式(6.27)。

$$\begin{bmatrix} x_e \\ y_e \\ \psi_e \end{bmatrix} = \begin{bmatrix} \cos(\psi) & \sin(\psi) & 0 \\ -\sin(\psi) & \cos(\psi) & 0 \\ 0 & 0 & 1 \end{bmatrix} \begin{bmatrix} x_d - x \\ y_d - y \\ \psi_d - \psi \end{bmatrix} \tag{6.26}$$

$$\begin{cases} \dot{x}_e = -u + u_d \cos(\psi_e) + r y_e \\ \dot{y}_e = -v + u_d \sin(\psi_e) - r x_e \\ \psi_e = r_d - r \end{cases} \tag{6.27}$$

针对以上运动学误差系统，设计分别与状态变量 u, ψ_e, r 对应的虚拟控制律如式(6.28)所示。

$$\begin{cases} \alpha_u = k_x x_e + u_d \cos(\psi_e) \\ \alpha_{\psi_e} = \arctan\left(\dfrac{\hat{v} - k_y y_e}{u_d'}\right) \\ \alpha_r = -k_\psi \tilde{\psi}_e + r_d - \dot{\beta}_{\psi_e} \end{cases} \tag{6.28}$$

其中，$k_x > 0,\ k_y > 0,\ k_\psi > 0$ 是设计参数，u_d' 为航速命令的辅助参考，详细参见式(6.29)。为了避免对虚拟控制律进行微分计算直接求取，引入动态面技术，即如式(6.30)所示的低通滤波器，ς_i 为时间常数，滤波误差 $z_i = \alpha_i - \beta_i$。式(6.28)中，$\dot{\beta}_{\psi_e}$ 为一阶滤波器的输出，且 $\tilde{\psi}_e = \beta_{\psi_e} - \psi_e$。

$$u_d' = \begin{cases} \sqrt{u_d^2 - (\hat{v} - k_y y_e)^2}, & |u_d| > |\hat{v} - k_y y_e| \\ u_d, & |u_d| \leqslant |\hat{v} - k_y y_e| \end{cases} \tag{6.29}$$

$$\varsigma_i \dot{\beta}_i + \beta_i = \alpha_i, \quad i = u, \psi_e, r \tag{6.30}$$

将式(6.28)、式(6.30)代入误差动态系统式(6.27)，可推出式(6.31)。其中，$\Psi_d = \sin(\psi_e) - \sin(\alpha_{\psi_e}),\ u_e = \beta_u - u,\ r_e = \beta_r - r$。

$$\begin{cases} \dot{x}_e = -k_x x_e + z_u + u_e + r y_e \\ \dot{y}_e = -k_y y_e + (\hat{v} - v) - r x_e + u_d \Psi_d \\ \dot{\tilde{\psi}}_e = -k_\psi \tilde{\psi}_e - z_r - r_e \end{cases} \tag{6.31}$$

步骤 2　结合式(6.21)和式(6.25)，对误差变量 u_e, r_e 求导可得式(6.32)。式(6.33)给出了该设计最终的实际控制律，$k_u > 0,\ k_r > 0$ 为设计参数。需要强调的是，本节所提出的控制律基于扩展状态观测器实现算法对被控对象速度变量、模型不确定和外界环境干扰的在线估计，其中，模型不确定和外界环境干扰将作为一类未知项进行讨论，且在实际应用中已取得良好的逼近性能。

$$\begin{cases} \dot{u}_e = \dot{\beta}_u - G_1 - \dfrac{\tau_u}{m_u} \\ \dot{r}_e = \dot{\beta}_r - G_3 - \dfrac{\tau_r}{m_r} \end{cases} \tag{6.32}$$

$$\begin{cases} \tau_u = m_u(\dot{\beta}_u + k_u(\beta_u - \hat{u}) + x_e - \hat{G}_1) \\ \tau_r = m_r(\dot{\beta}_r + k_r(\beta_r - \hat{r}) - \tilde{\psi}_e - \hat{G}_3) \end{cases} \tag{6.33}$$

将式(6.33)代入动力学误差动态系统式(6.32)，可推出式(6.34)用于稳定性分析。

$$\begin{cases} \dot{u}_e = -k_u u_e - k_u(u - \hat{u}) - x_e + \hat{G}_1 - G_1 \\ \dot{r}_e = -k_r r_e - k_r(r - \hat{r}) + \tilde{\psi}_e + \hat{G}_3 - G_3 \end{cases} \tag{6.34}$$

6.3.2　稳定性分析

根据上述设计过程，本章提出的基于扩展状态观测器的船舶路径跟踪鲁棒自适应控制策略可以总结为定理 6.1。

定理 6.1　针对欠驱动水面船舶，系统模型如式(6.1)和式(6.2)所示，假设 6.1～假设 6.3 成立，利用本章所提出的鲁棒自适应控制律式(6.28)、式(6.33)和扩展状态观测器式(6.21)构建闭环控制系统。船舶初始状态满足 $x_e^2(0)+y_e^2(0)+\psi_e^2(0)+u_e^2(0)+v_e^2(0)+r_e^2(0)\leqslant\Delta,\ \Delta>0$ 为一常数。通过适当调节设计参数 $\varepsilon,k_1,k_2,k_3,k_x,k_y,k_\psi,k_u,k_r,\varsigma_{\psi_e},\varsigma_u,\varsigma_r$，能够保证整个闭环系统中所有误差变量满足半全局一致最终有界稳定(SGUUB)。

证明　基于 6.3.1 节中给出的设计过程，定义式(6.35)所示的 Lyapunov 函数：

$$V_1 = \frac{1}{2}x_e^2 + \frac{1}{2}y_e^2 + \frac{1}{2}\tilde{\psi}_e^2 + \frac{1}{2}u_e^2 + \frac{1}{2}r_e^2 \tag{6.35}$$

结合运动学误差系统式(6.31)和动力学误差系统式(6.34)，对式(6.35)求导可得式(6.36)。

$$\begin{aligned} \dot{V}_1 &= \dot{x}_e x_e + \dot{y}_e y_e + \dot{\tilde{\psi}}_e \tilde{\psi}_e + \dot{u}_e u_e + \dot{r}_e r_e \\ &\leqslant -k_x x_e^2 + z_u x_e + u_e x_e + r y_e x_e - k_y y_e^2 + |\hat{v} - v| y_e - r x_e y_e + u_d \Psi_d y_e \\ &\quad - k_\psi \tilde{\psi}_e^2 - z_r \tilde{\psi}_e - r_e \tilde{\psi}_e - k_u u_e^2 - u_e x_e + |k_u(u - \hat{u})u_e| + |(\hat{G}_1 - G_1)u_e| \\ &\quad - k_r r_e^2 + |k_r(r - \hat{r})r_e| + r_e \tilde{\psi}_e + |(\hat{G}_3 - G_3)r_e| \end{aligned}$$

$$
\begin{aligned}
&\leqslant -\left(k_x-\frac{1}{2}\right)x_e^2-\left(k_y-\frac{u_d^2}{4}\right)y_e^2-\left(k_\psi-\frac{1}{2}\right)\tilde{\psi}_e^2-k_u u_e^2-k_r r_e^2+\frac{1}{2}z_u^2\\
&\quad+\frac{1}{2}z_r^2+\left|\sqrt{3}K\varepsilon^2 y_e\right|+\left|F(\varepsilon)u_e\right|+\left|F(\varepsilon)r_e\right|+\left|k_u\sqrt{3}K\varepsilon^2 u_e\right|+\left|k_r\sqrt{3}K\varepsilon^2 r_e\right|+\Psi_d^2\\
&\leqslant -\left(k_x-\frac{1}{2}\right)x_e^2-\left(k_y-\frac{1}{2}-\frac{u_d^2}{4}\right)y_e^2-\left(k_\psi-\frac{1}{2}\right)\tilde{\psi}_e^2-\left(k_u-\frac{1}{2}k_u^2-\delta\right)u_e^2\\
&\quad-\left(k_r-\frac{1}{2}k_r^2-\delta\right)r_e^2+\frac{1}{2}z_u^2+\frac{1}{2}z_r^2+\frac{9}{2}K^2\varepsilon^4+\frac{F(\varepsilon)}{2\delta}+\Psi_d^2
\end{aligned} \tag{6.36}
$$

进一步，笔者考虑所引入的一阶滤波器稳定性分析，构造式(6.37)所示的 Lyapunov 函数V_2，并对其求导可推出式(6.38)。

$$
V_2=\frac{1}{2}z_{\psi_e}^2+\frac{1}{2}z_u^2+\frac{1}{2}z_r^2 \tag{6.37}
$$

$$
\begin{aligned}
\dot{V}_2&=\dot{z}_{\psi_e}z_{\psi_e}+\dot{z}_u z_u+\dot{z}_r z_r\\
&=-\frac{1}{\varsigma_{\psi_e}}z_{\psi_e}^2-\frac{1}{\varsigma_u}z_u^2-\frac{1}{\varsigma_r}z_r^2+\dot{\alpha}_{\psi_e}z_{\psi_e}+\dot{\alpha}_u z_u+\dot{\alpha}_r z_r\\
&\leqslant -\frac{1}{\varsigma_{\psi_e}}z_{\psi_e}^2-\frac{1}{\varsigma_u}z_u^2-\frac{1}{\varsigma_r}z_r^2+\left|\bar{B}_{\psi_e}(y,y_d,v,u_d)z_{\psi_e}\right|+\left|\bar{B}_u(x,x_d,u_d,\psi,\psi_d)z_u\right|\\
&\quad+\left|\bar{B}_r(\psi,\psi_d,r_d)z_r\right|\\
&\leqslant -\left(\frac{1}{\xi_{\psi_e}}-\frac{\bar{B}_u^2(\cdot)}{2b}\right)z_{\psi_e}^2-\left(\frac{1}{\xi_u}-\frac{\bar{B}_u^2(\cdot)}{2b}\right)z_u^2-\left(\frac{1}{\xi_r}-\frac{\bar{B}_r^2(\cdot)}{2b}\right)z_r^2+\frac{3}{2}b
\end{aligned} \tag{6.38}
$$

注意，式(6.30)中，$\dot{\alpha}_i=B_i(\cdot),i=\psi_e,u,r$ 为定义在紧集Ω内的连续函数。这也正是本算法具有半全局稳定性能的根源。因此，一定存在未知上界常量$\bar{B}_i(\cdot)$，满足$\left|B_i(\cdot)\right|\leqslant \bar{B}_i(\cdot)$。$b$为小的正常数，仅用于稳定性分析。

针对整个闭环控制系统，选取$V=V_1+V_2$。结合式(6.36)和式(6.38)，整理可得到式(6.39)。通过适当调整设计参数使其满足$k_x>1/2$，$k_y>1/2+u_d^2/4$，$k_\psi>1/2$，$2k_u-k_u^2>2\delta$，$2k_r-k_r^2>2\delta$，$0<\varsigma_u<(\bar{B}_u^2(\cdot)/2b-1/2)^{-1}$，$0<\varsigma_r<(\bar{B}_r^2(\cdot)/2b-1/2)^{-1}$，$0<\varsigma_{\psi_e}<2b/\bar{B}_{\psi_e}^2(\cdot)$，式(6.39)可最终表达为式(6.40)。

$$
\begin{aligned}
\dot{V}=\dot{V}_1+\dot{V}_2&\leqslant -\left(k_x-\frac{1}{2}\right)x_e^2-\left(k_y-\frac{1}{2}-\frac{u_d^2}{4}\right)y_e^2-\left(k_\psi-\frac{1}{2}\right)\tilde{\psi}_e^2\\
&\quad-\left(k_u-\frac{k_u^2}{2}-\delta\right)u_e^2-\left(k_r-\frac{k_r^2}{2}-\delta\right)r_e^2-\left(\frac{1}{\varsigma_u}-\frac{\bar{B}_u^2(\cdot)}{2b}-\frac{1}{2}\right)z_u^2\\
&\quad-\left(\frac{1}{\varsigma_r}-\frac{\bar{B}_r^2(\cdot)}{2b}-\frac{1}{2}\right)z_r^2-\left(\frac{1}{\varsigma_{\psi_e}}-\frac{\bar{B}_{\psi_e}^2(\cdot)}{2b}\right)z_{\psi_e}^2+\frac{3b}{2}+\frac{9}{2}K^2\varepsilon^4+\frac{F(\varepsilon)}{2\delta}+\Psi_d^2
\end{aligned} \tag{6.39}
$$

$$\dot{V} \leqslant -\gamma V + \rho \tag{6.40}$$

其中，$\gamma = \min\{k_x - 1/2, k_y - 1/2 - u_d^2/4, k_\psi - 1/2, k_u - k_u^2/2 - \delta, k_r - k_r^2/2 - \delta, 1/\varsigma_u - \bar{B}_u^2(\cdot)/2b - 1/2, 1/\varsigma_r - \bar{B}_r^2(\cdot)/2b - 1/2, 1/\varsigma_{\psi_e} - \bar{B}_{\psi_e}^2(\cdot)/2b\}$，$\rho = 3b/2 + 9K^2\varepsilon^4/2 + F(\varepsilon)/2\delta + \varPsi_d^2$。对式(6.40)两边同时积分可以得到$V(t) \leqslant (V(0) - (\rho/\gamma))\exp(-\gamma t) + (\varrho/\gamma)$。通过适当地调整控制器参数，可保证边界变量$\rho$足够小。根据 Lyapunov 稳定性理论可知，函数$V(t)$是有界的，满足$\lim\limits_{t\to\infty} V(t) = \varrho/\gamma$。进而易知，闭环控制系统中状态误差变量$x_e, y_e, \tilde{\psi}_e, u_e, r_e, z_{\psi_e}, z_u, z_r$随时间$t\to\infty$收敛到吸引域$\varOmega := \{(x_e, y_e, \tilde{\psi}_e, u_e, r_e, z_{\psi_e}, z_u, z_r) | x_e^2 + y_e^2 + \tilde{\psi}_e^2 + u_e^2 + r_e^2 + z_{\psi_e}^2 + z_u^2 + z_r^2 \leqslant C_0\}$中。由于相关变量之间的关联性，进而易知控制律以及船舶所有状态变量均是一致渐近最终有界的。证毕。

6.4　仿真研究

本节给出两个仿真实例，即制导算法的对比实验和模拟海洋环境下的船舶智能航行实验。被控对象为大连海事大学科研实习船（$L = 38\text{m}$，$m = 118\times10^3\text{kg}$，$\nabla = 5710.2\text{m}^3$）[120]。笔者首先给出本章所提出制导算法与文献[51]中结果的对比实验，然后给出了模拟海洋环境条件下利用本章所提出的智能航行制导与鲁棒控制策略构建闭环控制系统的实验结果，海洋环境干扰为基于 PM 波谱的 5 级海况。

6.4.1　对比实验

该实验将本章所提出的具有碰撞风险预测机制的 DVS 避障制导算法与文献[51]中结果进行对比，以验证所提出算法在避障效率、节省航程等方面的性能优势。为此，笔者设计了船舶互见交叉相遇场景作为实验背景，本船计划航线由航路点$W_1(200\text{m}, 200\text{m})$, $W_2(200\text{m}, 2500\text{m})$确定，本船与目标船初始状态分别设置为$[x(0), y(0), \psi(0), u(0), v(0), r(0)]_{本船} = [0\text{m}, 50\text{m}, 90°, 6.3\text{m/s}, 0\text{m/s}, 0°/\text{s}]$，$[x(0), y(0), u(0), \psi(0), v(0), r(0)]_{目标船} = [1200\text{m}, -500\text{m}, 90°, 4\text{m/s}, 0\text{m/s}, 0°/\text{s}]$，其中，目标船的避障操纵轨迹由式(6.41)所示的驼峰函数描述。关于制导算法参数设置，选取船载设备可探测距离$R_{\text{test}} = 8L$，安全半径$L_{\text{safe}} = 4L$；对比算法参数设置参见文献[51]。

$$x = 1200 - 200\exp\left(-\frac{(y-200)^2}{80000}\right) \tag{6.41}$$

图 6.5 给出了交叉相遇场景下使用两种制导算法船舶操纵运动轨迹对比。为了便于分析，图中标记有不同时间点以评价算法的有效性，即$t_{(1)} = 100\text{s}$，$t_{(2)} = 150\text{s}$，$t_{(3)} = 200\text{s}$，$t_{(4)} = 250$，$t_{(5)} = 300\text{s}$。此外，经统计，利用本章算法船舶避障操纵产生航程2694.9m，而利用文献[51]中算法产生航程2907.7m。显然，对比文献[51]中的结果，DVS 避障制导在节省航程方面具有明显优势。图 6.6 给出了两种算法产生避

障制导速度命令的对比结果。需要注意，文献[51]中算法进行避障操纵要求船舶前进速度较大，且整个过程速度命令变化较大。对比而言，DVS 避障制导算法更符合船舶工程实际需求。

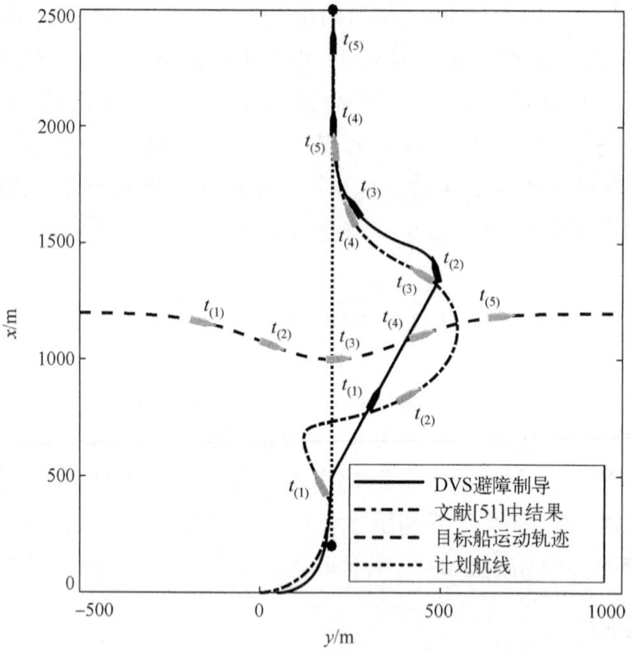

图 6.5 避障制导轨迹对比：DVS 避障制导与文献[51]中结果

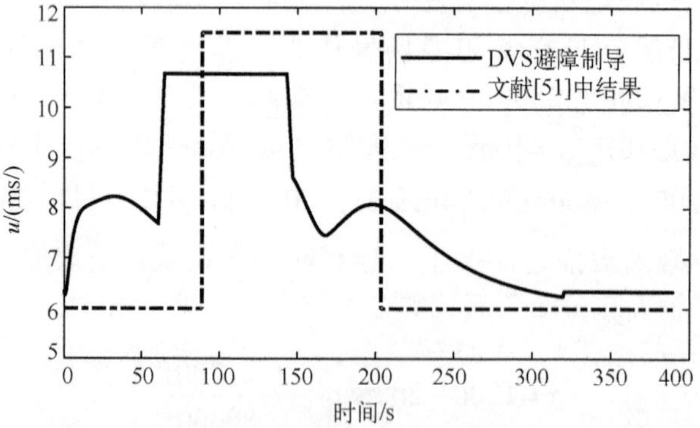

图 6.6 避障制导速度命令对比：DVS 避障制导与文献[51]中结果

6.4.2 海洋环境干扰下的实验结果

为了开展模拟海洋环境干扰下的船舶智能航行实验，笔者利用机理模型实现风、不规则波浪干扰力的模拟仿真，详细建模过程参见 2.3 节中的内容。实验过程中，海况设为一般海况(6 级)，风速 $U_{\text{wind}}=15.7\text{m/s}$，风向 $\psi_{\text{wind}}=80°$；海浪由传统 PM 谱产生；流速 $V_{\text{c}}=0.5\text{m/s}$，流向 $\psi_{\text{c}}=180°$。图 6.7 给出了模拟海况下风场、波面模拟结果。

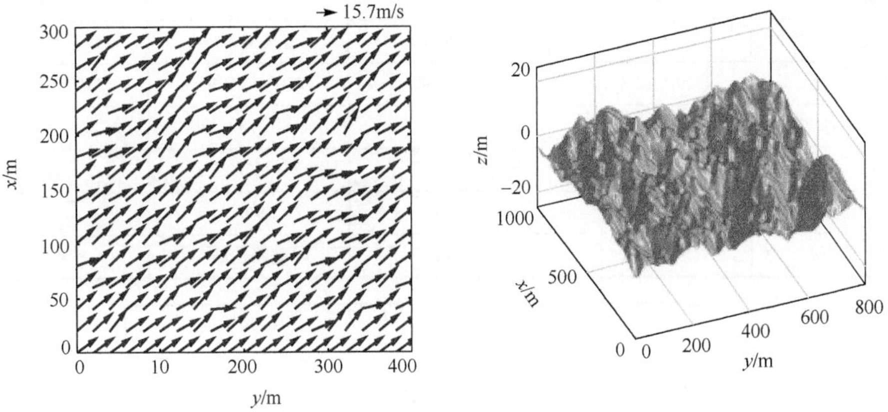

图 6.7　6 级海况下实验风场、波面模拟结果

该实验的开展考虑了航海装备实际工程需求情况。计划航线通过设计航路点确定，即 $W_1(50\text{m},50\text{m})$，$W_2(250\text{m},2000\text{m})$，$W_3(1700\text{m},2580\text{m})$，$W_4(3200\text{m},2000\text{m})$，$W_5(3500\text{m},400\text{m})$。本船初始状态设置为 $[x(0),y(0),\psi(0),u(0),v(0),r(0)]=[0\text{m},0\text{m},30°,4.09\text{m/s},0\text{m/s},0°/\text{s}]$。对于扩展状态观测器式(6.21)，设置初始状态 $\hat{\xi}_i=[0,0,0]^{\text{T}}$，$i=1,2,3$，式(6.42)为本章所提出制导与控制算法的参数设置情况。为了验证本章所提出算法的避障性能，笔者在计划航线上设置 4 类船船会遇局面，表 6.1 给出了目标船航行态势设置情况。

$$
\begin{aligned}
&u_{gp}=6\text{m/s},\ l_{db\text{set}}=200\text{m},\ k_d=0.05,\ R_{\text{test}}=8L,\ l_{\text{safe}}=4L,\ \epsilon=2.5\\
&k_1=5,\ k_2=5,\ k_3=5,\ \varepsilon=0.1,\ k_x=1,\ k_y=1,\ k_\psi=2,\ k_u=1,\ k_r=1\\
&\varsigma_{\psi_e}=0.1,\ \varsigma_u=0.1,\ \varsigma_r=0.1
\end{aligned}
\tag{6.42}
$$

图 6.8～图 6.11 给出了海洋环境干扰下本章制导与控制算法实验结果。图 6.8 中标记了本船针对所设置会遇场景进行避障操纵的时间点，即 $t_{(1)}=130\text{s}$，$t_{(2)}=200\text{s}$，$t_{(3)}=460\text{s}$，$t_{(4)}=520\text{s}$，$t_{(5)}=730\text{s}$，$t_{(6)}=770\text{s}$，$t_{(7)}=940\text{s}$，$t_{(8)}=1020\text{s}$。需要注意，对于左侧交叉相遇场景，由于目标船错误采取避让行动，本船所采取的避障操纵未严格按照 COLREGS 建议执行。从避碰结果分析，这一结果也验证了本章所提出算法的有效性。图 6.9 和图 6.10 给出了本算法中扩展状态观测器对船舶速度变量、模型不确定部分的在线观测情况。图 6.11 为该实例中控制输入 τ_u,τ_r 的时间变化曲线。实验结果显示，利用本章系统设计方法控制输入在合理范围内，验证了本章提出的系统设计方法在模拟海洋环境条件下具有良好的性能。

表 6.1　目标船航行状态设置

会遇局面 航行状态	对遇	右侧交叉相遇	左侧交叉相遇	追越
前进速度/(m/s)	6	5	4	2.5
初始位置	(100m,1800m)	(900m,2600m)	(2500m,1900m)	(3340m,1460m)
初始航向/(°)	270	270	90	280
初始时间/s	40	400	670	900
终止时间/s	290	600	920	1100
轨迹描述	驼峰曲线	直线	驼峰曲线	直线

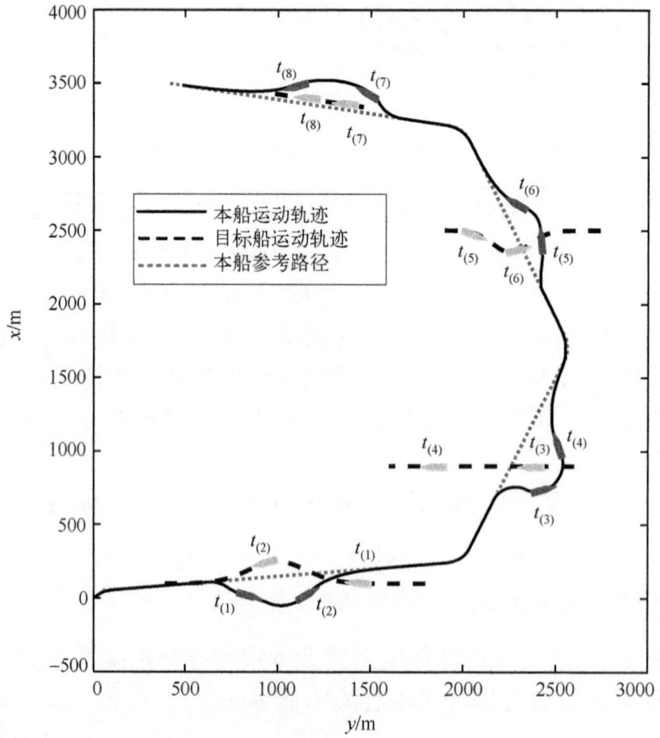

图 6.8　海洋环境干扰下船舶 x-y 平面运动轨迹

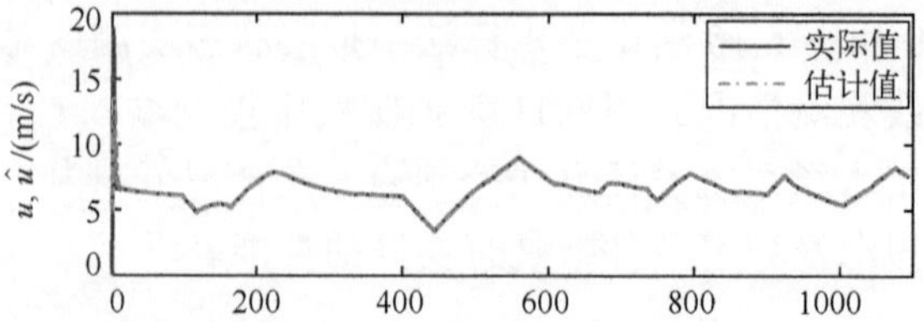

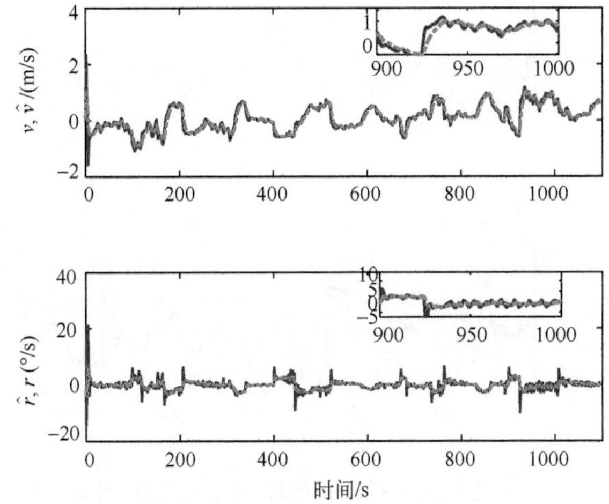

图 6.9　船舶速度变量 u,v,r 在线观测结果

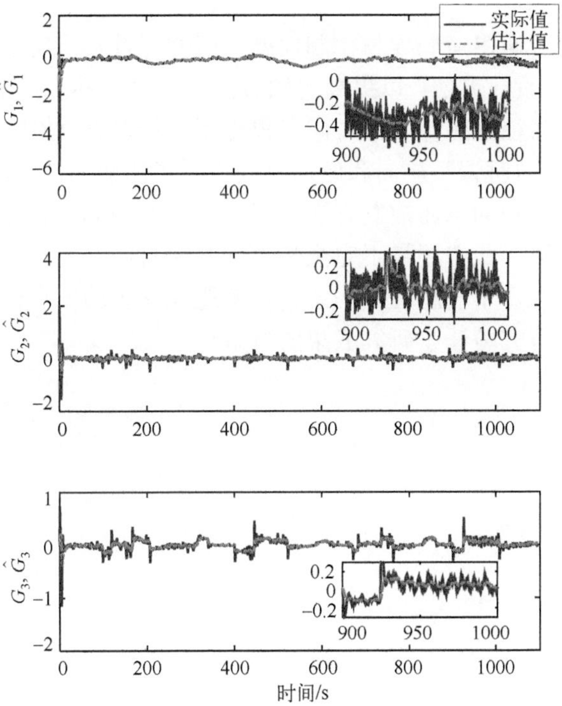

图 6.10　系统中不确定部分 G_1,G_2,G_3 在线观测情况

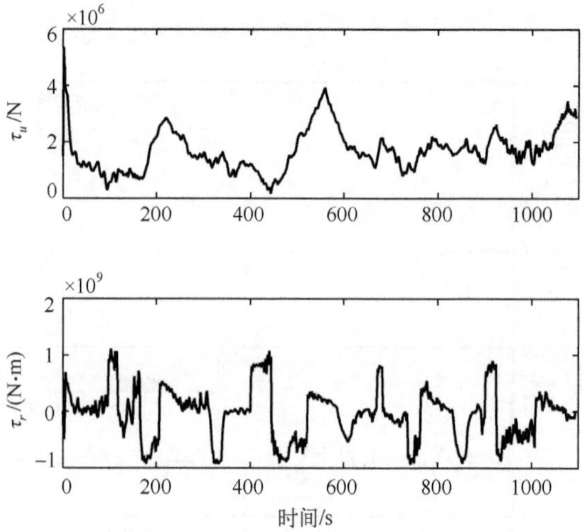

图 6.11 海洋环境干扰下控制输入 τ_u,τ_r 的时间变化曲线

6.5 本章小结

本章围绕船舶会遇避障制导与控制问题，研究一种具有碰撞风险预测机制的船舶制导-控制一体化设计方法，以提高船舶智能航行自治性。制导模块，综合了对船舶碰撞风险和船舶路径跟踪任务的考虑，提出了一种符合 COLREGS 要求的 DVS 避障制导算法，通过同时调整航向和航速有效提高了船舶实施避障操纵的安全裕量。利用扩展状态观测器和动态面控制方法，提出了符合控制工程需求的路径跟踪输出反馈控制算法，实现了状态测量不完全条件下本船对制导系统中 DVS 的有效跟踪。该研究一定程度上保障了船舶会遇场景下自动避障操纵的安全性，具有高效、节省航程的优点。仿真研究验证了研究成果的有效性。

第 7 章　多静止目标环境下船舶智能制导与鲁棒控制

大型船舶在拥挤水道或大洋航行不可避免会存在船礁会遇问题，本章将其凝练为多静止目标环境下的船舶智能制导和控制问题。早期研究中，Wilson 等[48]首先将船舶避障操纵引入到制导算法设计中，提出了一种旨在躲避目标而不是捕获目标的 LOS 算法。该方法设计中没有充分考虑船舶操纵规则和海员习惯做法等因素，但不失为提高智能船舶自治水平的道路上迈出了新的一步。目前，关于水面船舶避障制导研究仍然缺乏(船舶避障制导研究并不完全等同于船舶避碰决策研究)，且要求避障操纵符合国际海上避碰规则的相关规定，增大了该类问题的复杂度[50,160]。

本章围绕本书研究主题“船舶智能航行制导与控制”，旨在开展具有多静止目标避障机制的路径跟踪控制策略研究，提出了一种基于制导-控制一体化设计框架的路径跟踪控制系统设计方案，对提高船舶智能航行自治性具有重要的现实意义。

7.1　问 题 描 述

为了开展路径跟踪控制器设计工作，笔者在 2.2 节给出的矢量型船舶运动数学模型基础上，通过变形转换，给出本章的研究对象如式(7.1)和式(7.2)所示。

$$\begin{cases}\dot{x}=u\cos(\psi)-v\sin(\psi)\\ \dot{y}=u\sin(\psi)+v\cos(\psi)\\ \dot{\psi}=r\end{cases}\tag{7.1}$$

$$\begin{cases}\dot{u}=f_u(\boldsymbol{v})+\dfrac{1}{m_u}\tau_u+d_{wu}\\ \dot{v}=f_v(\boldsymbol{v})+d_{wv}\\ \dot{r}=f_r(\boldsymbol{v})+\dfrac{1}{m_r}\tau_r+d_{wr}\end{cases}\tag{7.2}$$

其中，非线性函数 $f_u(\boldsymbol{v}),f_v(\boldsymbol{v}),f_r(\boldsymbol{v})$ 用于描述高阶流体动力影响，表达为

$$\begin{aligned}f_u(\boldsymbol{v})&=\frac{m_v}{m_u}vr-\frac{d_{u1}}{m_u}u-\frac{d_{u2}}{m_u}|u|u-\frac{d_{u3}}{m_u}u^3\\ f_v(\boldsymbol{v})&=-\frac{m_u}{m_v}ur-\frac{d_{v1}}{m_v}v-\frac{d_{v2}}{m_v}|v|v-\frac{d_{v3}}{m_v}v^3\\ f_r(\boldsymbol{v})&=\frac{(m_u-m_v)}{m_r}uv-\frac{d_{r1}}{m_r}r-\frac{d_{r2}}{m_v}|r|r-\frac{d_{r3}}{m_r}r^3\end{aligned}\tag{7.3}$$

式(7.1)和式(7.2)中，$\boldsymbol{\eta}=[x,y,\psi]^{\mathrm{T}}\in\mathbb{R}^3$ 为船舶姿态向量，包括船舶位置坐标、艏向角，$\boldsymbol{v}=[u,v,r]^{\mathrm{T}}\in\mathbb{R}^3$ 为船舶速度向量，分别为前进速度、横漂速度和艏摇角速度；$[\tau_u,\ \tau_r]$ 为可控输入，即推进力和转船力矩；$[d_{wu},d_{wv},d_{wr}]$ 不可测量，用于表示外界海洋环境干扰作用于船舶的干扰力和力矩(包括风、海浪、海流)，可通过 2.2 节中 $\boldsymbol{\tau}_w$ 转换求取。$m_u,m_v,m_r,d_{u1},d_{v1},d_{r1},d_{u2},d_{v2},d_{r2},d_{u3},d_{v3},d_{r3}$ 为未知模型参数，用于描述作用于船体的惯性类、黏性类流体动力/力矩变量。对比式(2.32)，$m_u=m-X_{\dot{u}}$，$m_v=m-Y_{\dot{v}}$，$m_r=I_z-N_{\dot{r}}$。

为了完成控制系统设计，需引入以下假设和引理。

假设 7.1 对于外界海洋环境作用于船体的干扰力/力矩 d_{wu}，d_{wv}，d_{wr}，一定存在未知常量 $\bar{d}_{wu}>0,\ \bar{d}_{wv}>0,\ \bar{d}_{wr}>0$，满足 $d_{wu}\leqslant\bar{d}_{wu}$，$d_{wv}\leqslant\bar{d}_{wv}$，$d_{wr}\leqslant\bar{d}_{wr}$。$\bar{d}_{wu}$，$\bar{d}_{wv}$，$\bar{d}_{wr}$ 为未知常量，仅用于稳定性分析。

假设 7.2[85,155] 被控船舶式(7.1)和式(7.2)中，横荡运动具有耗散有界稳定性。

假设 7.3 海上船舶配备有激光雷达、视觉传感器等，用于测量一定范围 R_{test} 内静止障碍目标的位置坐标和方位角，即障碍物距船舶距离 $\leqslant R_{\text{test}}$ 时，障碍目标的位置坐标和方位角可测。

引理 7.1[69] 考虑系统 $\dot{\boldsymbol{x}}=\boldsymbol{f}(\boldsymbol{x}),\ \boldsymbol{f}(\boldsymbol{0})=\boldsymbol{0}$，其中，$\boldsymbol{x}\in\mathbb{R}^n$ 是状态向量，$\boldsymbol{f}:\mathbb{U}\to\mathbb{R}^n$ 为定义在开集 $\mathbb{U}\subset\mathbb{R}^n$ 上的连续非线性函数，且 $\boldsymbol{x}=\boldsymbol{0}\in\mathbb{U}$。如果存在正定连续函数 $V(\boldsymbol{x}):\mathbb{U}\to\mathbb{R}$，满足 $\dot{V}(\boldsymbol{x})+c_1V^p(\boldsymbol{x})\leqslant\varrho$ (其中，$c_1>0,\ p\in(0,1)$ 和 ϱ 为一小量)，则该系统具有有限时间一致有界稳定性(finite-time uniformly bounded，FTUB)。此外，系统稳定时间 T 满足式(7.4)所示的约束关系，$0<c_2<c_1$，即 $V(x)$ 可在有限时间 T 内收敛到平衡点附近的有界邻域内。

进一步，若 $\mathbb{U}=\mathbb{R}^n$，则该系统稳定性称为全局有限时间一致有界(globally finite-time uniformly bounded，GFTUB)。

$$T\leqslant\frac{1}{c_1-c_2}\left[\frac{1}{1-p}V^{1-p}(\boldsymbol{x}(0))-\frac{1}{1-p}\left(\frac{\varrho}{c_2}\right)^{\frac{1-p}{p}}\right]\tag{7.4}$$

已有研究中，多数结果关注系统渐近稳定性，即 $\dot{V}(\boldsymbol{x})+c_1V(\boldsymbol{x})\leqslant0$ 成立。事实上，海上船舶受到风、海浪、海流的影响，系统误差动态镇定至 0 难以实现。为此，笔者引入引理 7.2 便于开展考虑控制工程需求的设计工作，类似的引理可参见文献[161]。

引理 7.2[69] 考虑 $x\in\mathbb{R}$，$0<p=p_1/p_2<1,\ q\in(0,1)$，其中，$p_1$ 和 p_2 是正奇数，则有不等式(7.5)成立，其中，a 为常量。

$$-x(x+a)^p\leqslant-\frac{1-q}{1+p}x^{1+p}+\frac{\ell}{1+p}$$

$$\ell = a^{1+p} + \left[\frac{a}{1-(1-q)^{\frac{1}{1+p}}}\right]^{1+p} + \left[\frac{a(1-q)^{\frac{1}{1+p}}}{1-(1-q)^{\frac{1}{1+p}}}\right]^{1+p} \tag{7.5}$$

本章的主要任务是：在存在多个静态(或缓慢的时变)障碍目标的情况下，实现海上船舶按照航海实践中基于航路点的计划航线自动航行。该任务具有双重性：①提出一种改进型 DVS 避障制导算法，实现对基于航路点计划航线的动态规划，同时考虑多静止障碍目标影响提供有效制导机制；②提出一种考虑控制工程需求的鲁棒自适应控制策略，保证有限时间内船舶对参考姿态的有效跟踪。

7.2　多静止目标环境下的 DVS 避障制导

在航海实践领域，基于航路点的计划航线可以考虑已知静态障碍目标因素进行设计。对于这类情况，全局离线路径规划方法是一种有效的无障碍路径规划方法[160]。然而，对于现实航行水域中障碍目标信息未知或部分已知的情况，路径规划算法需能够实时探测障碍目标情况，并为船舶避障操纵提供实时在线制导，即实时避障制导[8]。为此，本节提出一种面向多静止目标环境的 DVS 避障制导策略，解决海上船舶以基于航路点计划航线为参考的路径跟踪和动态避障任务。如图 4.2 给出的 DVS 制导框架中，计划航线由航路点 $W_1, W_2, \cdots, W_n$，$W_i = (x_i, y_i)$ 确定，作为海上船舶智能航行参考。所提出的制导算法主要任务在于实时规划针对船舶控制系统的姿态/速度参考，建立船舶与基于航路点的计划航线之间的有效关联。

本节所给出的 DVS 避障制导算法包括导引虚拟小船(GVS)和动态虚拟小船(DVS)两部分，其数学模型如式(7.6)所示，相关变量具有与船舶运动数学模型式(7.1)和式(7.2)类似的物理含义。GVS 的主要任务在于利用航路点信息演绎出光滑的参考路径和与之对应的命令信号 u_g, r_g 和时间序列命令 t_g 。首先，将制导参考路径规划为 3 段：$W_{i-1} \to P_{\text{in}W_i} \to \text{arc}_{W_i} \to P_{\text{out}W_i} \to W_{i+1}$，$u_g$ 是一个由预计到达时间决定的速度命令，而 r_g 是随时间变化的命令信号。在直线段航线 $W_{i-1}P_{\text{in}W_i}$ 和 $P_{\text{out}W_i}W_{i+1}$，$r_g = 0$，$t_g = \text{distance} / u_g$（distance 代表直线段航线的长度）。笔者将转向点部分的过渡光滑曲线 $P_{\text{in}W_i}P_{\text{out}W_i}$ 作为圆弧考虑，则 r_g 为一个非零常量，能够通过定义转向半径进行计算。首先，利用式(7.7)可以求取每一段直线航线的方位角 $\phi_{i-1,i}$ 和 $\phi_{i,i+1}$，转向偏差 $\Delta\phi_i = \phi_{i,i+1} - \phi_{i-1,i}$ 且通过坐标转换使 $\Delta\phi_i \in (0, \pi/2]$。当 $|\Delta\phi_i| > \pi/2$ 时，$\Delta\phi_i = \operatorname{sgn}(\Delta\phi_i)\cdot\pi/2$ 。转向半径 R_i 通过内插求取，$R_i \in [R_{\min}, R_{\max}]$。对于 $|\Delta\phi_i| > \pi/2$ 的情况，$R_i = R_{\min}$ 。因此，在光滑曲线段航线，$r_g = u_g / R_i$，$t_g = \Delta\phi_i / r_g$ 。利用上述算法对所有航路点信息进行计算，获得产生完整参考路径的导引虚拟小船命令信号 $u_g =$ 常数，$r_{gLi}, t_{gLi}, i = 1, 2, \cdots, n-1$ 和 $r_{gCi}, t_{gCi}, i = 2, 3, \cdots, n-1$。

$$\begin{cases} \dot{x}_i = u_i \cos(\psi_i) \\ \dot{y}_i = u_i \sin(\psi_i) \ , \quad i = g, d \\ \dot{\psi}_i = r_i \end{cases} \tag{7.6}$$

$$\phi_{i-1,i} = \arctan\left(\frac{y_i - y_{i-1}}{x_i - x_{i-1}}\right) \tag{7.7}$$

对于 DVS，l_{dg}, l_{db} 分别表示 DVS 与 GVS、实际船舶之间的距离，$x_{dg} = x_g - x_d$，$y_{dg} = y_g - y_d$。在完全理想的情况下(不考虑实际船舶的动态约束)，DVS 的艏向角可利用式(7.8)进行计算，$\psi_d = \psi_{dp}$，则式(7.9)显而易见。为了进一步获得船舶航速命令，笔者引入 Lyapunov 函数 $V_d = 0.5 l_{dg}^2$，可设计航速命令 $u_d = u_d^{\star} = u_{dp}$，如式(7.10)所示，其中，$k_d > 0$ 设计参数。$u_d^{\star}, u_{dp}$ 为中间变量，用于解决船舶操纵性限制问题，尤其是对于船舶偏离 DVS 距离较大的情况。进一步，u_{dp} 受到 $u_{dp\max}$ 的限制，对于 $u_{dp} \geqslant u_{dp\max}$，取 $u_{dp} = u_{dp\max}$。将 u_d 代入式(7.11)，可得 $\dot{V}_d = -2k_d V_d$。因此，在以上制导律的作用下，DVS 对 GVS 满足指数收敛性能。

$$\psi_{dp} = 0.5[1 - \mathrm{sgn}(x_g - x_d)]\mathrm{sgn}(y_g - y_d) \cdot \pi + \arctan\left(\frac{y_g - y_d}{x_g - x_d}\right) \tag{7.8}$$

$$\begin{aligned} & l_{dg} = \sqrt{x_{dg}^2 + y_{dg}^2} \\ & x_{dg} = l_{dg}\cos(\psi_d),\ y_{dg} = l_{dg}\sin(\psi_d) \end{aligned} \tag{7.9}$$

$$u_{dp} = k_d l_{dg} + u_g \cos(\psi_g - \psi_d) \tag{7.10}$$

$$\begin{aligned} \dot{V}_d &= x_{dg}\dot{x}_{dg} + y_{dg}\dot{y}_{dg} \\ &= l_{dg}\cos(\psi_d)(u_g\cos(\psi_g) - u_d\cos(\psi_d)) \\ &\quad + l_{dg}\sin(\psi_d)(u_g\sin(\psi_g) - u_d\sin(\psi_d)) \\ &= l_{dg}(u_g\cos(\psi_g - \psi_d) - u_d) \end{aligned} \tag{7.11}$$

进一步，考虑船舶运动过程的约束条件，DVS 的姿态/速度变量需根据路径跟踪或动态避障任务进行动态配置。图 7.1 给出了本算法中采用的避障策略原理示意图，R_{test} 为船载设备可探测距离。当障碍物进入可探测范围内时，安全领域(即半径为 R_s 的虚线圈标记的区域)可沿着障碍目标边缘自动生成。R_{active} 为系统设定避障启动距离。当实船与障碍目标安全领域最近边界距离 $l_{do\min} > R_{\text{active}}$，DVS 进行动态配置，执行路径跟踪任务(模式 1)；否则，执行动态避障任务(模式 2)。

模式 1　$l_{do\min} > R_{\text{active}}$，在航海实践中，船舶航行因避障操纵或其他原因会出现偏离 DVS 距离较大的情况。大的跟踪误差需要由执行伺服系统提供大的推力提高航速来补偿。然而，船舶装备实际系统能量有限，存在饱和非线性约束。基于此，DVS 航速命令可利用中间变量 $u_d^{\star}$ 进行重新配置，见式(7.12)，$u_d^{\star} = u_{dp}$，$l_{db\text{set}}$ 为阈度参数；艏向角仍然采用式(7.8)进行计算。

$$u_d=\begin{cases}u_d^{\star}\cdot\dfrac{l_{db\text{set}}-l_{db}}{l_{db\text{set}}}, & l_{db}<l_{db\text{set}}\\ 0, & l_{db}\geqslant l_{db\text{set}}\end{cases}\tag{7.12}$$

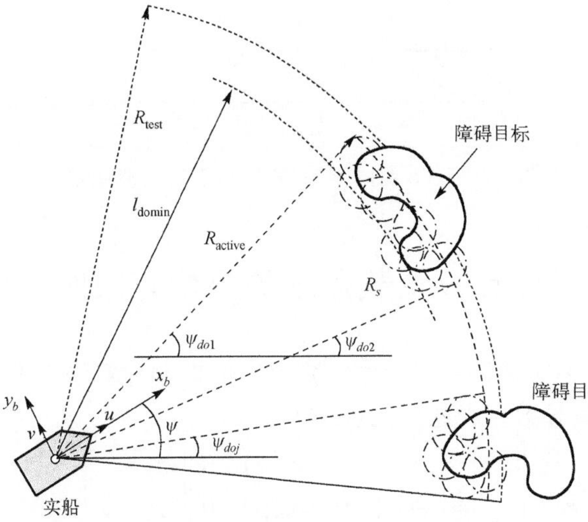

图 7.1　避障策略原理示意图

模式 2　$l_{do\min}\leqslant R_{\text{active}}$。对于如图 7.1 所示的多静止障碍目标环境，基于激光雷达等设备扫描确定 n_o 个艏向角候选变量对 $\psi_{doj},j=1,2,\cdots,2n_o$。如果障碍目标之间的距离很小(例如，距离 $d\leqslant 3L$，$3L$ 为人为设置参数，L 表示船舶两柱间长)，则将其视为一个整体的障碍目标。一旦部分障碍物被探测到，且 ψ_{dp} 是在当前选定的一对艏向角候选变量之间，避障操纵模式被激活；反之，$\psi_d=\psi_{dp}$。对于避障制导而言，DVS 艏向角 ψ_d 从对应的候选变量中选取，其依据为如式(7.13)所示的最小化原则。其中，ς 为权重参数，$\psi_d(i-1)$ 表示前一个采样周期中 DVS 艏向角。对于航速命令 u_d，中间速度 $u_d^{\star}$ 由式(7.14)进行计算，u_{do},R_c 分别为航速下限和阈度参数。图 7.2 给出了式(7.14)所示的过渡过程。实际避障制导航速命令可利用式(7.12)获得。

$$E=\varsigma\frac{\left|\psi_{dp}-\psi_{doj}\right|}{\pi}+(1-\varsigma)\frac{\left|\psi_{doj}-\psi_d(i-1)\right|}{\pi}\tag{7.13}$$

$$u_d^{\star}=\begin{cases}u_{do}, & 0\leqslant l_{domin}\leqslant R_c\\ \dfrac{u_{dp}+u_{do}}{2}-\dfrac{u_{dp}-u_{do}}{2}\cos\left[\dfrac{\pi(l_{domin}-R_c)}{R_{\text{active}}-2R_c}\right], & R_c<l_{domin}<R_{\text{active}}-R_c\\ u_{dp}, & R_{\text{active}}-R_c\leqslant l_{domin}\leqslant R_{\text{active}}\end{cases}\tag{7.14}$$

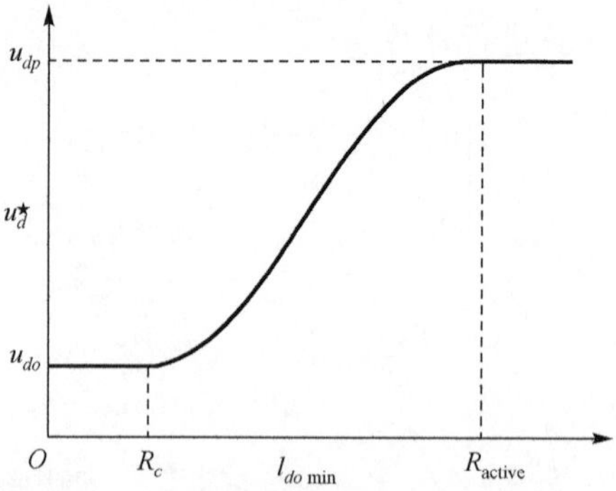

图 7.2　DVS 避障制导策略中 $u_d^\star$ 的过渡函数

7.3　考虑计算负载需求的鲁棒有限时间控制

基于 7.2 节中 DVS 避障制导算法，定义实船对制导算法中 DVS 跟踪误差变量如式(7.15)所示，其导数可表达为式(7.16)。

$$\begin{bmatrix} x_e \\ y_e \\ \psi_e \end{bmatrix} = \begin{bmatrix} \cos(\psi) & \sin(\psi) & 0 \\ -\sin(\psi) & \cos(\psi) & 0 \\ 0 & 0 & 1 \end{bmatrix} \begin{bmatrix} x_d - x \\ y_d - y \\ \psi_d - \psi \end{bmatrix} \tag{7.15}$$

$$\begin{cases} \dot{x}_e = -u + u_d\cos(\psi_e) + ry_e \\ \dot{y}_e = -v + u_d\sin(\psi_e) - rx_e \\ \dot{\psi}_e = r_d - r \end{cases} \tag{7.16}$$

7.3.1　控制器设计

步骤 1　为了能够有效镇定式(7.16)给出的跟踪误差动态系统，定义误差变量 $u_e = \alpha_u - u$，$\tilde{\psi}_e = \alpha_{\psi_e} - \psi_e$，$r_e = \alpha_r - r$，$\alpha_u, \alpha_{\psi_e}, \alpha_r$ 为系统虚拟控制，设计为式(7.17)。

$$\begin{aligned} \alpha_u &= k_x x_e^p + u_d\cos(\psi_e) \\ \alpha_{\psi_e} &= \arctan\left(\frac{v - k_y y_e^p - u_d^2 y_e/4}{u_{do}}\right) \\ \alpha_r &= -k_\psi \tilde{\psi}_e^p + r_d - \dot{\alpha}_{\psi_e} \end{aligned} \tag{7.17}$$

式(7.17)中，$k_x > 0, k_y > 0, k_\psi > 0$ 是设计参数；$p = p_1/p_2, 0 < p_1 < p_2$，且 p_1, p_2 均为正奇数。事实上，u_{do} 为航速命令的辅助参考，详细参见式(7.18)。在工程实际中，船舶与 DVS 之间的跟踪误差通常很小。对于初始偏差较大的情况，应通过手动操纵保证当前船位在参考路径附近。因此，$\left|v - k_y y_e^p - u_d^2 y_e/4\right| \leqslant u_d$ 自动满足；对于极少数

情况$\left|v-k_y y_e^p-u_d^2 y_e/4\right|>u_d$，设置$u_{do}=u_d$目的在于促进横漂运动的快速收敛。

$$u_{do}=\begin{cases}\sqrt{u_d^2-(v-k_y y_e^p-u_d^2 y_e/4)^2}, & \left|v-k_y y_e^p-u_d^2 y_e/4\right|\leqslant u_d\\ u_d, & \left|v-k_y y_e^p-u_d^2 y_e/4\right|>u_d\end{cases} \tag{7.18}$$

需要强调的是，$\dot{\alpha}_{\psi_e}$可利用近似微分滤波器$s/(t_c s+1)$, t_c=0.01处理获得以避免解析求解过程复杂。类似的处理技巧常见于控制工程实践中。

步骤 2　结合式(7.2)和式(7.17)，对误差变量u_e,r_e进行求导可得到式(7.19)所示的误差动态系统。

$$\dot{i}_e=\dot{\alpha}_i-f_i(\boldsymbol{v})-\frac{\tau_i}{m_i}-d_{wi},\quad i=u,r \tag{7.19}$$

其中，$f_i(\boldsymbol{v})$为未知非线性函数，用于描述系统参数不确定和结构不确定。根据引理 5.1，$f_i(\boldsymbol{v})$可由 RBF 神经网络进行在线逼近，如式(7.20)所示。

$$\begin{aligned}-f_i(\boldsymbol{v})&=\boldsymbol{S}(\boldsymbol{v})\boldsymbol{A}_i\boldsymbol{v}+\varepsilon_i\\&=\boldsymbol{S}(\boldsymbol{v})\boldsymbol{A}_i\boldsymbol{\alpha}-\boldsymbol{S}(\boldsymbol{v})\boldsymbol{A}_i\boldsymbol{v}_e+\varepsilon_i\\&=\boldsymbol{S}(\boldsymbol{v})\boldsymbol{A}_i\boldsymbol{\alpha}-b_i\boldsymbol{S}(\boldsymbol{v})\boldsymbol{W}_i+\varepsilon_i\end{aligned} \tag{7.20}$$

事实上，对于u,r动力学子系统，所引入神经网络具有相同的基函数$S(v)$，且网络输入均为$\boldsymbol{v}$。在算法执行过程中，基函数仅需要一次计算，避免不必要的冗余负载。式(7.20)中，$\boldsymbol{\alpha}=[\alpha_u,0,\alpha_r]^{\mathrm{T}}$，$\boldsymbol{v}_e=[u_e,0,r_e]^{\mathrm{T}}$，$\bar{\varepsilon}_i$为逼近误差$\varepsilon_i$的上界。$b_i=\|\boldsymbol{A}_i\|_{\mathrm{F}}$，$\boldsymbol{A}_i^m=\boldsymbol{A}_i/\|\boldsymbol{A}_i\|_{\mathrm{F}}$，进一步可得$\boldsymbol{W}_i=\boldsymbol{A}_i^m\boldsymbol{v}_e$和$b_i\boldsymbol{W}_i=\boldsymbol{A}_i\boldsymbol{v}_e$。

基于以上设计，笔者利用式(7.21)构建控制律中鲁棒神经阻尼项，其中，$\upsilon_i=\boldsymbol{S}(\boldsymbol{v})\boldsymbol{A}_i\boldsymbol{\alpha}+\varepsilon_i-d_{wi}$。

$$\upsilon_i\leqslant\boldsymbol{S}(\boldsymbol{v})\boldsymbol{A}_i\boldsymbol{\alpha}+\bar{\varepsilon}_i+\bar{d}_{wi}\leqslant\frac{1}{m_i}\vartheta_i\phi_i(\cdot) \tag{7.21}$$

式(7.21)中，$\vartheta_i=m_i\max\left\{\|\boldsymbol{A}_i\|_{\mathrm{F}},\bar{\varepsilon}_i+\bar{d}_{wi}\right\}$为未知参数，$\phi_i(\cdot)=\|\boldsymbol{S}(\boldsymbol{v})\|\|\boldsymbol{\alpha}\|+1$。进一步，误差动态系统式(7.19)可整理为

$$\dot{i}_e=\dot{\alpha}_i+\upsilon_i-b_i\boldsymbol{S}(\boldsymbol{v})\boldsymbol{W}_i-\frac{\tau_i}{m_i},\quad i=u,r \tag{7.22}$$

因此，本节设计针对船舶推进力和转船力矩的实际控制量τ_u,τ_r为式(7.23)，$i=u,r$。其中，$k_i>0$, $k_{im}>0$为设计参数；分数p人为设定，目的在于保证闭环控制系统的有限时间收敛性能；$\delta>0$为一小量。

$$\tau_i=k_i i_e^p+k_{im}i_e+\hat{\vartheta}_i\phi_i(\cdot)\tanh\left(\frac{\hat{\vartheta}_i\phi_i(\cdot)i_e}{\delta}\right)+\hat{\lambda}_i\Phi(\cdot)i_e \tag{7.23}$$

该算法中，尽管引入了 RBF 神经网络处理系统模型不确定和外界环境干扰，但

得益于鲁棒神经阻尼技术[65,162]，控制律式(7.23)不要求对神经网络权重参数进行在线更新、学习，具有形式简捷、易于工程应用的优点。其对应的神经网络权重边界学习参数自适应律设计为式(7.24)。

$$\dot{\hat{\vartheta}}_i = \Gamma_{i1}\left[\left|i_e\right|\phi_i(\cdot) - \sigma_{i1}(\hat{\vartheta}_i - \hat{\vartheta}_i(0))^p\right] \tag{7.24}$$

$$\dot{\hat{\lambda}}_i = \Gamma_{i2}[\Phi_i(\cdot)i_e^2 - \sigma_{i2}(\hat{\lambda}_i - \hat{\lambda}_i(0))^p] \tag{7.25}$$

式(7.24)和式(7.25)中，$\Gamma_{i1},\Gamma_{i2},\sigma_{i1},\sigma_{i2},i=u,r$ 均为大于零的设计参数；$\hat{\lambda}_i$ 为自适应参数，其对应的真实值可表达为 $\lambda_i = m_i\max\{b_i^2,1\}$，$\Phi_u(\cdot)=\left(\dfrac{\boldsymbol{S}(\cdot)\boldsymbol{S}^{\mathrm{T}}(\cdot)}{4\gamma_{u1}^2}+\dfrac{(x_e+\dot{\alpha}_u)^2}{4\gamma_{u2}^2}\right)$，$\Phi_r(\cdot)=\left(\dfrac{\boldsymbol{S}(\cdot)\boldsymbol{S}^{\mathrm{T}}(\cdot)}{4\gamma_{u1}^2}+\dfrac{(-\tilde{\psi}_e+\dot{\alpha}_r)^2}{4\gamma_{u2}^2}\right)$，$\gamma_{i1}>0,\gamma_{i2}>0$ 为常量；$\hat{\vartheta}_i(0),\hat{\lambda}_i(0)$ 为对应变量的初始值。

7.3.2 稳定性分析

根据上述设计过程，本章提出的考虑计算负载需求的船舶路径跟踪鲁棒有限时间控制策略可以总结为定理 7.1。

定理 7.1 针对欠驱动水面船舶，系统模型如式(7.1)和式(7.2)所示，假设 7.1～假设 7.3 成立，利用本章所提出的鲁棒有限时间控制律式(7.17)、式(7.23)和参数自适应律式(7.24)、式(7.25)构建闭环控制系统。船舶初始状态满足 $x_e^2(0)+y_e^2(0)+\psi_e^2(0)+u_e^2(0)+v_e^2(0)+r_e^2(0)\leqslant\Delta,\ \Delta>0$。通过适当调节设计参数 $k_x,k_y,k_\psi,k_u,k_r,k_{um},k_{rm}$，$\Gamma_{u1},\Gamma_{u2},\Gamma_{r1},\Gamma_{r2},\gamma_{u1},\gamma_{u2},\gamma_{r1},\gamma_{r2},\sigma_{u1},\sigma_{u2},\sigma_{r1},\sigma_{r2}$，能够保证整个闭环系统中所有变量满足半全局有限时间最终有界稳定(semi-globally finite-time uniformed bounded，SGFTUB)。

证明 基于 7.3.1 中给出的设计过程，定义式(7.26)所示的 Lyapunov 函数：

$$V=\frac{x_e^2}{2}+\frac{y_e^2}{2}+\frac{\tilde{\psi}_e^2}{2}+\frac{u_e^2}{2}+\frac{r_e^2}{2}+\sum_{i=u,r}\left(\frac{\tilde{\vartheta}_i^2}{2\Gamma_{i1}m_i}+\frac{\tilde{\lambda}_i^2}{2\Gamma_{i1}m_i}\right) \tag{7.26}$$

结合式(7.16)、式(7.17)和式(7.22)，对 Lyapunov 函数 $V(\cdot)$ 求导可得

$$\begin{aligned}\dot{V}=&-k_x x_e^{p+1}-k_y y_e^{p+1}-k_\psi\tilde{\psi}_e^{p+1}+\Psi_y^2+u_e\left[x_e+\dot{\alpha}_u+v_u-b_u\boldsymbol{S}(\boldsymbol{v})\boldsymbol{W}_i-\frac{\tau_u}{m_u}\right]\\&+r_e\left[-\dot{\psi}_e+\dot{\alpha}_r+v_u-b_r\boldsymbol{S}(\boldsymbol{v})\boldsymbol{W}_i-\frac{\tau_r}{m_r}\right]+\sum_{i=u,r}\left(\frac{\tilde{\vartheta}_i\dot{\hat{\vartheta}}_i}{2\Gamma_{i1}m_i}+\frac{\tilde{\lambda}_i\dot{\hat{\lambda}}_i}{2\Gamma_{i2}m_i}\right)\end{aligned} \tag{7.27}$$

其中，$\Psi_y=(\cos\tilde{\psi}_e-1)\sin\alpha_{\psi_e}-\sin\tilde{\psi}_e\cos\alpha_{\psi_e}$，显然 Ψ_y 是有界的。进一步，根据 Young's

不等式[163,164]，可以得到不等式(7.28)、式(7.29)、式(7.30)和式(7.31)。

$$\begin{aligned} \boldsymbol{W}_i^{\mathrm{T}}\boldsymbol{W}_i &= \left\|\boldsymbol{A}_i^m \boldsymbol{v}_e\right\|^2 = \frac{\boldsymbol{\omega}_{i1}^{\mathrm{T}}\boldsymbol{\omega}_{i1}+\boldsymbol{\omega}_{i2}^{\mathrm{T}}\boldsymbol{\omega}_{i2}+\cdots+\boldsymbol{\omega}_{il}^{\mathrm{T}}\boldsymbol{\omega}_{il}}{\left\|\boldsymbol{A}_i\right\|_{\mathrm{F}}^2}\boldsymbol{v}_e^{\mathrm{T}}\boldsymbol{v}_e \\ &= u_e^2 + r_e^2 \end{aligned} \tag{7.28}$$

$$\begin{aligned} & u_e x_e + u_e\dot{\alpha}_u - b_u \boldsymbol{S}(\boldsymbol{v})\boldsymbol{W}_u u_e \\ \leqslant & \frac{m_u b_u^2 \boldsymbol{S}(\boldsymbol{v})\boldsymbol{S}^{\mathrm{T}}(\boldsymbol{v}) u_e^2}{4\gamma_{u1}^2 m_u} + \gamma_{u1}^2 \boldsymbol{W}_u^{\mathrm{T}}\boldsymbol{W}_u + \frac{m_u(x_e+\dot{\alpha}_u)^2 u_e^2}{4\gamma_{u2}^2 m_2} + \gamma_{u2}^2 \\ = & \frac{\lambda_u}{m_u}\Phi_u(\cdot)u_e^2 + \gamma_{u1}^2(u_e^2+r_e^2) + \gamma_{u2}^2 \end{aligned} \tag{7.29}$$

$$-r_e\tilde{\psi}_e + r_e\dot{\alpha}_r - b_r\boldsymbol{S}(\boldsymbol{v})\boldsymbol{W}_r r_e \leqslant \frac{\lambda_r}{m_r}\Phi_r(\cdot)r_e^2 + \gamma_{r1}^2(u_e^2+r_e^2) + \gamma_{r2}^2 \tag{7.30}$$

$$\hat{\vartheta}_i\phi_i(\cdot)\left|i_e\right| - \hat{\vartheta}_i\phi_i(\cdot)i_e\tanh\left(\frac{\hat{\vartheta}_i\phi_i(\cdot)i_e}{\delta}\right) \leqslant 0.2785\delta \tag{7.31}$$

将本章所设计的控制律式(7.23)、式(7.24)、式(7.25)代入式(7.27)，并结合上述不等式，式(7.27)可重新整理为

$$\begin{aligned} \dot{V} \leqslant & -k_x x_e^{p+1} - k_y y_e^{p+1} - k_\psi \tilde{\psi}_e^{p+1} - \frac{k_u}{m_u}u_e^{p+1} - \frac{k_r}{m_r}r_e^{p+1} \\ & -(k_{um}-\gamma_{u1}^2-\gamma_{r1}^2)u_e^2 - (k_{rm}-\gamma_{u1}^2-\gamma_{r1}^2)r_e^2 \\ & -\sum_{i=u,r}\frac{1-q}{m_i(1+p)}\left(\sigma_{i1}\tilde{\vartheta}_u^{p+1} + \sigma_{i2}\tilde{\lambda}_i^{p+1}\right) + \varrho \end{aligned} \tag{7.32}$$

其中，$\varrho = \Psi_y^2 + \sum_{i=u,r}\left(\frac{\ell_{i1}+\ell_{i2}}{m_i(1+p)} + \frac{0.2785\delta}{m_i} + \gamma_{i2}^2\right)$，$\ell_{i1},\ell_{i2}$ 的定义见引理 7.2。为了保证闭环控制系统稳定性，需要对设计参数进行适当选取，$k_{um}=k_{rm}=\gamma_{u1}^2+\gamma_{r1}^2$。最终，可得式(7.33)。

$$\dot{V} \leqslant -c_1 V^{\frac{p+1}{2}} + \varrho \tag{7.33}$$

其中，

$$c_1 = 2^{\frac{p+1}{2}} \cdot \min\left\{k_x, k_y, k_\psi, \frac{k_i}{m_i}, \frac{\Gamma_{i1}^{\frac{p+1}{2}}\sigma_{i1}(1-q)}{m_i^{1-p}(1+p)}, \frac{\Gamma_{i2}^{p+1}\sigma_{i2}(1-q)}{m_i^{\frac{1-p}{2}}(1+p)}\right\}$$

根据引理 7.1 易知，$V(t)$ 将在有限时间 $T \leqslant \frac{2}{(1-p)(c_1-c_2)}[V^{(1-p)/2}(0)-(\varrho/c_2)^{(1-p)/(1+p)}]$ 内收敛至 $(\varrho/c_1)^{1/p}$，且边界变量 ϱ 可通过适当调整设计参数趋于任意小。在特定工程背景下，可以调整系统响应瞬态性能满足实际系统的工程需求，如收敛时间和收敛速度。进一步，由于相关变量之间的关联性，系统中所有误差信号 $x_e, y_e, \tilde{\psi}_e, u_e, r_e, \tilde{\vartheta}_i, \tilde{\lambda}_i, \tau_u, \tau_r, \alpha_u, \alpha_{\psi_e}, \alpha_r$ 均满足有限时间最终有界。证毕。

7.4 仿真研究

本节给出两个仿真实例，7.4.1 节的被控对象为来自文献[85, 165]的欠驱动船舶（$L=38\text{m}$, $m=118\times10^3\text{kg}$），目的在于与已有研究结果进行比较；7.4.2 节给出了模拟海洋环境条件下利用本章所提出的智能航行制导与鲁棒控制策略构建闭环控制系统的实验结果，海洋环境干扰为基于 PM 波谱的 6 级海况。

7.4.1 对比试验

本实例中，首先与文献[165]中的结果比较，以验证 DVS 避障制导算法的有效性。为此，这部分仅考虑制导模块功能。计划航线由 3 个航路点 $W_1(0\text{m},200\text{m})$, $W_2(600\text{m},200\text{m})$, $W_3(900\text{m},800\text{m})$ 确定，船舶初始状态 $[x(0),y(0),\psi(0),u(0),v(0),r(0)]=[0\text{m},0\text{m},\pi/2\text{rad},0\text{m/s},0\text{m/s},0\text{m/s}]$。对于本章提出的 DVS 避障制导，参数设置如表 7.1 所示。自适应参数 $\hat{\vartheta}_u, \hat{\lambda}_u, \hat{\vartheta}_r, \hat{\lambda}_r$ 的初始值在区间 $[-1,1]$ 内随机选取。与非线性函数 $f_u(\boldsymbol{v}), f_r(\boldsymbol{v})$ 对应的 RBF 神经网络具有相同的基函数设置，包括 25 个节点，$l=25$。对于前进速度 u，中心值向量均匀分布于区间 $[-5\text{m/s},15\text{m/s}]$；对于横移速度 v，中心值向量均匀分布于区间 $[-2.5\text{m/s},2.5\text{m/s}]$；对于艏摇角速度 r，中心值向量均匀分布于区间 $[-0.8\text{rad/s},0.8\text{rad/s}]$；扩展宽度 $\xi_i=3$, $i=1,2,\cdots,l$。事实上，相关参数是根据各自变量的物理意义进行设置，然后通过测试联调获得整体良好性能。关于已有研究中的制导算法设计及参数选取参见文献[165]。图 7.3 给出了使用两种制导策略的路径跟踪轨迹比较结果。本章所提出的 DVS 避障制导算法效果明显，尤其适用于静止障碍目标密集水域。从航路点附近的局部放大图来看，DVS 避障制导参考更为平滑，避障操纵后能及时恢复到原航线，具有节省航程的优点。

表 7.1　本章所提出制导与控制算法参数设置

项目	参数设置
制导部分	$u_g=6\text{m/s}$, $u_{dp\max}=15\text{m/s}$, $u_{do}=4\text{m/s}$
	$R_{\text{test}}=100\text{m}$, $R_s=10\text{m}$, $R_{\text{active}}=80\text{m}$, $R_c=10\text{m}$
	$k_d=0.05$, $\varsigma=0.6$, $l_{dbset}=5.25L$

续表

项目	参数设置
控制部分	$k_x = 1.2,\ k_y = 0.3,\ k_\psi = 1.0,\ k_u = 6.1\times10^5$
	$k_r = 6.35\times10^6,\ \gamma_u = 1.0,\ \gamma_r = 1.0,\ p = 1/3$
	$\Gamma_{u1} = 8.5,\ \Gamma_{u2} = 9.0,\ \Gamma_{r1} = 8.5,\ \Gamma_{r2} = 10.0$
	$\sigma_{u1} = 0.8,\ \sigma_{u2} = 0.5,\ \sigma_{r1} = 1.5,\ \sigma_{r2} = 0.5$

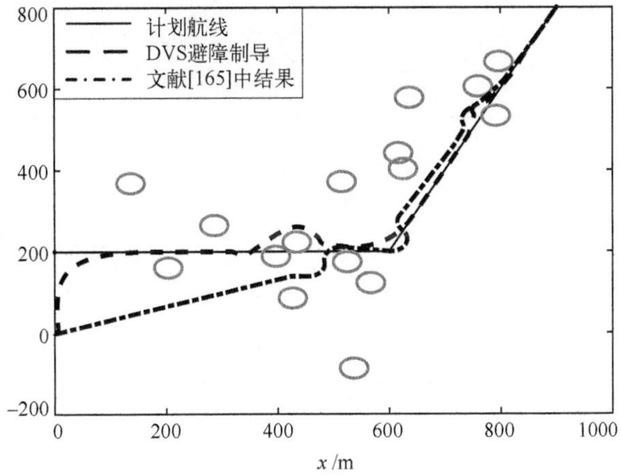

图 7.3　路径跟踪轨迹对比：DVS 避障制导与文献[165]中的结果

进一步，将本章所提出的路径跟踪鲁棒有限时间控制律与文献[85]中的结果进行对比(不考虑制导模块)。参考路径由虚拟小船式(7.6)产生，$u_d = 6\text{m/s}$；$t < 30\text{s}$ 时，$r_d = \exp(0.005t/300)\text{rad/s}$；$30\text{s} \leqslant t < 70\text{s}$ 时，$r_d = 0\text{rad/s}$；$70\text{s} \leqslant t < 180\text{s}$ 时，$r_d = 0.05\text{rad/s}$。为了验证该算法的鲁棒性，外界环境干扰设置为 $d_{wu} = (11/12)[1 + 0.35\sin(0.2t) + 0.15\cos(0.5t)]$，$d_{wv} = (26/17.76)[1 + 0.3\sin(0.4t) + 0.2\cos(0.1t)]$，$d_{wr} = (950/636)[1 + 0.3\sin(0.3t) + 0.1\cos(0.5t)]$。控制器参数设置仍参见表 7.1；船舶初始状态 $[x(0), y(0), \psi(0), u(0), v(0), r(0)] = [-80\text{m}, 20\text{m}, 0\text{rad}, 0\text{m/s}, 0\text{m/s}, 0\text{m/s}]$，被比较控制算法及参数选取参见文献[85]。

图 7.4～图 7.6 给出了控制算法对比结果。图 7.4(a)和图 7.4(b)分别为 x-y 平面运动轨迹和姿态误差变量 x_e, y_e, ψ_e。尽管存在模型不确定和均值非零时变干扰影响，两种控制算法均取得良好的控制效果。图 7.4(a)中局部放大部分验证了本章控制策略精度明显提高。图 7.4(b)中，本章控制策略实现了船舶艏摇运动的快速收敛，且控制输入 τ_r 抖振现象明显消除，如图 7.5 所示。为了进一步定量分析，笔者仍然采用式(5.31)给出的性能测量指标进行比较。表 7.2 给出了定量性能对比结果。注意，对于 x_e 的 MAE 指标，本章控制策略略逊于文献[85]中的结果。尽管如此，从整体性能统计角度出发，本章提出的控制算法具有更好的闭环控制性能和节能特性。

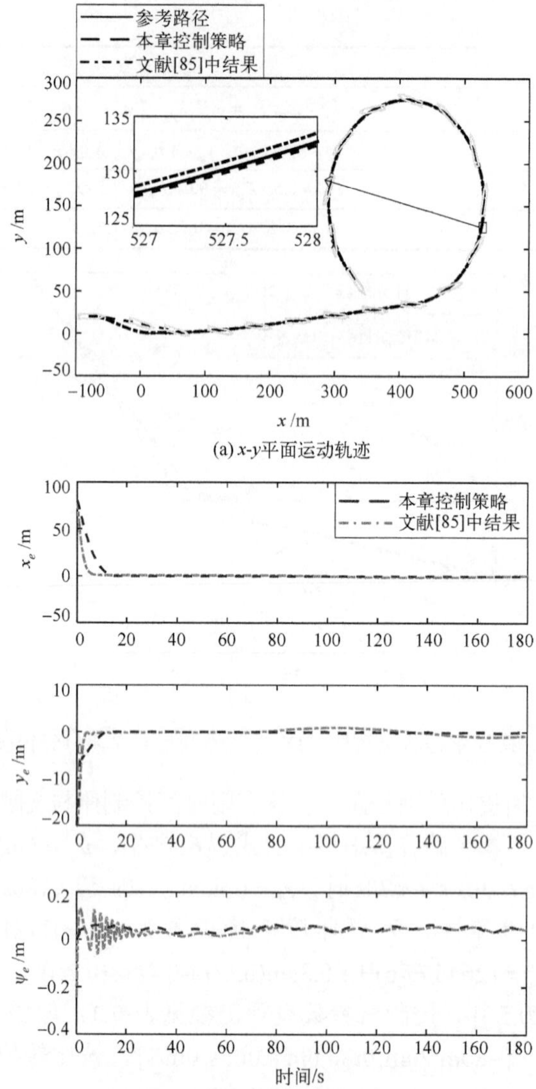

(a) x-y平面运动轨迹

(b) 姿态误差变量x_e, y_e, ψ_e

图 7.4　船舶姿态变量对比结果

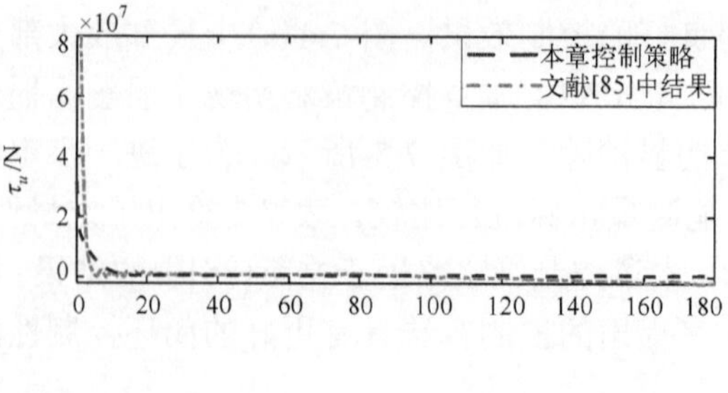

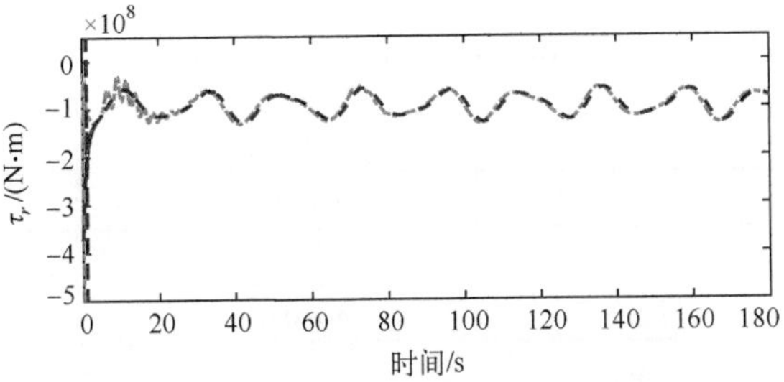

图 7.5　控制输入 τ_u,τ_r 的对比曲线

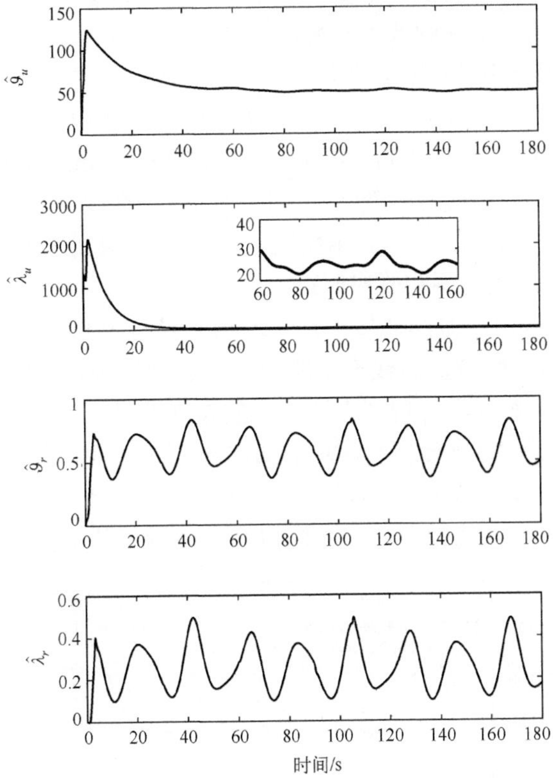

图 7.6　自适应参数 $\hat{\vartheta}_u,\hat{\lambda}_u,\hat{\vartheta}_r,\hat{\lambda}_r$ 时间变化曲线

表 7.2　控制策略性能定量对比统计

性能指标	误差变量	本章控制策略	文献[85]中的结果
MAE	x_e/m	31.2410	14.9669
	y_e/m	5.4819	6.0214
	ψ_e/(°)	0.1576	0.4134

续表

性能指标	误差变量	本章控制策略	文献[85]中的结果
MAI	τ_u/N	1.7037×10^7	2.4410×10^7
	τ_r/(N·m)	1.0716×10^8	9.5621×10^8
MTV	τ_u/N	1.7225×10^5	5.0914×10^6
	τ_r/(N·m)	1.2405×10^7	2.6197×10^7

7.4.2 海洋环境干扰下的实验结果

本节考虑海洋工程环境条件下给出了本章提出的制导和控制算法的实验结果，海洋环境干扰包括风、不规则波浪和海流，详细建模过程参见 2.3 节内容。实验过程中，海况设为一般海况(6 级)，风速 $U_{\text{wind}}=15.7\text{m/s}$，风向 $\psi_{\text{wind}}=200°$；海浪由传统 PM 谱产生；流速 $V_{\text{c}}=0.5\text{m/s}$，流向 $\psi_{\text{c}}=280°$。计划航线由 5 个航路点确定：$W_1(0\text{m},200\text{m})$，$W_2(600\text{m},200\text{m})$，$W_3(900\text{m},800\text{m})$，$W_4(1500\text{m},800\text{m})$，$W_5(1800\text{m},1400\text{m})$。假设计划航线附近存在静止或慢时变运动障碍目标，如图 7.7 灰色标注的安全领域所示。特别地，图 7.7 中区域 No.1 表示航路点 W_3 存在多艘静止渔船(模拟渔区航行)，区域 No.2 表示计划航线上遇到临时暗礁。

图 7.7 和图 7.8 给出了海洋环境干扰下本章制导与控制算法实验结果。图 7.7 中，点划线表示 DVS 运动轨迹，虚线表示船舶实际运动轨迹。很明显，该算法中 DVS 制导能够为船舶智能航行实时规划光滑有效的参考路径，实现路径跟踪和动态避障任务，保证船舶航行与静止障碍目标的有效安全距离。图 7.8 为该实例中控制输入 τ_u,τ_r 的时间变化曲线。实验结果显示，利用本章系统设计方法控制输入在合理范围内，验证了本章提出的系统设计方法在模拟海洋环境条件下具有良好的性能。注意，

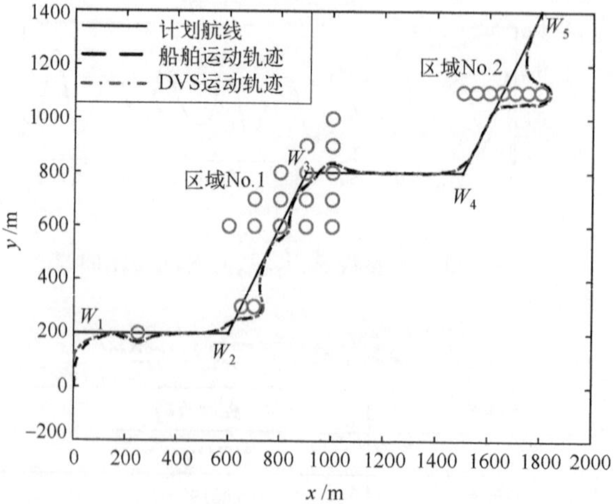

图 7.7　海洋环境干扰下船舶 x-y 平面运动轨迹

图 7.8 中控制输入振荡现象明显，与船舶控制工程实际不符，主要原因在于本章研究对象未考虑执行伺服系统约束问题。该类研究将在第 8 章中进一步开展研究。

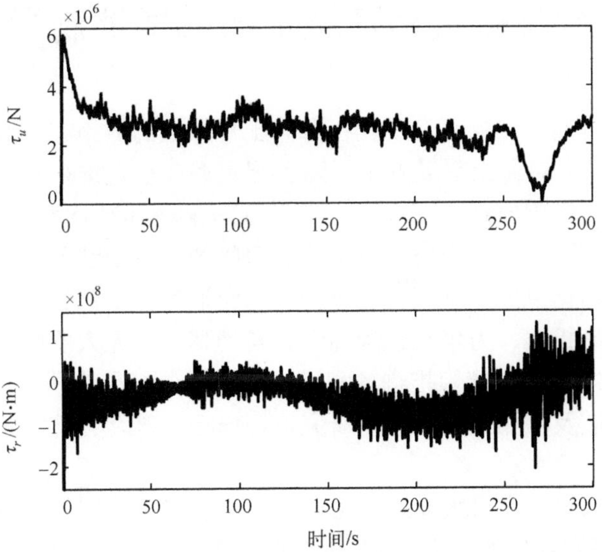

图 7.8　海洋环境干扰下控制输入 τ_u, τ_r

7.5　本章小结

本章以多静止障碍目标航行水域为背景，研究一种基于制导-控制框架的路径跟踪控制系统设计方法，以提高船舶智能航行自治性。制导模块，提出一种具有多静止目标避障机制的 DVS 制导算法，为不确定海洋环境下船舶智能航行提供有效避障制导。利用鲁棒神经阻尼技术和齐次系统理论，提出了考虑控制工程计算负载需求的路径跟踪简捷鲁棒自适应控制算法，从根源上解决了已有研究中存在的复杂度爆炸和维数灾难问题。该算法能够实现船舶对制导算法中 DVS 的快速有效跟踪，便于船舶实施动态避障操纵。该研究在一定程度上提高了船舶海上航行智能化水平，具有绿色、节能、易于工程实现的优点。仿真研究验证了研究成果的有效性和优越性。

第8章 混合障碍目标环境下船舶智能制导与鲁棒控制

近十年来，智能船舶的研发及其在海洋工程领域的应用在多数发达国家呈几何级数的趋势增长[5]，对海上交通安全保障和国家海洋权益维护具有重要意义。2015年，国务院印发《中国制造 2025》把“海洋工程装备和高技术船舶”列为 10 大重点发展领域之一，强调了大力发展海上作业保障智能系统装备研发，全面提升国家海洋工程装备国际化发展水平[166]。2018 年，交通运输部部长李小鹏在全国交通运输工作会议上明确指出，力争在超级高铁、自动驾驶、无人船舶、大飞机等战略前沿技术领域占领制高点，统筹推进各种运输方式装备标准协同应用[5]。以上事实表明，开展智能船舶及其相关关键技术研究迫在眉睫，符合当前背景下我国科技发展战略需求。

大型船舶在拥挤水道或大洋航行主要以基于航路点确定的计划航线为参考进行自主航行，且不可避免船船、船舶与暗礁会遇问题，严重威胁船舶海上航行安全[167]。本章在第 7 章多静止目标环境下船舶智能制导与鲁棒控制研究的基础上，针对现实航行水域中混合障碍目标环境(即包括多个静止障碍目标和移动障碍目标)开展研究，采用 DVS 制导-控制体系结构，研究一种考虑船舶控制工程需求和不确定海洋环境条件的船舶智能制导与鲁棒控制算法，实现大型水面船舶在高速快动态过程中的智能自主航行。

8.1 问题描述

根据牛顿力学或拉格朗日力学理论[7,8,21]，欠驱动船舶平面运动数学模型描述如式(8.1)和式(8.2)所示。

$$\begin{cases} \dot{x} = u\cos(\psi) - v\sin(\psi) \\ \dot{y} = u\sin(\psi) + v\cos(\psi) \\ \dot{\psi} = r \end{cases} \tag{8.1}$$

$$\begin{cases} \dot{u} = f_u(\boldsymbol{v}) + \dfrac{T_u(\cdot)}{m_u}|n|n + d_{wu} \\ \dot{v} = f_v(\boldsymbol{v}) + d_{wv} \\ \dot{r} = f_r(\boldsymbol{v}) + \dfrac{F_r(\cdot)}{m_r}\delta + d_{wr} \end{cases} \tag{8.2}$$

其中，非线性函数 $f_u(\boldsymbol{v}), f_v(\boldsymbol{v}), f_r(\boldsymbol{v})$ 用于描述非线性惯性和阻尼项影响，详细表达为式(8.3)。

$$
\begin{aligned}
f_u(\boldsymbol{v}) &= \frac{m_v}{m_u}vr - \frac{d_u}{m_u}u - \frac{d_{u2}}{m_u}|u|u - \frac{d_{u3}}{m_u}u^3 \\
f_v(\boldsymbol{v}) &= -\frac{m_u}{m_v}ur - \frac{d_v}{m_v}v - \frac{d_{v2}}{m_v}|v|v - \frac{d_{v3}}{m_v}v^3 \\
f_r(\boldsymbol{v}) &= \frac{(m_u - m_v)}{m_r}uv - \frac{d_r}{m_r}r - \frac{d_{r2}}{m_r}|r|r - \frac{d_{r3}}{m_r}r^3
\end{aligned}
\tag{8.3}
$$

式(8.1)和式(8.2)中，$\eta = [x, y, \psi]^{\mathrm{T}} \in \mathbb{R}^3$ 为惯性坐标系下船舶位置坐标和艏摇角，$\boldsymbol{v} = [u, v, r]^{\mathrm{T}} \in \mathbb{R}^3$ 分别表示船舶前进速度、横荡速度、艏摇角速度；n, δ 是可控输入，即螺旋桨转速和舵角；$T_u(\cdot), F_r(\cdot)$ 是考虑驱动伺服系统的未知增益函数。在工程实践中，执行器的能量增益肯定是正的和有限的，即存在未知常量 $T_{u0}, \bar{T}_u, F_{r0}, \bar{F}_r$ 满足 $0 < T_{u0} \leqslant T_u(\cdot) \leqslant \bar{T}_u$，$0 < F_{r0} \leqslant F_r(\cdot) \leqslant \bar{F}_r$。$d_{wu}, d_{wv}, d_{wr}$ 表示由于外界海洋环境干扰(包括风、海浪、海流)作用于船舶的不可测量的干扰力和力矩。$m_u, m_v, m_r, d_v, d_r, d_{u2}, d_{v2}, d_{r2}, d_{u3}, d_{v3}, d_{r3}$ 为未知模型参数，用于描述作用于船体上的三自由度附加质量和水动力阻尼项，可与 2.2 节中非线性船舶运动数学模型相关参数进行等效转换。事实上，非线性函数 $f_u(\boldsymbol{v}), f_v(\boldsymbol{v}), f_r(\boldsymbol{v})$ 用于描述系统参数不确定和结构不确定，仅用于控制器设计、分析。

为了完成控制系统设计，需引入以下假设和引理。

假设 8.1　对于外界海洋环境作用于船体的干扰力/力矩 d_{wu}, d_{wv}, d_{wr}，一定存在未知常量 $\bar{d}_{wu} > 0,\ \bar{d}_{wv} > 0,\ \bar{d}_{wr} > 0$，满足 $d_{wu} \leqslant \bar{d}_{wu}$，$d_{wv} \leqslant \bar{d}_{wv}$，$d_{wr} \leqslant \bar{d}_{wr}$。$\bar{d}_{wu}, \bar{d}_{wv}, \bar{d}_{wr}$ 为未知常量，仅用于稳定性分析。

假设 8.2[85,155]　欠驱动水面船舶横荡运动具有耗散有界稳定性，即如果前进速度和艏摇速度满足一致最终有界稳定，则船舶横漂运动一定满足有界稳定。

假设 8.3　海上船舶配备有激光雷达、视觉传感器等，用于测量一定范围 R_{test} 内混合障碍目标的位置坐标和方位角，即障碍物距船舶距离小于或等于 R_{test} 时，障碍目标的位置坐标和方位角可测。

引理 8.1　根据引理 7.2，对于变量 $a, b \in \Re$ 和 $0 < p = p_1 / p_2 < 1$，存在不等式(8.4)成立。

$$
ab < \frac{a^{1+p}}{1+p} + \frac{pb^{1+\frac{1}{p}}}{1+p} \leqslant a^{1+p} + b^{1+\frac{1}{p}} \tag{8.4}
$$

引理 8.2　根据引理 7.2，定义变量 $x_i \in \Re, i = 1, 2, \cdots, n$ 和 $0 < p \leqslant 1$，则有不等式(8.5)成立。

$$\left(\sum_{i=1}^{n}|x_i|\right)^p \leqslant \sum_{i=1}^{n}|x_i|^p \leqslant n^{1-p}\left(\sum_{i=1}^{n}|x_i|\right)^p \tag{8.5}$$

本章的主要任务是：在存在混合障碍目标环境下，欠驱动船舶实现按照航海实践中的计划航线自动航行的任务，该任务具有双重性：①提出一种能够实现参考路径规划和混合障碍目标环境下动态避障制导的 DVS 制导算法；②提出一种考虑船舶控制工程需求的实际有限时间控制律，保证实际船舶对制导模块中 DVS 跟踪误差系统达到有限时间有界稳定。

8.2　混合障碍目标环境下的 DVS 避障制导

为了提高欠驱动船舶在混合障碍目标环境下的自治性，制导策略应具备多种功能，即参考路径实时规划和动态避障制导。为此，这部分提出了一种改进型 DVS 制导方案，实现船舶智能航行。所提出的制导算法的主要任务在于实时规划针对船舶控制系统的姿态/速度参考，建立船舶与基于航路点的计划航线之间的有效关联。

本节所提出的 DVS 避障制导算法仍沿用图 4.2 中给出的 DVS 制导算法逻辑原理图。计划航线由航路点 $W_1,W_2,\cdots,W_n$，$W_i=(x_i,y_i)$ 确定。GVS 和 DVS 为满足标准运动方程(8.6)的虚拟船形，为制导律中的两个关键元素。基于航路点 W_{i-1},W_i,W_{i+1} 的坐标信息，可解析船 GVS 产生光滑参考路径的命令输入 u_g,r_g，详细过程参见 4.2 节。

$$\begin{cases}\dot{x}_i = u_i\cos(\psi_i) \\ \dot{y}_i = u_i\sin(\psi_i) \qquad i=g,d \\ \dot{\psi}_i = r_i\end{cases} \tag{8.6}$$

如图 4.2 所示，DVS 为闭环控制系统提供姿态和速度参考，作为本船的直接跟踪目标。不同于 4.2 节内容，这部分给出一种新的 DVS 配置方案以应对实际航行态势，如无障碍目标和多障碍目标会遇的情况。该方案对应两种制导模式，即路径跟踪和动态避障，具体如何决策取决于本船与障碍目标的相对坐标位置和相对速度。为此，图 8.1 中定义了 R_m,R_o 分别表示安全领域范围和反碰撞领域范围，分别以虚线和实线表示。如假设 8.3 所述，R_m 为船载设备可探测距离，为一常量；R_o 根据不同障碍目标特征(包括目标运动情况、目标大小等)确定。接下来，笔者分别针对路径跟踪模式和动态避障模式展开详细论述。

模式 1　路径跟踪模式。如图 8.1 所示，如果 DVS 位于安全领域范围之外，即 $\sigma > R_m$，执行路径跟踪模式。该模式下，$\psi_d=\psi_{dp}$，$u_d=u_{dp}$，艏摇角 ψ_{dp} 为 GVS 相对于 DVS 的真方位角，可由式(8.7)进行计算。航速信号 u_{dp} 由式(8.8)计算获得。

$$\psi_{dp} = 0.5\mathrm{sgn}(y_g-y_d)[1-\mathrm{sgn}(x_g-x_d)]\cdot\pi + \arctan\left(\frac{y_g-y_d}{x_g-x_d}\right) \tag{8.7}$$

$$u_{dp}=[k_d l_{dg}+u_g\cos(\psi_g-\psi_d)]\cdot\frac{l_{dbset}-l_{db}}{l_{dbset}} \tag{8.8}$$

其中，$k_d>0$ 为设计参数，l_{dg},l_{db} 分别表示 GVS、DVS 相对于本船的距离，l_{dbset} 为考虑本船执行伺服系统存在能量饱和限制的阈值参数。在航海实践中，船舶航行因避障操纵或其他原因会出现偏离 DVS 距离较大的情况，大的跟踪误差需要由执行伺服系统提供大的推力提高航速来补偿。然而，船舶装备实际系统能量有限，存在饱和非线性约束。根据式(8.8)，当 l_{db}=l_{dbset}，$u_{dp}=0$。

更进一步分析，定义 Lyapunov 函数 $V_{dg}=0.5l_{dg}^2$，其导数可计算为式(8.9)。如果实际船舶稳定跟踪 DVS，即 l_{db}=0，代入式(8.9)，可以得到 $\dot V_{dg}=-2k_d V_{dg}$。因此，式(8.7)、式(8.8)的设计可以保证 DVS 对 GVS 提供的姿态参考能够实现指数收敛。

$$\begin{aligned}\dot V_{dg}&=x_{dg}\dot x_{dg}+y_{dg}\dot y_{dg}\\&=l_{dg}\cos\psi_d(u_g\cos\psi_g-u_d\cos\psi_d)\\&\quad+l_{dg}\sin\psi_d(u_g\sin\psi_g-u_d\sin\psi_d)\\&=l_{dg}(u_g\cos(\psi_g-\psi_d)-u_d)\end{aligned} \tag{8.9}$$

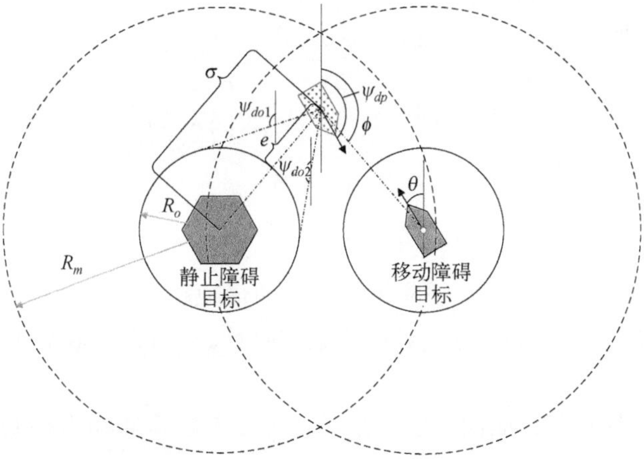

图 8.1 改进型 DVS 制导算法中参数解释

模式 2 动态避障模式。该模式下，混合障碍目标环境意味着 DVS 可能位于重叠的安全领域范围内，与单一障碍目标会遇是该算法中的一种特例。该算法定义了三类动态避障情况，如图 8.2 所示。针对这三类情况，提出一种优先选择原则，同一时刻仅允许一个障碍目标视为当前避障目标(current circumventing objective，CCO)。按照优先级别高低分为：静态障碍目标、移动障碍目标和路径跟随引导。对于同一等级障碍目标，避障顺序由评价函数确定。

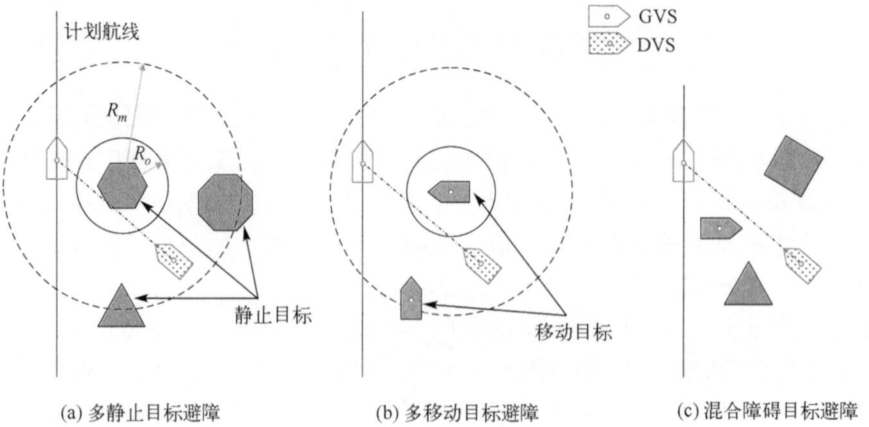

图 8.2　多障碍目标环境的三类情况

(1) 多静止目标避障。在图 8.2(a) 中，只存在静止障碍目标，优先顺序由障碍目标与 DVS 之间的距离 σ 确定，同时，实际船舶和障碍目标相对坐标关系满足了碰撞发生条件，即 DVS 的艏向角在 ψ_{do1} 和 ψ_{do2} 之间(参见图 8.1) 且 $\sigma \leqslant R_m$。如果碰撞风险存在，则静止障碍目标选定为 CCO。制导模块对 DVS 命令输入进行配置，避碰速度 $u_d = u_{do}$、艏向角 $\psi_d = \psi_{do}$ 通过式(8.10) 计算。

$$
\begin{aligned}
&\psi_{do} = \phi + \lambda\left(\frac{\pi}{2} - \arctan\left(\frac{e}{\iota \boldsymbol{R}_o}\right)\right) \\
&\lambda = \begin{cases} -1, & \psi_{dp} > \phi \\ 1, & \psi_{dp} \leqslant \phi \end{cases}
\end{aligned}
\tag{8.10}
$$

其中，e 表示 DVS 距离 CCO 反碰撞领域边界的最短距离，$0 < \iota < 1$ 为收敛系数。λ 决定了针对 CCO 进行避障操纵为顺时针还是逆时针。λ 的设定取决于避障操纵产生航程最小。

(2) 多移动目标避障。如图 8.2(b) 所示，主要考虑障碍物为移动目标。对于移动障碍目标，碰撞发生条件为 $\{\sigma < R_o$ 或 $R_o \leqslant \sigma < R_m, \dot{\sigma}_p < 0\}$，$\dot{\sigma}_p$ 代表路径跟踪模式下 σ 的导数。这种情况下，优先顺序根据评价函数 $F(\cdot)$ 的最大原则确定。式(8.11) 中，ζ 是设计权重。

$$
F(\cdot) = \begin{cases} \zeta\left(\dfrac{R_m - R_o - e}{R_m - R_o}\right) + (1-\zeta)\dfrac{-\dot{\sigma}_p}{2u_{do}}, & e > 0 \\ 2, & e \leqslant 0 \end{cases}
\tag{8.11}
$$

一旦确定了 CCO，动态避障模式启动，并对 DVS 动态分配避障速度 $u_d = u_{do}$、艏向角 $\psi_d = \psi_{do}$ 由式(8.12) 中计算。注意，避障速度 u_{do} 必须大于 CCO 的速度 u_{cco}，

以保证避障制导的有效性。

$$\psi_{do}=\phi+\lambda\left(\frac{\pi}{2}-\arctan\left(\frac{e+\kappa}{\iota\boldsymbol{R}_o}\right)\right) \tag{8.12}$$

式(8.12)中，如果仅有一个移动障碍目标被实船探测到，则λ基于 COLREGS 进行选择，即对于交叉相遇和对遇情况，$\lambda=1$；对于追越的情况，$\lambda=\pm1$。对于其他情况，λ的选择仍然遵循式(8.10)。变量κ由式(8.13)得出，以补偿移动障碍目标的动态影响。

$$\kappa=\begin{cases}\dfrac{-b+\sqrt{b^2-4ac}}{2a}, & V_o<0\\[2ex] \dfrac{-b-\sqrt{b^2-4ac}}{2a}, & V_o\geqslant 0\end{cases} \tag{8.13}$$

其中，$V_o=u_{\text{cco}}\cos(\pi-\phi+\theta)$，$a=u_{do}^2-V_o^2$，$b=-2eV_o^2$，$c=-(\iota^2R_o^2+e^2)V_o^2$。

(3)混合障碍目标避障。图 8.2(c)中，包括两类障碍物：静止障碍目标、移动障碍目标。由于静止目标具有较高的优先权，因此要优先检测静态障碍目标确定避障顺序。然后检测移动障碍目标，直到确定 CCO。在动态避障模式下，DVS 将按照(1)和(2)中的模型动态配置相应的u_{do}和ψ_{do}。直到碰撞风险结束，重新切换至路径跟踪模式。

动态避障模式下，u_{do},ψ_{do}的确定可以保证 DVS 的运动轨迹渐近收敛到 CCO 的反碰撞领域边界，即半径为R_o的圆。为了进一步定量分析，引入 Lyapunov 函数$V_{do}=0.5e^2$。根据图 8.1 给出的相对几何关系可以计算：

$$\begin{aligned}&\sigma=\sqrt{(x_{\text{cco}}-x_d)^2+(y_{\text{cco}}-y_d)^2}\\&x_{\text{cco}}-x_d=\sigma\cos\phi,\ y_{\text{cco}}-y_d=\sigma\sin\phi\end{aligned} \tag{8.14}$$

则其对应的导数$\dot{V}_{do}$可以计算为式(8.15)。

$$\begin{aligned}\dot{V}_{do}&=e(\dot{\sigma}-\dot{R}_o)\\&=e\cdot\frac{\sigma\cos\phi(\dot{x}_{\text{cco}}-\dot{x}_d)+\sigma\sin\phi(\dot{y}_{\text{cco}}-\dot{y}_d)}{\sigma}\\&=e(-u_{do}\cos(\psi_{do}-\phi)-V_o)\end{aligned} \tag{8.15}$$

将式(8.12)代入式(8.15)，进一步整理得到式(8.16)。

$$\dot{V}_{do}=\frac{-u_{do}e^2}{\sqrt{(e+\kappa)^2+\iota^2R_o^2}}\leqslant-\frac{2u_{do}V_{do}}{\sqrt{(R_m-R_o+\kappa)^2+\iota^2R_o^2}} \tag{8.16}$$

因此，利用本节给出的 DVS 制导算法能够保证 DVS 最终渐近收敛到 CCO 的反碰撞领域边界上。

以上动态避障制导也同样适用于多静止障碍目标环境下的避障制导。该算法中，通过路径跟踪模式和动态避障模式之间的有效切换，引导实船在存在混合障碍目标条件下跟踪基于航路点的计划航线。动态切换过程中，由式(8.17)获得 DVS 光滑输入命令 u_d,ψ_d。

$$\psi_d=\begin{cases}(1-\epsilon(t))\psi_{d1}+\epsilon\psi_{d2}, & t_c\leqslant t<t_c+t_s\\ \psi_{d2}, & t\geqslant t_c+t_s\end{cases}\tag{8.17}$$

式(8.17)中，ψ_{d1},ψ_{d2} 分别是 DVS 先前模式和当前模式的艏向角命令。$\epsilon(t)=\sin(\pi(t-t_c)t_s-\pi/2)/2+1/2$，$t_c$ 是转换时间点，t_s 表示转换时长。同样的过渡转换也适用于 DVS 的航速命令 u_d。

8.3 考虑执行器增益不确定的路径跟踪鲁棒有限时间控制

本节提出一种以实际可控变量为控制输入的鲁棒有限时间控制算法，以保证实船对制导算法中 DVS 参考姿态的有效收敛。定义实船与 DVS 姿态的跟踪误差变量如式(8.18)所示，其导数可表达为式(8.19)。结合式(8.19)和式(8.2)构成本节进行控制器设计所针对的误差动态系统。

$$\begin{bmatrix}x_e\\ y_e\\ \psi_e\end{bmatrix}=\begin{bmatrix}\cos(\psi) & \sin(\psi) & 0\\ -\sin(\psi) & \cos(\psi) & 0\\ 0 & 0 & 1\end{bmatrix}\begin{bmatrix}x_d-x\\ y_d-y\\ \psi_d-\psi\end{bmatrix}\tag{8.18}$$

$$\begin{cases}\dot{x}_e=-u+u_d\cos(\psi_e)+ry_e\\ \dot{y}_e=-v+u_d\sin(\psi_e)-rx_e\\ \dot{\psi}_e=r_d-r\end{cases}\tag{8.19}$$

8.3.1 控制器设计

步骤 1　为了能够有效镇定式(8.19)给出的跟踪误差动态系统，设计虚拟控制量 $\alpha_u,\alpha_{\psi_e},\alpha_r$ 为式(8.20)：

$$\begin{aligned}&\alpha_u=k_x x_e^p+u_d\cos\psi_e\\ &\alpha_{\psi_e}=\arctan\left(\frac{-k_y y_e^p+v-u_d^2 y_e/4}{u_d^{\star}}\right)\\ &\alpha_r=-k_\psi\tilde{\psi}_e^p+r_d-\dot{\alpha}_{\psi_e}\end{aligned}\tag{8.20}$$

其中，$k_x>0,k_y>0,k_\psi>0$ 为设计参数，$p=p_1/p_2,0<p_1<p_2,p_1,p_2$ 是正奇数，$u_d^{\star}$ 为航速命令的辅助参考，详细参见式(8.21)。

$$u_d^{\star} = \begin{cases} \sqrt{u_d^2 - (-k_y y_e^p + v - u_d^2 y_e / 4)^2}, & u_d \geqslant \left| -k_y y_e^p + v - u_d^2 y_e / 4 \right| \\ u_d, & u_d < \left| -k_y y_e^p + v - u_d^2 y_e / 4 \right| \end{cases} \tag{8.21}$$

利用式(8.20)，定义新的误差变量$u_e = \alpha_u - u$，$\tilde{\psi}_e = \alpha_{\psi_e} - \psi_e$，$r_e = \alpha_r - r$，进一步的演绎需要虚拟控制的一阶导数。考虑到它们在工程实际中的物理可实现性，导数可以由二阶滤波器获得。以α_u为例，式(8.22)给出了相应的滤波器（ω_u, ς_u分别为滤波器自然频率和阻尼系数），以避免对虚拟控制反复求导。这种处理方法在现有研究中是常见的，且不影响闭环系统的稳定性能。

$$H_u(s) = \frac{\alpha_{uf}}{\alpha_u} = \frac{\omega_u^2}{s^2 + 2\varsigma_u \omega_u s + \omega_u^2} \tag{8.22}$$

步骤 2　结合式(8.2)、式(8.20)和式(8.22)，对误差变量u_e, r_e进行求导可得到式(8.23)所示的误差动态系统。注意，$\tau_u = T_u(\cdot)/m_u |n| n$，$\tau_r = F_r(\cdot)/m_r \, \delta$为控制输入。

$$\dot{i}_e = \dot{\alpha}_i - f_i(\boldsymbol{v}) - \tau_i - d_{wi}, \quad i = u, r \tag{8.23}$$

未知非线性函数$f_i(\boldsymbol{v})$用于描述系统参数不确定和结构不确定。根据引理 5.1，$f_i(\boldsymbol{v})$可由 RBF 神经网络进行在线逼近，如式(8.24)所示。

$$\begin{aligned} -f_i(\boldsymbol{v}) &= \boldsymbol{S}(\boldsymbol{v}) \boldsymbol{A}_i \boldsymbol{\alpha} - \boldsymbol{S}(\boldsymbol{v}) \boldsymbol{A}_i \boldsymbol{v}_e + \varepsilon_i \\ &= \boldsymbol{S}(\boldsymbol{v}) \boldsymbol{A}_i \boldsymbol{\alpha} - b_i \boldsymbol{S}(\boldsymbol{v}) \boldsymbol{W}_i + \varepsilon_i \end{aligned} \tag{8.24}$$

其中，$\boldsymbol{\alpha} = [\alpha_u, 0, \alpha_r]^{\mathrm{T}}, \boldsymbol{v}_e = [u_e, 0, r_e]^{\mathrm{T}}$，$\bar{\varepsilon}_i$为逼近误差$\varepsilon_i$的上界。定义$b_i = \|\boldsymbol{A}_i\|_{\mathrm{F}}$，$\boldsymbol{A}_i^m = \boldsymbol{A}_i / \|\boldsymbol{A}_i\|_{\mathrm{F}}$，进一步可得$\boldsymbol{W}_i = \boldsymbol{A}_i^m \boldsymbol{v}_e$和$b_i \boldsymbol{W}_i = \boldsymbol{A}_i \boldsymbol{v}_e$。事实上，对于动力学子系统，所引入神经网络具有相同的基函数$\boldsymbol{S}(\boldsymbol{v})$，且网络输入均为$\boldsymbol{v}$。在算法执行过程中，基函数仅需要一次计算，避免不必要的冗余负载。

进一步，应用鲁棒神经阻尼技术，误差动态系统式(8.23)可整理为式(8.25)。笔者利用式(8.26)构建控制律中鲁棒神经阻尼项，其中，$\vartheta_i = \max\left\{ \|\boldsymbol{A}_i\|_{\mathrm{F}}, \bar{\varepsilon}_i, \bar{d}_{wi} \right\}$为未知常量，阻尼项$\varphi_i(\boldsymbol{v}) = \|\boldsymbol{S}(\boldsymbol{v})\| \|\boldsymbol{\alpha}\| + 1$。

$$\dot{i}_e = \dot{\alpha}_i - b_i \boldsymbol{S}(\boldsymbol{v}) \boldsymbol{W}_i + (\boldsymbol{S}(\boldsymbol{v}) \boldsymbol{A}_i \boldsymbol{\alpha} + \varepsilon_i - d_{wi}) - \tau_i \tag{8.25}$$

$$(\boldsymbol{S}(\boldsymbol{v}) \boldsymbol{A}_i \boldsymbol{\alpha} + \varepsilon_i - d_{wi}) \leqslant \|\boldsymbol{S}(\boldsymbol{v})\| \|\boldsymbol{A}_i\|_{\mathrm{F}} \|\boldsymbol{\alpha}\| + \bar{\varepsilon}_i + \bar{d}_{wi} \leqslant \vartheta_i \varphi_i(\boldsymbol{v}) \tag{8.26}$$

该算法中，设计自适应参数$\hat{\lambda}_u, \hat{\lambda}_r$估计$\lambda_u = \dfrac{m_u}{T_u(\cdot)}, \lambda_r = \dfrac{m_r}{T_r(\cdot)}$以补偿系统增益不确定。估计误差$\tilde{\lambda}_u = \hat{\lambda}_u - \lambda_u, \tilde{\lambda}_r = \hat{\lambda}_r - \lambda_r$。该算法针对实际控制量$n, \delta$的设计如式(8.27)所示。$\alpha_{\tau_u}, \alpha_{\tau_r}$为与$\tau_u, \tau_r$对应的中间变量，式(8.28)给出了$\hat{\lambda}_u, \hat{\lambda}_r$对应的自适应律，详细综合分析见 8.3.2 节内容。

$$n=\operatorname{sgn}(N_2)\sqrt{|N_2|},\ N_2=\hat{\lambda}_u\alpha_{\tau u},\ \delta=\hat{\lambda}_r\alpha_{\tau r}$$

$$\alpha_{\tau u}=x_e+\dot{\alpha}_u+k_{u1}u_e^p+k_{u2}^{1+\frac{1}{p}}\varPhi_u(\cdot)u_e^{\frac{1}{p}} \tag{8.27}$$

$$\alpha_{\tau r}=-\psi_e+\dot{\alpha}_r+k_{r1}r_e^p+k_{r2}^{1+\frac{1}{p}}\varPhi_r(\cdot)r_e^{\frac{1}{p}}$$

$$\dot{\hat{\lambda}}_i=\gamma_i\ [\alpha_{\tau i}i_e-\sigma_i(\hat{\lambda}_i-\hat{\lambda}_i(0))^p],\ i=u,r \tag{8.28}$$

式(8.27)和式(8.28)中，$\varPhi_i(\cdot)=\varphi_i^{1+\frac{1}{p}}(\cdot)+\|\boldsymbol{S}_i(\cdot)\|^{1+\frac{1}{p}},i=u,r$。$k_{i1},k_{21},\gamma_i,\sigma_i$为大于零的设计参数。

8.3.2 稳定性分析

根据上述设计过程，本章提出的鲁棒有限时间控制策略可以总结为定理 8.1。

定理 8.1 针对欠驱动水面船舶实现路径跟踪控制任务时误差动态系统式(8.2)和式(8.19)，假设 8.1～假设 8.3 成立，船舶初始状态位于紧集Π，$\Pi:=\{(x_e,y_e,\psi_e,u_e,v_e,r_e,\tilde{\lambda}_u,\tilde{\lambda}_r),\ x_e^2+y_e^2+\psi_e^2+u_e^2+v_e^2+r_e^2+\tilde{\lambda}_u^2,\ \tilde{\lambda}_r^2\leqslant 2\Delta\},\ \Delta>0$内，利用本章所提出的鲁棒有限时间控制律式(8.20)、式(8.27)和自适应律式(8.28)构建闭环控制系统。通过适当调节设计参数$k_x,k_y,k_\psi,k_{u1},k_{u2},k_{u3},k_{r1},k_{r2},k_{r3},\gamma_u,\gamma_r,\sigma_u,\sigma_r$，能够保证整个闭环系统中所有变量满足半全局有限时间最终有界稳定(semi-globally finite-time uniformly bounded，SGFTUB)。

证明 基于 8.3.1 节给出的设计过程，定义式(8.29)所示的 Lyapunov 函数：

$$V=\frac{1}{2}x_e^2+\frac{1}{2}y_e^2+\frac{1}{2}\tilde{\psi}_e^2+\frac{1}{2}u_e^2+\frac{1}{2}r_e^2+\frac{T_u(\cdot)}{2m_u\gamma_u}\tilde{\lambda}_u^2+\frac{F_r(\cdot)}{2m_r\gamma_r}\tilde{\lambda}_r^2 \tag{8.29}$$

结合式(8.19)、式(8.20)和式(8.23)，对 Lyapunov 函数$V(\cdot)$求导可得式(8.30)。其中，$\varPsi_y=\sin\psi_e-\sin\alpha_{\psi_e}$。根据 8.3.1 节中的设计，变量$\tau_u,\tau_r$可表达为$\tau_u=\frac{T_u(\cdot)}{m_u}(\lambda_u+\tilde{\lambda}_u)\alpha_u$，$\tau_r=\frac{F_r(\cdot)}{m_r}(\lambda_r+\tilde{\lambda}_r)\alpha_r$。

$$\begin{aligned}\dot{V}=&-k_xx_e^{p+1}-k_yy_e^{p+1}-k_\psi\tilde{\psi}_e^{p+1}+u_ex_e-r_e\tilde{\psi}_e+\varPsi_y^2\\&+\sum_{i=u,r}[\dot{\alpha}_i-b_i\boldsymbol{S}(\boldsymbol{v})\boldsymbol{W}_i+(\boldsymbol{S}(\boldsymbol{v})\boldsymbol{A}_i+\varepsilon_i-d_{wi})-\tau_i]i_e+\frac{T_u(\cdot)}{m_u\gamma_u}\tilde{\lambda}_u\dot{\lambda}_u+\frac{F_r(\cdot)}{m_r\gamma_r}\tilde{\lambda}_r\dot{\lambda}_r\end{aligned} \tag{8.30}$$

结合 Young's 不等式、引理 7.2、引理 8.1、引理 8.2，进一步可得到式(8.31)、式(8.32)、式(8.33)，$i=u,r$。

$$(\boldsymbol{S}(\boldsymbol{v})\boldsymbol{A}_i\alpha+\varepsilon_i-d_{wi})i_e-b_i\boldsymbol{S}(\boldsymbol{v})\boldsymbol{W}_ii_e\leqslant k_{i2}^{1+\frac{1}{p}}\varPhi_i(\cdot)i_e^{1+\frac{1}{p}}+\frac{b_i^{1+p}\|\boldsymbol{W}_i\|^{1+p}}{k_{i2}^{1+p}}+\frac{\vartheta_i^{1+p}}{k_{i2}^{1+p}} \tag{8.31}$$

$$\|\boldsymbol{W}_i\|^{1+p}=\left(\frac{\|\boldsymbol{A}_i\boldsymbol{v}_e\|}{\|\boldsymbol{A}_i\|_{\mathrm{F}}}\right)^{1+p}\leqslant u_e^{1+p}+r_e^{1+p} \tag{8.32}$$

$$-\tilde{\lambda}_i(\hat{\lambda}_i-\hat{\lambda}_i(0))^p\leqslant-\frac{1-q}{1+p}\tilde{\lambda}_i^{p+1}+\frac{\ell_i}{1+p} \tag{8.33}$$

式(8.33)中，$\ell_i=(\lambda_i-\hat{\lambda}_i(0))^{p+1}+\left[\frac{\lambda_i-\hat{\lambda}_i(0)}{1-(1-q)^{\frac{1}{1+p}}}\right]+\left[\frac{(\lambda_i-\hat{\lambda}_i(0))(1-q)^{\frac{1}{1+p}}}{1-(1-q)^{\frac{1}{1+p}}}\right]^{\frac{1}{1+p}}$，$i=u,r$，参数 p,q 的定义见引理 7.2。

将实际控制律式(8.27)和式(8.28)代入式(8.30)，并结合上述不等式，可以得到

$$\begin{aligned}\dot{V}=&-k_x x_e^{p+1}-k_y y_e^{p+1}-k_\psi\tilde{\psi}_e^{p+1}-\left(k_{u1}-\frac{b_u^{1+p}}{k_{u2}^{1+p}}-\frac{b_r^{1+p}}{k_{r2}^{1+p}}\right)u_e^{p+1}-\left(k_{r1}-\frac{b_u^{1+p}}{k_{u2}^{1+p}}-\frac{b_r^{1+p}}{k_{r2}^{1+p}}\right)r_e^{p+1}\\&-\frac{(1-q)T_u(\cdot)\sigma_u}{(1+p)m_u}\tilde{\lambda}_u^{p+1}-\frac{(1-q)F_r(\cdot)\sigma_r}{(1+p)m_r}\tilde{\lambda}_r^{p+1}+\varrho\end{aligned} \tag{8.34}$$

其中，$\varrho=\varPsi_y^2+\frac{\vartheta_u^{1+p}}{k_{u2}^{1+p}}+\frac{\vartheta_r^{1+p}}{k_{r2}^{1+p}}+\frac{\ell_u\bar{T}_u\sigma_u}{(1+p)m_u}+\frac{\ell_r\bar{F}_r\sigma_r}{(1+p)m_r}$。

为了保证闭环控制系统稳定性，定义大于零的常数：

$$c_1=\min\left\{2^{\frac{1+p}{2}}k_x,2^{\frac{1+p}{2}}k_y,2^{\frac{1+p}{2}}k_\psi,\frac{(1-q)\sigma_u(2\gamma_u)^{\frac{1+p}{2}}T_{u0}^{\frac{1-p}{2}}}{(1+p)m_u^{\frac{1-p}{2}}},\frac{(1-q)\sigma_r(2\gamma_r)^{\frac{1+p}{2}}T_{r0}^{\frac{1-p}{2}}}{(1+p)m_r^{\frac{1-p}{2}}}\right\}$$

设计参数 $k_{u1},k_{u2},k_{r1},k_{r2}$ 适当选取，使其满足

$$k_{u1}\geqslant 2^{-\frac{1+p}{2}}c_1+\frac{b_u^{1+p}}{k_{u2}^{1+p}}+\frac{b_r^{1+p}}{k_{r2}^{1+p}}$$

$$k_{r1}\geqslant 2^{-\frac{1+p}{2}}c_1+\frac{b_u^{1+p}}{k_{u2}^{1+p}}+\frac{b_r^{1+p}}{k_{r2}^{1+p}}$$

通过引理 7.2，式(8.34)可最终整理为式(8.35)：

$$\dot{V}\leqslant-c_1V^{\frac{1+p}{2}}+\varrho \tag{8.35}$$

根据引理 7.1 和 Lyapunov 函数 V 的定义可知，V 将在有限时间内收敛至平衡点附近的邻域内。进而，随着 $t\to T_R$，误差变量 $x_e,y_e,\tilde{\psi}_e,u_e,r_e,\tilde{\lambda}_u,\tilde{\lambda}_r$ 最终稳定于吸引域

$$\varOmega_b:=\left\{(x_e,y_e,\tilde{\psi}_e,u_e,r_e,\tilde{\lambda}_u,\tilde{\lambda}_r)\middle|x_e^{p+1}+y_e^{p+1}+\tilde{\psi}_e^{p+1}+u_e^{p+1}+r_e^{p+1}\leqslant 2^{\frac{1+p}{2}}B_0,\ \tilde{\lambda}_u^{p+1}\leqslant(2m_u\gamma_u/\right.$$

$T_{u0})^{\frac{1+p}{2}} B_0,\ \tilde{\lambda}_r^{p+1} \leqslant (2m_r\gamma_r / T_{r0})^{\frac{1+p}{2}} B_0 \Big\}$中，见式(8.36)，$B_0 = \varrho/(1-q)c_1$ 为大于零的常量，且边界变量 ϱ 可通过适当调整设计参数趋于任意小。考虑控制律和自适应律的相互关联性，闭环控制系统中所有状态变量均满足有限时间最终有界。

$$T_R = \frac{2}{(1-p)qc_1}\left[V^{\frac{1-p}{2}}(0) - \left(\frac{\varrho}{(1-q)c_1}\right)^{\frac{1-p}{1+p}}\right] \tag{8.36}$$

8.4 仿真研究

本节给出两个仿真实例。8.4.1 节中，被控对象为文献[51]中的欠驱动船舶（$L = 76.2\text{m}$，$\Delta = 4.591\times10^6\text{kg}$，主机最大转速为150rpm，最大舵角为30°，最大转舵速率为2.8°/s），目的在于与已有研究结果进行比较。8.4.2 节给出了模拟海洋环境条件下利用本章所提出的智能航行制导与鲁棒控制策略构建闭环控制系统的实验结果，海洋环境干扰为基于 PM 波谱的 6 级海况。关于仿真模型建立的相关内容，可参见已有研究文献[51, 120]。

8.4.1 对比试验

本节中，首先与文献[51]中结果比较，以验证 DVS 避障制导算法的有效性。文献[51]提出了一种基于安全域概念的 LOS 避障制导算法，实现了对单一障碍目标具有避障功能的欠驱动船舶路径跟踪控制。对比而言，本章所研究的 DVS 避障制导算法适用于更为复杂的航行水域环境，包括多静态障碍目标环境、多移动障碍目标环境和混合障碍目标环境。表 8.1 总结了两种制导方法在功能性方面的对比。

表 8.1　本章所提出的 DVS 制导与文献[51]中结果的功能性对比

适用范围	适用性(是/否)	
	DVS 制导算法	文献[51]中结果
履行 COLREGS	是	是
单静止障碍目标	是	是
单移动障碍目标	是	是
多静止障碍目标	是	否
多移动障碍目标	是	否
混合障碍目标	是	否
直线避障	是	是
曲线避障	是	否
航速控制	是	否

这部分仅考虑船舶对遇态势下制导系统性能。计划航线由 2 个航路点 W_1(0m, 200m)，W_2(800m, 200m) 确定，移动障碍目标设置为一艘 $L=85\text{m}$，$u=4.1\text{m/s}$ 的船舶。本船和障碍目标船舶初始状态分别为 $[x(0),y(0),\psi(0),u(0),v(0),r(0)]_{\text{Real ship}}=[0\text{m},0\text{m},85°,4.9\text{m/s},0.2\text{m/s},0.0°/\text{s}]$，$[x(0),y(0),\psi(0),u(0),v(0),r(0)]_{\text{Obstacle}}=[800\text{m},\ 200\text{m},\ 275°,4.1\text{m/s},0.0\text{m/s},0°/\text{s}]$。对于本章所提出的 DVS 避障制导算法，设置安全领域半径和反碰撞领域半径分别为 $R_m=180\text{m}$，$R_o=75\text{m}$，收敛系数 $\iota=0.85$。DVS 路径跟踪速度 $u_{dp}=5.0\text{m/s}$，避障操纵速度 $u_{do}=6.0\text{m/s}$。对于文献[51]中的结果，参数设置参考原始文献，设置前视距离 $D_F=75\text{m}$。

图 8.3 和图 8.4 给出了对遇情况下船舶避障操纵的对比结果，图 8.3 中虚线表示安全领域和反碰撞领域。从对比结果来看，两种制导方法都能够提供有效的制导来实现避障操纵，且遵循避碰规则。此外，DVS 避障制导方法更具优越性，在避障操纵过程中能够调节前进速度。这对大型船舶避障操纵中保持舵效至关重要。图 8.4 中给出的 DVS 避障制导期望艏摇角命令为光滑信号，且更为合理。

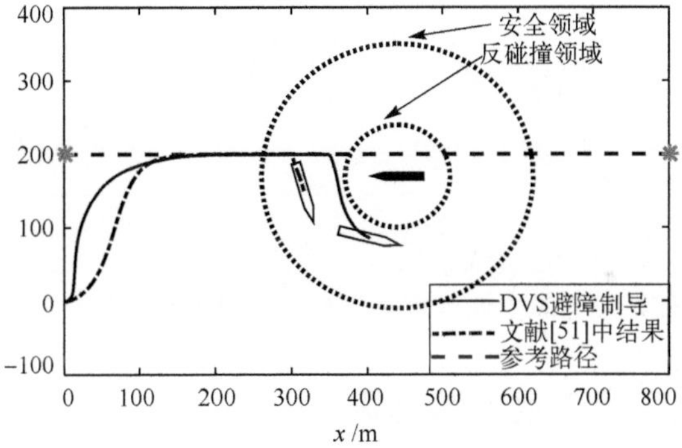

(a) 时间为90s

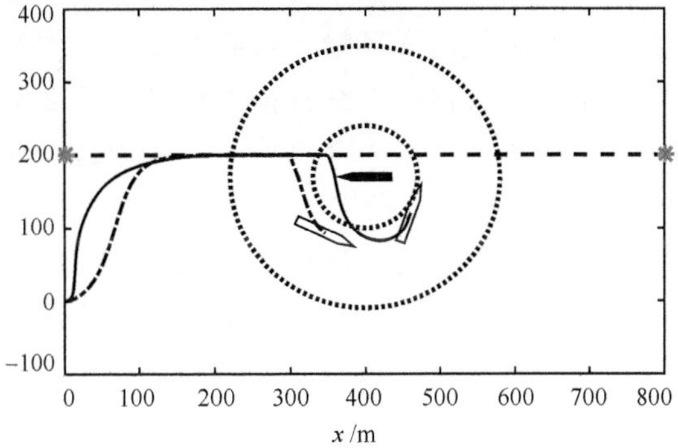

(b) 时间为100s

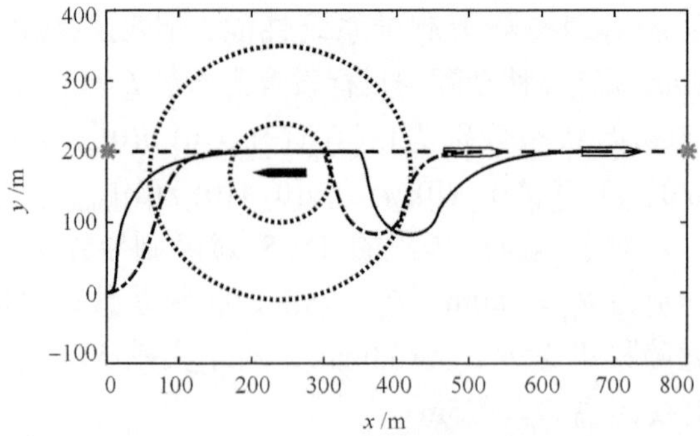

(c) 时间为100s

图 8.3　船舶避障操纵轨迹对比：DVS 避障制导、文献[51]中结果

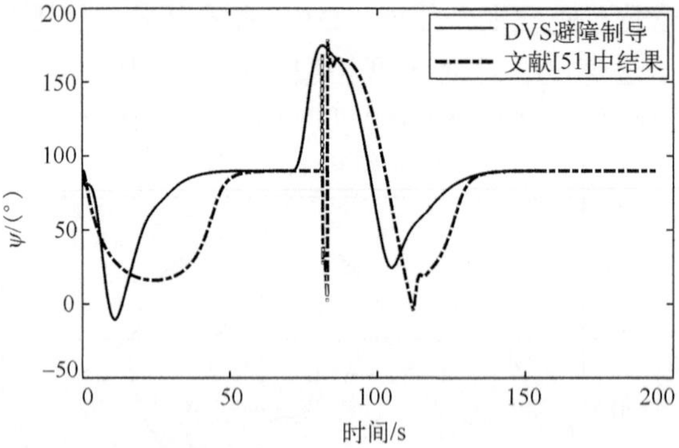

图 8.4　船舶避障操纵中期望艏向角对比：DVS 避障制导、文献[51]中结果

8.4.2　海洋环境干扰下的实验结果

本节考虑海洋工程环境条件下给出了本章提出的制导和控制算法的鲁棒性和有效性验证。该实验实现了在模拟海洋环境下对存在混合障碍目标水域环境的模拟。海洋环境干扰包括风、不规则波浪，详细建模过程参见第 2 章内容。实验过程中，海况设为一般海况(6 级)，风速 $U_{\text{wind}}=15.7\text{m/s}$，风向 $\psi_{\text{wind}}=200°$；海浪由传统 PM 谱产生；流速 $V_{\text{c}}=0.5\text{m/s}$，流向 $\psi_{\text{c}}=280°$。

本实验中，计划航线由 4 个航路点 $W_1(0\text{m},200\text{m})$，$W_2(1000\text{m},200\text{m})$，$W_3(1500\text{m},1200\text{m})$，$W_4(2500\text{m},1200\text{m})$ 确定。假设计划航线附近存在多个静止/移动障碍目标。为了简化仿真测试，移动障碍目标的反碰撞领域半径和安全领域半径选择相同的尺寸，即 $R_o=75\text{m}$，$R_m=187\text{m}$。本船的初始状态和 8.4.1 节设置相同，基于 DVS 避障制导和鲁棒有限时间控制律的详细参数设置由表 8.2 中给出。

在存在混合障碍目标情况下，图 8.5～图 8.7 给出了仿真实验结果，为了便于观察所提出的制导算法和控制算法的有效性，图 8.5 给出了 4 个对应于 4 个时间点的子图，即 time = 240s,290s,345s,600s 。图 8.5(a)中，本船通过计划航线的第一部分(存在多静态障碍目标)，DVS 避障制导策略能够提供有效的避障引导来实现船舶避障操纵。图 8.5(b)和图 8.5(c)验证了该算法在多移动障碍目标情况下的避障能力。在驶过让清之后，本船能够快速的切换回路径跟踪模式，尽快恢复到计划航线上，同时操纵过程符合避碰规则。图 8.5(d)给出了整个实验过程的船舶运动轨迹。根据实验结果，本章所提出的 DVS 制导-控制设计方法对系统模型不确定和外界环境干扰具有鲁棒性，可以实现在混合障碍目标环境下的路径跟踪控制任务。

表 8.2　本章所提出 DVS 制导与控制算法参数设置

项目	参数设置
制导部分	$u_g = u_{dp} = 5.0\text{m/s}$，$u_{do} = 6.0\text{m/s}$，$l_{db\text{set}} = 200\text{m}$
	$k_d = 0.05$，$\iota = 0.45$，$\zeta = 0.52$，$t_s = 2\text{s}$
控制部分	$k_x = 1.8$，$k_y = 2.1$，$k_\psi = 0.8$，$p = 3/5$
	$k_{u1} = 2.0\times10^5$，$k_{u2} = 2.5$，$k_{r1} = 1.3$，$k_{r2} = 2.0$
	$\gamma_u = 0.15$，$\gamma_r = 0.20$，$\sigma_u = 0.50$，$\sigma_r = 0.35$

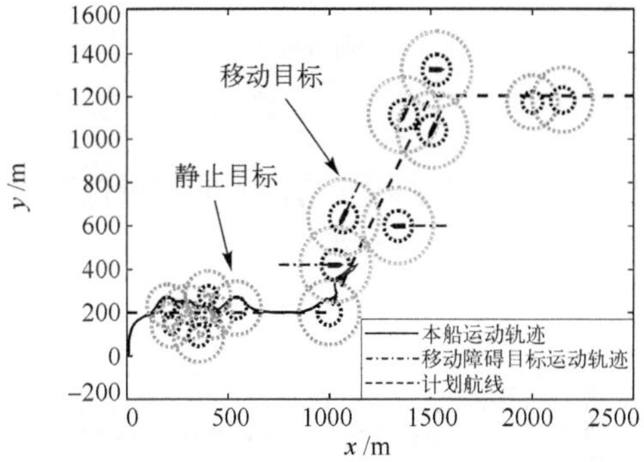

(a) 时间为240s

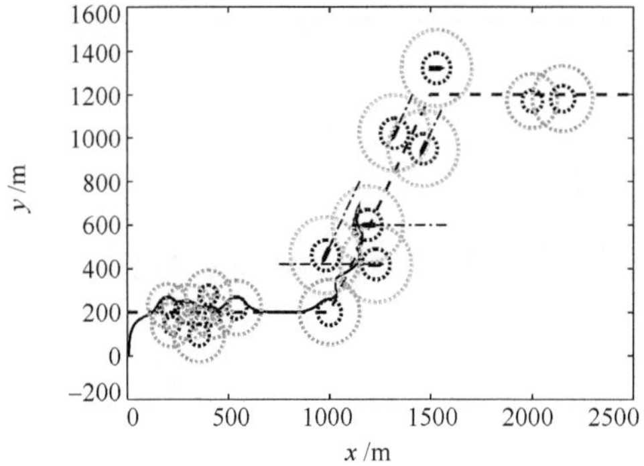

(b) 时间为290s

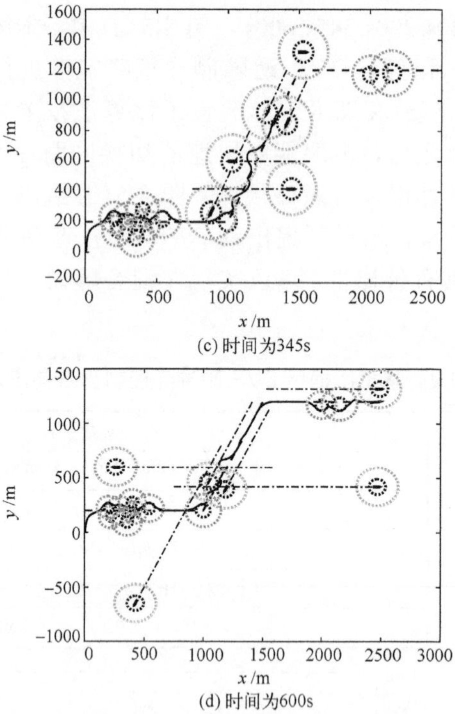

图 8.5　海洋环境干扰下船舶 x-y 平面运动轨迹

图 8.6 和图 8.7 给出了实验过程中控制输入 n,δ 和自适应参数 $\hat{\lambda}_u,\hat{\lambda}_r$ 的时间变化曲线。由于 DVS 避障制导的合理设计，控制输入 n,δ 均在合理范围内，即主机转速

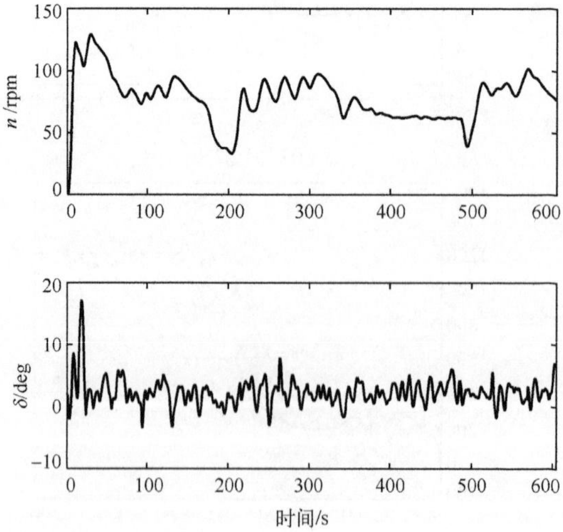

图 8.6　海洋环境干扰下控制输入 n,δ

$n \in [0\text{rpm}, 150\text{rpm}]$，舵角 $\delta \in [-35°, 35°]$。因此，实验结果验证了本章所提出系统设计方法在航海实践应用中的良好性能。

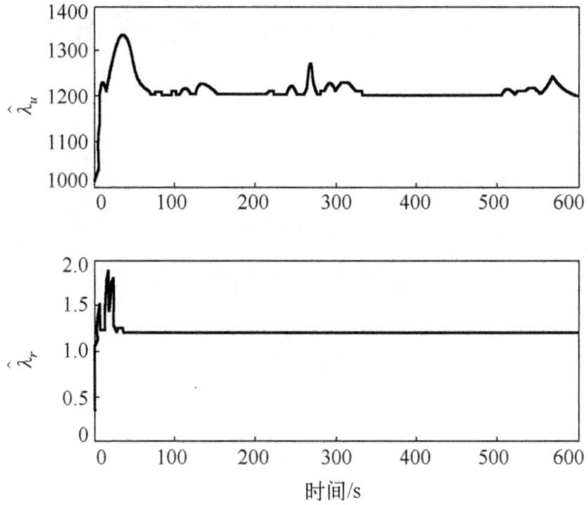

图 8.7　自适应参数 $\hat{\lambda}_u, \hat{\lambda}_r$ 时间变化曲线

8.5　本 章 小 结

本章针对大型船舶在拥挤水道或大洋航行存在船船、船礁会遇问题开展研究，基于 DVS 制导-控制体系结构，提出一种适用于存在混合障碍目标航行水域环境的欠驱动船舶智能制导与控制系统设计方法。基于多模式切换理论和船舶避障操纵经验，制导算法设计具备多静止障碍目标避障、多移动障碍目标避障、混合障碍目标避障、路径跟踪等功能。所提出的控制算法以实际可控变量：主机转速和舵角为控制输入，提出一种考虑执行器增益不确定的路径跟踪鲁棒有限时间控制算法，最终实现船舶对制导系统中 DVS 的有效跟踪。不同于已存在的结果，该设计方案实现大型水面船舶在高速快动态过程中的智能自主航行，对提高船舶海上安全保障、推进船舶国产化装备研制具有重要的理论支撑作用。

附录：主要符号、缩写说明

数学符号：

$\mathbb{R}$	实数集或实数域，$\mathbb{R} := \mathbb{R}^1$
$\mathbb{R}^n$	n 维实欧几里得空间，$\mathbb{R}^n := \mathbb{R}^{n\times 1}$
$\mathbb{R}^{m\times n}$	所有 $m\times n$ 维矩阵构成的实空间
$\mathbb{R}^+$	所有元素均不小于零的实数集
T	上标 T 表示矩阵转置
lim	极限符号
$n!$	阶乘运算，即 $n! = 1\times 2\times 3\times\cdots\times n$
$\lvert a\rvert$	标量 a 的绝对值
$\lVert \boldsymbol{a}\rVert$	向量 $\boldsymbol{a}$ 的欧式范数
$\lVert \boldsymbol{A}\rVert_\infty$	矩阵 $\boldsymbol{A}$ 的 ∞-范数，对于 $\boldsymbol{A}=[a_{i,j}]\in R^{m\times n}$, $\lVert \boldsymbol{A}\rVert_\infty = \max\limits_{1\leqslant i\leqslant m}\sum_{j=1}^{n}\lvert a_{i,j}\rvert$
e^a	指数函数，$\mathrm{e}^a = \exp(a)$
$\tan(a)$	正切函数
$\arctan(a)$	反正切函数
$\min\{*,*,\cdots,*\}$	$(*,*,\cdots,*)$ 中最小者
$\max\{*,*,\cdots,*\}$	$(*,*,\cdots,*)$ 中最大者
$\inf\{*\}$	下确界，如 $f(x)=\exp(-x^2)$，则 $\inf\{f(x)\}=0$
$\sup\{*\}$	上确界，如 $f(x)=1-\exp(-x^2)$，则 $\sup\{f(x)\}=1$
$\arg\min\{*\}$	最小变量定义域，如 $\arg\min\{f(x)\}$ 表示当 $f(x)$ 取最小值时自变量 x 的集合

专业术语缩写：

PID	比例-积分-微分控制器
LQR	线性二次型最优控制
LQG	线性二次型高斯最优控制
DSC	动态面控制
MLP	最小学习参数技术
SISO	单输入单输出
MIMO	多输入多输出

NN	神经网络
RBF NN	径向基神经网络
VFPT	可调转速推进器
FCPT	可调螺距推进器
GPS	全球定位系统
DGPS	差分 GPS
CDGPS	民用差分 GPS
IMO	国际海事组织
LR	英国劳氏船级社
ABS	美国船级社
DNV	挪威船级社
ITTC	国际拖曳水池会议
ISSC	国际船舶结构会议
COLREGS	国际海上避碰规则

参 考 文 献

[1] 习近平谈建设海洋强国[DB/OL]. [2020-10-15]. https://baijiahao.baidu.com/s?id=1608662949529432570&wfr=spider&for=pc.

[2] 董早鹏. 基于非对称模型的欠驱动 USV 运动控制技术研究[D]. 哈尔滨: 哈尔滨工程大学, 2016.

[3] 中华人民共和国国务院. 国家中长期科学和技术发展规划纲要(2006—2020 年)[DB/OL]. [2020-07-08]. http://www.gov.cn/jrzg/2006-02/09/content_183787.htm.

[4] 张卫东, 刘笑成, 韩鹏. 水上无人系统研究进展及其面临的挑战[J]. 自动化学报, 2020, 46(5): 847-857.

[5] 李佳佳, 刘峰, 马维良. 国内外海洋无人系统智能装备产业发展现状[J]. 船舶工程, 2020, 26(2): 17-22.

[6] 中国造无人货船欲领航全球市场[DB/OL]. [2019-12-21]. http://www.zgsyb.com/news.html?aid=428538.

[7] 张国庆. 超恶劣海况下船舶运动简捷鲁棒自适应控制[D]. 大连: 大连海事大学, 2015.

[8] Fossen T I. Handbook of Marine Craft Hydrodynamics and Motion Control[M]. Chichester: John Wiley & Sons, 2011.

[9] Katayama H, Aoki H. Straight-line trajectory tracking control for sampled-data underactuated ships[J]. IEEE Transactions on Control Systems Technology, 2014, 22(4): 1638-1644.

[10] Yi B, Qiao L, Zhang W. Two-time scale path following of underactuated marine surface vessels: Design and stability analysis using singular perturbation methods[J]. Ocean Engineering, 2016, 124(9): 287-297.

[11] 钱学森. 发展我国的数学科学——在中国数学会数学教育与科研座谈会上的讲话[J]. 数学通报, 1990, (6): 2-4.

[12] Fossen T I. A survey on nonlinear ship control: From theory to practice[J]. IFAC Proceedings Volumes, 2000, 33(21): 1-16.

[13] 张显库, 贾欣乐. 船舶运动控制[M]. 北京: 国防工业出版社, 2006.

[14] Roberts G N. Trends in marine control systems[J]. Annual Reviews in Control, 2008, 32(2): 263-269.

[15] Fang M C, Zhuo R Z, Lee R Y. The application of the self-tuning neural network PID controller on the ship roll reduction in random waves[J]. Ocean Engineering, 2010, 37(7): 529-538.

[16] Fossen T I, Lauvdal T. Nonlinear stability analysis of ship autopilots in sway, roll and

yaw[C]//Proceedings of the Conference on Marine Craft Maneuvering and Control, 1994: 156-172.

[17] Pettersen K Y, Egeland O. Exponential stabilization of an underactuated surface vessel[C]// Proceedings of the IEEE Conference on Decision and Control, 1996: 967-971.

[18] Pettersen K Y, Fossen T I. Underactuated dynamic positioning of a ship-experimental results[J]. IEEE Transactions on Control Systems Technology, 2000, 8(5): 856-863.

[19] 张显库, 贾欣乐, 蒋丹东. H_∞自动舵鲁棒性的海试验证[J]. 控制理论与应用, 2000, 17(1): 147-149.

[20] 张显库, 贾欣乐, 蒋丹东. 基于PC104工控机的新型航迹舵[J]. 计算机系统应用, 1998, 8(5): 46-47.

[21] 张显库, 尹勇, 金一丞, 等. 航海模拟器中适应式鲁棒航迹保持算法[J]. 中国航海, 2011, 34(4): 57-61.

[22] Do K D. Control of Ships and Underwater Vehicles: Design for Underactuated and Nonlinear Marine Systems[M]. New York: Springer, 2009.

[23] Peng Z, Wang J, Wang D, et al. An overview of recent advances in coordinated control of multiple autonomous surface vehicles[J]. IEEE Transactions on Industrial Informatics, 2021, 17(2): 732-745.

[24] 卜仁祥. 欠驱动水面船舶非线性反馈控制研究[D]. 大连: 大连海事大学, 2008.

[25] 曾薄文, 朱齐丹, 于瑞亭. 欠驱动水面船舶的曲线航迹跟踪控制[J]. 哈尔滨工程大学学报, 2011, 32(10): 1317-1322.

[26] 孟威. 欠驱动水面船舶运动的非线性控制研究[D]. 大连: 大连海事大学, 2012.

[27] Do K D, Pan J, Jiang Z P. Robust and adaptive path following for underactuated autonomous underwater vehicles[J]. Ocean Engineering, 2004, 31(16): 1967-1997.

[28] Do K D, Jiang Z P, Pan J. Robust adaptive path following of underactuated ships[J]. Automatica, 2004, 40(6): 929-944.

[29] Jiang Z P. Controlling underactuated mechanical systems: A review and open problems[J]. Lecture Notes in Control and Information Sciences, 2011, 407(12): 77-88.

[30] Zhou J, Wen C Y. Adaptive Backstepping Control of Uncertain Systems[M]. Berlin: Springer-Verlag, 2008.

[31] Veksler A. Optimization-based control of diesel-electric ships in dynamic positioning[D]. Trondheim: Norwegian University of Science and Technology, 2014.

[32] Fossen T I, Strand J P. Nonlinear passive weather optimal positioning control (WOPC) system for ships and rigs: Experimental results[J]. International Journal of Control, 2001, 74(14): 1435-1446.

[33] 边信黔, 付明玉, 王元慧. 船舶动力定位[M]. 北京: 科学出版社, 2011.

[34] Shaw T J. Dynamic positioning of the mobile experimental drilling ship[J]. Deep Sea Research and Oceanographic Abstracts, 1963, 10(5): 701-705.

[35] Fossen T I. Guidance and Control of Ocean Vehicles[M]. New York: John Wiley & Sons, 1999.

[36] Sorensen A J. A survey of dynamic positioning control systems[J]. Annual Reviews in Control, 2011, 35(1): 123-136.

[37] Sorensen A J. Marine Control Systems: Propulsion and Motion Control of Ships and Ocean Structures[M]. Trondheim: Norwegian University of Science and Technology, 2013.

[38] Grovlen A, Fossen T I. Nonlinear control of dynamic positioned ships using only position feedback: An observer Backstepping approach[C]// Proceedings of 35th IEEE Conference on Decision and Control, 1996: 3388-3393.

[39] Fossen T I, Grovlen A. Nonlinear output feedback control of dynamically positioned ships using vectorial observer backstepping[J]. IEEE Transactions on Control Systems Technology, 1998, 6(1): 121-128.

[40] Perez T, Donaire A. Constrained control design for dynamic positioning of marine vehicles with control allocation[J]. Modeling, Indentification and Control, 2009, 30(2): 57-70.

[41] Do K D. Practical formation control of multiple underactuated ships with limited sensing ranges[J]. Robotics and Autonomous Systems, 2011, 59(6): 457-471.

[42] Du J L, Hu X, Liu H B, et al. Adaptive robust output feedback control for a marine dynamic positioning system based on a high-gain observer[J]. IEEE Transactions on Neural Networks and Learning System, 2015, 26(11): 2775-2786.

[43] 李丽娜, 王俊玲, 陈国权. 船舶拟人智能避碰决策理论的集成学习策略[J]. 信息与控制, 2011, 40(3): 359-368.

[44] 吴恭兴. 无人艇操纵性与智能控制技术研究[D]. 哈尔滨: 哈尔滨工程大学, 2011.

[45] 向先波, 徐国华. 欠驱动船舶的定点镇定与航迹控制研究综述[C]//第 31 届中国控制会议, 2012: 471-476.

[46] Serrano M E, Scaglia G J E, Godoy S A, et al. Trajectory tracking of underactuated surface vessels: A linear algebra approach[J]. IEEE Transactions on Control Systems Technology, 2014, 22(3): 1103-1111.

[47] Yu C, Xiang X, Lapierre L, et al. Nonlinear guidance and fuzzy control for three-dimensional path following of an underactuated autonomous underwater vehicle[J]. Ocean Engineering, 2017, 146: 457-467.

[48] Wilson P A, Harris C J, Hong X. A line of sight counteraction navigation algorithm for ship encounter collision avoidance[J]. Journal of Navigation, 2003, 56(1): 111-121.

[49] 文元桥, 郑海涛, 周春辉, 等. 基于复杂性地图的多船避碰模拟[J]. 武汉理工大学学报: 交通科学与工程版, 2017, 41(3): 401-406.

[50] 杨神化, 李丽娜, 索永峰, 等. 船舶避碰过程动态仿真系统的研究与应用[J]. 集美大学学报(自然科学版), 2008, (3): 39-43.

[51] Moe S, Pettersen K Y. Set-based line-of-sight (LOS) path following with collision avoidance for underactuated unmanned surface vessel[C]//24th Mediterranean Conference on Control and Automation, 2016: 402-410.

[52] Xiang X B, Lapierre L, Jouvencel B. Guidance based collision free and obstacle avoidance of autonomous vehicles under formation constraints[J]. IFAC Proceedings Volumes, 2010, 43(16): 599-604.

[53] Liu Y C, Bucknall R. Path planning algorithm for unmanned surface vehicle formations in a practical maritime environment[J]. Ocean Engineering, 2015, 97(5): 126-144.

[54] Petres C, Romero-Ramirez M A, Plumet F. A potential field approach for reactive navigation of autonomous sailboats[J]. Robotics and Autonomous Systems, 2012, 6(5): 1520-1527.

[55] 王程博, 张新宇, 邹志强, 等. 基于 Q-Learning 的无人驾驶船舶路径规划[J]. 船海工程, 2018, 47(5): 168-171.

[56] 张建英, 赵志萍, 刘暾. 基于人工势场法的机器人路径规划[J]. 哈尔滨工业大学学报, 2006, 38(8): 1306-1309.

[57] Song R, Liu Y C, Bucknall R. A multi-layered fast marching method for unmanned surface vehicle path planning in a time-variant maritime environment[J]. Ocean Engineering, 2017, 129(5): 301-317.

[58] Sun X J, Wang G F, Fan Y S, et al. An automatic navigation system for unmanned surface vehicles in realistic sea environments[J]. Applied Sciences, 2018, 8(2): 193-205.

[59] Tomasz P. Neural anti-collision system for autonomous surface vehicle[J]. Neurocomputing, 2015, 149(5): 559-572.

[60] Campbell S, Naeem W. A rule-based heuristic method for COLREGS compliant collision avoidance for an unmanned surface vehicle[J]. IFAC Proceedings Volumes, 2012, 45(27): 386-391.

[61] Szlapczynski R, Szlapczynska J. Review of ship safety domains: Models and applications[J]. Ocean Engineering, 2017, 145(9): 277-289.

[62] Szlapczynski R, Szlapczynska J. On evolutionary computing in multi-ship trajectory planning[J]. Applied Intelligence, 2012, 37(2): 155-174.

[63] Tam C, Bucknall R. Path-planning algorithm for ships in close-range encounters[J]. Journal of Marine Science and Technology, 2010, 15: 395-407.

[64] Tam C, Bucknall R. Cooperative path-planning algorithm for marine surface vessels[J]. Ocean Engineering, 2013, 57: 25-33.

[65] 张国庆, 张显库, 关巍. 欠驱动船舶简捷鲁棒自适应路径跟踪控制[J]. 哈尔滨工程大学学报,

2014, 35(9): 1-10.

[66] Zhang G Q, Zhang X K, Zhang Y F. Adaptive neural path-following control for underactuated ships in fields of marine practice[J]. Ocean Engineering, 2015, 104(8): 558-567.

[67] 张显库. 船舶运动简捷鲁棒控制[M]. 北京: 科学出版社, 2012.

[68] Zhang G Q, Zhang X K. A novel DVS guidance principle and robust adaptive path-following control for underactuated ships using low frequency gain-learning[J]. ISA Transactions, 2015, 56(5): 75-85.

[69] Zhang G Q, Deng Y J, Zhang W D. Robust neural path-following control for underactuated ships with the DVS obstacles avoidance guidance[J]. Ocean Engineering, 2017, 143: 198-208.

[70] Zhang G Q, Deng Y J, Zhang W D, et al. Novel DVS guidance and path-following control for underactuated ships in presence of multiple static and moving obstacles[J]. Ocean Engineering, 2018, 170(11): 100-110.

[71] Brockett R, Millman R, Sussman H. Differential Geometric Control Theory[M]. Boston: Birkhauser, 1983.

[72] Dong W J, Guo Y. Global time-varying stabilization of underactuated surface vessel[J]. IEEE Transactions on Automatic Control, 2005, 50(6): 859-864.

[73] Do K D, Pan J. Global tracking control of underactuated ships with nonzero off-diagonal terms[J]. Automatica, 2005, 41(1): 87-95.

[74] 周岗, 姚琼荟, 陈永冰, 等. 不完全驱动船舶直线航迹控制稳定性研究[J]. 自动化学报, 2007, 33(4): 378-384.

[75] 张显库, 金一丞, 尹勇. 全任务航海模拟器的航迹保持算法[J]. 中国航海, 2008, 34(4): 59-62.

[76] 付明玉, 焦建芳, 张爱华. 基于虚拟领航者的多艘船舶协调路径跟踪控制[J]. 华中科技大学学报(自然科学版), 2013, 41(2): 102-108.

[77] Godhavn J M, Fossen T I, Berge S P. Nonlinear and adaptive backstepping designs for tracking control of ships[J]. International Journal of Adaptive Control Signal Processing, 1998, 12(8): 649-668.

[78] Pettersen K Y, Nijmeijer H. Underactuated ship tracking control: Theory and experiments[J]. International Journal of Control, 2001, 74(14): 1435-1446.

[79] Jiang Z Q. Global tracking control of underactuated ships by Lyapunov's direct method[J]. Automatica, 2002, 38(2): 301-309.

[80] Do K D, Jiang Z P, Pan J. Underactuated ship global tracking under relaxed conditions[J]. IEEE Transactions on Automatic Control, 2002, 47(9): 1529-1535.

[81] Do K D, Pan J. Global robust adaptive path following of underactuated ships[J]. Automatica, 2006, 42(10): 1713-1722.

[82] Ghommam J, Mnif F, Benali A, et al. On the dynamic properties and control of an underactuated surface vessels[J]. International Journal of Modelling, Identification and Control, 2007, 2(1): 49-57.

[83] Ghommam J, Mnif F, Derbel N. Global stabilisation and tracking control of underactuated surface vessels[J]. IET Control Theory and Applications, 2010, 4(1): 71-88.

[84] Ghommam J, Mnif F, Benali A, et al. Asymptotic backstepping stabilization of an underactuated surface vessel[J]. IEEE Transactions on Control Systems Technology, 2006, 14(6): 1150-1157.

[85] Li J H, Lee P M, Jun B H, et al. Point-to-point navigation of underactuated ships[J]. Automatica, 2008, 44(12): 3201-3205.

[86] Do K D. Practical control of underactuated ships[J]. Ocean Engineering, 2010, 37(13): 1111-1119.

[87] Zhang G Q, Zhang X K. Concise adaptive fuzzy control of nonlinearly parameterized and periodically time-varying systems via small gain theory[J]. Internation Journal of Control Automation & Systems, 2016, 14(4): 1-13.

[88] Zhang G Q, Sun Z J, Zhang W D, et al. MLP-based adaptive neural control of nonlinear time-delay systems with the unknown hysteresis[J]. International Journal of Systems Science, 2017, 48(8): 1682-1691.

[89] Zhang G Q, Cai Y Z, Zhang W D. Robust neural control for dynamic positioning ships with the optimum-seeking guidance[J]. IEEE Transactions on Systems, Man and Cybernetics, Part A: Systems, 2017, 47(7): 1500-1509.

[90] Zhang G Q, Zhang X K. Concise robust adaptive path-following control of underactuated ships using DSC and MLP[J]. IEEE Journal of Oceanic Engineering, 2014, 39(4): 685-694.

[91] Tee K P, Ge S S. Control of fully actuated ocean surface vessels using a class of feedforward approximators[J]. IEEE Transactions on Control Systems Technology, 2006, 14(4): 750-756.

[92] Chen M, Ge S Z S, Choo Y S. Neural network tracking control of ocean surface vessels with input saturation[C]//Proceedings of the IEEE International Conference on Automation and Logistics, 2009: 85-89.

[93] Chen M, Ge S Z S, Cui R X. Adaptive NN tracking control of overactuated ocean surface vessels[C]//Proceedings of the 8th World Congress on Intelligent Control and Automation, 2010: 548-552.

[94] Chen M, Jiang B. Adaptive control and constrained control allocation for overactuated ocean surface vessels[J]. International Journal of Systems Science, 2013, 44(12): 2295-2309.

[95] Ge S S, Hang C C, Lee T H, et al. Stable Adaptive Neural Network Control[M]. Norwell: Kluwer Academic Publishers, 2001.

[96] Zhang X K, Jia X L, Wang X C. A kind of transfigured loop shaping controller and its

application[J]. Automatic Control and Computer Sciences, 2001, 35(4): 20-25.

[97] Zhang X K, Jia X L. Simplification of H_∞ mixed sensitivity algorithm and its application[J]. Automatic Control and Computer Sciences, 2002, 36(4): 28-33.

[98] 王新屏. 舵鳍联合系统的简捷非线性鲁棒控制[D]. 大连: 大连海事大学, 2009.

[99] Zhang X K, Zhang G Q. Stabilization of pure unstable delay systems by the mirror mapping technique[J]. Journal of Process Control, 2013, 23(10): 1465-1470.

[100] 郑长德. 信息经济学的三剑客——2001 年诺贝尔经济学奖评述[J]. 西南民族大学学报, 2001, 22(11): 120-127.

[101] Kokotovic P, Arcak M. Constructive nonlinear control: A historical perspective[J]. Automatica, 2001, 37(5): 637-662.

[102] Polycarpou M M, Loannou P A. A robust adaptive nonlinear control design[J]. Automatica, 1996, 32(3): 423-427.

[103] 胡云安, 晋玉强, 李海燕. 非线性系统鲁棒自适应反演控制[M]. 北京: 电子工业出版社, 2010.

[104] Krstic M, Kanellakopoulos I, Kokotovic P. Nonlinear and Adaptive Control Design[M]. New York: Wiley, 1995.

[105] Polycarpou M M. Stable adaptive neural control scheme for nonlinear systems[J]. IEEE Transactions on Automatic Control, 1996, 41(3): 447-450.

[106] Ge S Z S, Wang C. Direct adaptive NN control of a class of nonlinear systems[J]. IEEE Transactions on Neural Networks, 2002, 13(1): 214-221.

[107] Yang Y S, Zhou C J. Robust adaptive fuzzy tracking control for a class of perturbed strict-feedback nonlinear systems via small-gain approach[J]. Information Science, 2005, 170(2-4): 211-234.

[108] Torsethaugen K. Simplified double peak spectral model for ocean waves[C]//The Proceedings of the 14th International of Offshore and Polar Engineering Conference, 2004: 76-84.

[109] Perez T. Ship Motion Control: Course Keeping and Roll Stabilisation Using Rudder and Fins[M]. London: Springer-verlag, 2005.

[110] Wang Z H, Soares C G, Zou Z J. Optimal design of excitation signal for identification of nonlinear ship manoeuvring model[J]. Ocean Engineering, 2020, 196(1): 778-789.

[111] Xue Y F, Liu Y J, Ji C, et al. Hydrodynamic parameter identification for ship manoeuvring mathematical models using a bayesian approach[J]. Ocean Engineering, 2020, 195(1): 1066-1076.

[112] Wright R G. Unmanned and Autonomous Ships: An Overview of MASS[M]. Boca Raton: CRC Press, 2020.

[113] Zhao Y L, Yang Y Z, You X B, et al. Wind-wave characteristics in the Bohai Sea, the Yellow

Sea and the East China Sea: A numerical study of cold wave event[C]//The 2nd International Conference on Remote Sensing. Nanjing, China, 2012: 1-5.

[114] Setiyawan H S, Ricky T, Safwan H, et al. Spectral representation in Pacitan and Meulaboh coast[J]. International Journal of Civil and Environmental Engineering, 2013, 13(1): 29-34.

[115] 杨盐生. 不确定系统的鲁棒控制及其应用[M]. 大连: 大连海事大学出版社, 2003.

[116] Zhang G Q, Zhang X K, Wei G. Stability analysis and design of integrating unstable delay processes using the mirror mapping technique[J]. Journal of Process Control, 2014, 24(7): 1038-1045.

[117] International Maritime Organization. Standards for Ship Manoeuvrability(Resolution MSC. 137(76))[S]. London: International Maritime Organization, 2002.

[118] 金一丞, 尹勇. 航海模拟器[M]. 北京: 科学出版社, 2013.

[119] 贾欣乐, 杨盐生. 船舶运动数学模型[M]. 大连: 大连海事大学出版社, 1999.

[120] Zhang G Q, Zhang X K, Peng H S. Multi-innovation auto-constructed least squares identification for 4 DOF ship manoeuvring modelling with full-scale trial data[J]. ISA Transactions, 2015, 58: 186-195.

[121] Zhang W D. Quantitative Process Control Theory[M]. Boca Raton: CRC Press, 2012.

[122] Perez T, Blanke M. Mathematical ship modeling for control applications[R]. Callaghan: The University of Newcastle. 2002.

[123] Norsok Standard. Actions and action effects[S]. Oslo: Norwegian Petroleum Industry, 2007.

[124] Namekar S, Deo M C. Application of artificial neural network model in estimation of wave spectra[J]. Journal of Waterway, Port, Coastal, and Ocean Engineering, 2006, 132(5): 415-422.

[125] Yin J C, Zou Z J, Xu F. On-line prediction of ship roll motion during maneuvering using sequential learning RBF neural networks[J]. Ocean Engineering, 2013, 61(3): 139-147.

[126] Yin J C, Zou Z J, Xu F. Sequential learning radial basis function network for real-time tidal level predictions[J]. Ocean Engineering, 2013, 57(1): 49-55.

[127] Yin J C, Zou Z J, Xu F, et al. Online ship roll motion prediction based on grey sequential extreme learning mechine[J]. Neurocomputing, 2014, 129(4): 168-174.

[128] Wichlund K Y, Sordalen O J, Egeland O. Control properties of underactuated vehicles[C]// Proceedings of the IEEE International Conference on Robotics and Automation. Nagoya, 1995: 2009-2014.

[129] Moe S, Caharija W, Pettersen K Y, et al. Path following of underactuated marine surface vessels in the presence of unknown ocean currents[C]//American Control Conference. Oregon, USA, 2014: 3856-3861.

[130] Fossen T I, Pettersen K Y. On uniform semiglobal exponential stability (USGES) of proportional line-of-sight guidance laws[J]. Automatica, 2014, 50(11): 2912-2917.

[131] Do K D. Global path-following control of stochastic underactuated ships: A level curve approach[J]. Journal of Dynamic Systems, Measurement and Control, 2015.

[132] Peng Z H, Wang D, Li T S. Output-feedback cooperative formation maneuvering of autonomous surface vehicles with connectivity preservation and collision avoidance[J]. IEEE Transactions on Cybernetics, 2020, 50(6): 2527-2535.

[133] Luitpold B. Coordinated target assignment and UAV path planning with timing constraints[J]. Journal of Intelligent & Robotic Systems, 2019, 94(3/4): 857-869.

[134] Wang D, Huang J. Neural network-based adaptive dynamic surface control for a class of uncertain nonlinear systems in strict-feedback form[J]. IEEE Transactions on Neural Networks, 2005, 16(1): 195-202.

[135] Do K D, Jiang Z P, Pan J. Universal controllers for stabilization and tracking of underactuated ships[J]. Systen and Control Letters, 2002, 47(4): 299-317.

[136] Peng Z H, Wang D, Lan W Y, et al. Robust leader follower formation tracking control of multiple underactuated surface vessels[J]. China Ocean Engineering, 2012, 26(3): 521-534.

[137] 孟威, 郭晨, 孙富春, 等. 欠驱动水面船舶的非线性滑模轨迹跟踪控制[J]. 哈尔滨工程大学学报, 2012, 33(5): 585-589.

[138] Peng Z H, Wang D, Chen Z Y, et al. Adaptive dynamic surface control for formations of autonomous surface vehicles with uncertain dynamics[J]. IEEE Transactions on Control Systems Technology, 2013, 21(2): 513-520.

[139] Son K H, Nomoto K. On the coupled motion of steering and rolling of a high speed container ship[J]. Naval Architect of Ocean Engineering, 1982, 150(20): 73-83.

[140] Chen W S, Jiao L C. Adaptive tracking for periodically time-varying and nonlinearly parameterized systems using multilayer neural networks[J]. IEEE Transactions on Neural Networks, 2010, 21(2): 345-351.

[141] Dounis A I, Kofinas P, Papadakis G, et al. A direct adaptive neural control for maximum power point tracking of photovoltaic system[J]. Solar Energy, 2015, 115(5): 145-165.

[142] Khaled N, Chalhoub N G. A self-tuning guidance and control system for marine surface vessels[J]. Nonlinear Dynamics, 2013, 73(1/2): 897-906.

[143] 欧阳子路, 王鸿东, 黄一, 等. 基于改进 RRT 算法的无人艇编队路径规划技术[J]. 中国舰船研究, 2020, 15(3): 18-24.

[144] Li T S, Wang D, Feng G, et al. A DSC approach to robust adaptive NN tracking control for strict-feedback nonlinear systems[J]. IEEE Transactions on Systems, Man and Cybernetics, Part B: Cybernetics, 2010, 40(3): 915-927.

[145] Fossen T I, Sagatun S I, Sorensen A J. Identification of dynamically positioned ships[J]. Control Engineering Practice, 1996, 4(3): 369-376.

[146] Krstic M, Wang H H. Stability of extremum seeking feedback for general nonlinear dynamic systems[J]. Automatica, 2000, 36(4): 595-601.

[147] Zhang Y, Gans N. Extremum seeking control of a nonholonomic mobile robot with limited field of view[C]//Proceeding of American Control Conferences (ACC). Washington DC, USA, 2013: 2765-2771.

[148] Nesic D. Extremum seeking control: Convergence analysis[J]. Europe Journal of Control, 2009, 15(3-4): 331-347.

[149] Yang Y, Feng G, Ren J. A combined Backstepping and small-gain approach to robust adaptive fuzzy control for strict-feedback nonlinear systems[J]. IEEE Transactions on Systems, Man and Cybernetics, Part A: Systems, 2004, 34(3): 406-420.

[150] Do K D. Global robust and adaptive output feedback dynamic positioning of surface ships[J]. Journal of Marine Science and Application, 2011, 10(3): 325-332.

[151] Zhang G Q, Zhang C L, Yang T T, et al. Disturbance observer-based composite neural learning path following control of underactuated ships subject to input saturation[J]. Ocean Engineering, 2020, 216(9): 108033.

[152] Campbell S, Naeem W, Irwin G W. A review on improving the autonomy of unmanned surface vehicles through intelligent collision avoidance manoeuvres[J]. Annual Reviews in Control, 2016, 36(2): 267-283.

[153] Johansen T A, Perez T, Cristofaro A. Ship collision avoidance and COLREGS compliance using simulation based control behavior selection with predictive hazard assessment[J]. IEEE Transactions on Intelligent Transportation Systems, 2016, 17(12): 3407-3422.

[154] Kuwata Y, Wolf M T, Zarzhitsky D, et al. Safe maritime autonomous navigation with COLREGS using velocity obstacles[J]. IEEE Journal of Oceanic Engineering, 2013, 39(1): 110-119.

[155] Zhang G Q, Zhang X K. Concise adaptive neural control of uncertain nonlinear systems with periodically nonlinear time-varying parameterized disturbances[J]. Journal of Process Control, 2014, 24(4): 410-423.

[156] Guo B Z, Zhao Z L. On convergence of non-linear extended state observer for multi-input multi-output systems with uncertainty[J]. IET Control Theory and Application, 2012, 15(6): 2375-2386.

[157] 韩京清. 自抗扰控制技术——估计补偿不确定因素的控制技术[M]. 北京: 国防工业出版社, 2013.

[158] Zhang J F, Zhang D, Yan X P, et al. A distributed anti-collision decision support formulation in multi-ship encounter situations under COLREGS[J]. Ocean Engineering, 2015, 105(9): 336-348.

[159] Zhang G Q, Zhang C L, Zhang X K, et al. ESO-based path following control for underactuated

vehicles with the safety prediction obstacle avoidance mechanism[J]. Ocean Engineering, 2019, 188(9): 106259.

[160] Zhang G Q, Zhang C L, Lang L, et al. Practical constrained output feedback formation control of underactuated vehicles via the autonomous dynamic logic guidance[J]. Journal of the Franklin Institute, 2021, 358(13): 6566-6591.

[161] Abdessameud A, Tayebi A. On consensus algorithms design for double integrator dynamics[J]. Automatica, 2013, 49(1): 253-260.

[162] Zhang G Q, Yao M Q, Xu J H, et al. Robust neural event-triggered control for dynamic position ships with actuator faults[J]. Ocean Engineering, 2020, 207(3): 107292.

[163] Zhang G Q, Huang C F, Li J Q, et al. Constrained coordinated path-following control for underactuated surface vessels with the disturbance rejection mechanism[J]. Ocean Engineering, 2020, 196(1): 106725.

[164] Zhang C L, Chu S J, Jin X, et al. Composite neural learning fault-tolerant control for underactuated vehicles with event-triggered input[J]. IEEE Transactions on Cybernetics, 2021, 51(5): 2327-2338.

[165] Tang P P, Zhang R B, Liu D L, et al. Local reactive obstacle avoidance approach for high speed unmanned surface vehicle[J]. Ocean Engineering, 2015, 106: 128-140.

[166] 国家制造强国建设战略咨询委员会. 中国制造 2025 蓝皮书[M]. 北京: 电子工业出版社, 2018.

[167] Wu Y. Coordinated path planning for an unmanned aerial-aquatic vehicle (UAAV) and an autonomous underwater vehicle (AUV) in an underwater target strike mission[J]. Ocean Engineering, 2019, 182(3): 162-173.